JN418285

셰익스피어 인 에세이

셰익스피어 인 에세이

초판 1쇄 인쇄 2009년 06월 23일
초판 1쇄 발행 2009년 07월 01일

지은이 | 박성환
펴낸이 | 손형국
펴낸곳 | (주)에세이퍼블리싱
출판등록 | 2004. 12. 1(제315-2008-022호)
주소 | 157-857 서울특별시 강서구 방화3동 822-1 화이트하우스 2층
홈페이지 | www.essay.co.kr
전화번호 | (02)3159-9638~40
팩스 | (02)3159-9637

ISBN 978-89-6023-239-6 03810

셰익스피어인 에세이

박성환 지음

Shakespeare in Essay

ESSAY

머리말

세계적인 대문호 셰익스피어의 작품들은 넘치는 생명력, 유쾌하고 품격 있는 유머, 지금-여기(here-now)를 사는 즐거움, 사랑의 마력적인 힘, 섬광처럼 스치는 상상력과 창의성, 예지 넘치는 통찰력, 삶에 대한 고요한 관조 등으로 가득 차 있다. 그의 작품은 어느 시대 어느 곳에서도 고전의 특성이 드러나면서 현대성을 잃지 않는 무궁무진한 콘텐츠의 샘이다.

셰익스피어가 위대한 이유 중 또 하나는 그가 구사한 언어의 효능과 묘미에 있다. 유려한 언어로 모든 것을 손쉽게 형상화하고 담담하고도 찬란한 언어로 표현한 상상력은 경탄을 자아낸다. 극중의 대사들은 진주알 보석처럼 빛나는 명언명구들을 비롯한 위대한 문장들로 가득하다. 그것은 촌철살인의 핍진한 표현력으로 삶의 본질과 근원적 가치를 담고 있다.

2008년부터 복잡하게 진행되는 경제위기를 극복하기 위하여 경영인들은 문학을 비롯한 인문학 쪽에 눈을 돌린다고 한다. 미국 CEO들의 서재에는 문학작품들이 즐비하게 꽂혀있는데, 특히 셰익스피어 작품은 빠지지 않는다고 한다. 종합적인 사고력이나 문제해결능력, 그리고 지식을 연결해 부가가치를 창출하는 상상력과 창의력이 시대적 요청이 되었다. 그들은 그러한 요청에 부응하는 데는 논픽션보다 픽션이 문제해결방식을 더 잘 제시한다는 것을 알고 있기 때문이다.

기업하는 사람이 문학을 가치 있게 생각한다는 것은 곧 창의적인 인재들(creative people)의 가치를 높이 산다는 뜻이다. 창의력과 맞닿아 있는 문학적 가치와 엔터테인먼트를 제품에 직접 반영해 이뤄낸 기업인의 사례는 많다. 대표적인 예는 제품이나 브랜드에 멋진 이야기(스토리)를 입히는 '스토리텔링 마케팅(story-telling marketing)'기법이다. 미래학자 롤프 옌센(Rolf Jensen)의 말처럼 "상품을 팔려면 이야기부터 퍼뜨려라"라거나 "이제 기업은 상품이 아닌 이야기를 판다"는 시대가 되었다.

인간본성에는 스토리를 좋아하는 유전인자가 있다. 스토리는 우리가 사는 생활공간 전체로 퍼져나간다. 우리의 삶과 떼려야 뗄 수 없게 되었다. PC, 인터넷게임, 애니메이션, 마케팅, 관광, 심지어 정치, 종교에 이르기까지 스토리와 스토리텔링(이야기하기방식)이 미치지 않는 곳이 없다. 상품에 붙여진 감동적인 이야기는 멋진 디자인이나 품질보다 훨씬 매력적인 요소로 고객의 흥미와 관심을 끌게 된다. 나이키는 운동화의 품질이나 실용성보다 광고인 마이클 조던의 도전 정신에 대한 스토리를 강조한다.

바야흐로 '이야기 경제'시대, 이야기가 가치사슬을 창조하는 '창조산업(creative industry)'시대로 진화했다. 창조산업이란 꿈과 감성에 어필하는 무형의 '스토리'와 '스토리텔링'을 자산으로 무궁무진한 부가가치를 창조하는 상상력과 창의력의 경제를 일컫는 말이다.

경제난국 극복이라는 시대적 환경은 새삼 셰익스피어에게 관심이 쏠리게 한다. 셰익스피어의 작품에 나타나는 비유나 상징 등 스토리의 주요 기재들과 위대한 문장이나 명언명구에서 보이는 심층적이고 창조적 영감과 그 원천에서 나오는 스토리텔링은 마르지 않는 콘텐츠의 샘이기 때문이다.

4월 26일자 뉴욕타임스(NYT)는 경제위기, 북한과 이란의 핵도발 등 골칫거리에 쌓여 있는 버락 오바마 미대통령에게 구체적인 난제에 셰익스피어의 작품에 나오는 명언의 예를 들어가면서 셰익스피어에게 도움을 받으라고 조언했다. 오바마가 자신의 모델로 삼은 링컨은 미국 역사상 셰익스피어를 가장 숭배하고 그의 작품을 자주 인용한 대통령이었다. 정서적인 경험과 충격에 지속적으로 노출되어 있는 사람들은 새로운 통찰력이 생기고 상상력과 창의력이 풍부해지기 마련인데 그 경이적인 경험이 셰익스피어임에랴. 그의 작품들은 오늘의 우리에게 능력의 다양성과 창의력 제고에 크게 적용할 수 있는 현대성 짙은 문화적 콘텐츠가 될 수 있다.

이 책은 이러한 의도에서 셰익스피어의 작품들에 나오는 위대한 문장들과 명언명구들을 뽑아 독자들이 위에 언급한 효과에 다가갈 수 있도록 오늘의 우리 현실에 적용하는 에세이로 풀었다. 작품에서 전후 맥락에 대한 설명이 없으면 위대한 문장이나 명언명구에 담긴 깊은 뜻을 폭 넓게 이해할 수 없기 때문에 현실적 스토리텔링에의 적용에 한계가 있다. 이 책은 이러한 한계를 극복하는 차원에서 시도된 것이다. 또한 위대한 문장들과 명언명구들은 그 고전적 현대성 때문에 비유의 범위를 넓혀 표현력을 풍부하게 해줄 것이다. 그것들을 에세이로 풀이한 콘텐츠는 깊은 인상과 감명을 남겨 스토리텔링의 기법을 확장시키는데 기여할 것이며, "셰익스피어를 소재로 재미없는 책을 쓰기란 불가능하다"는 어느 학자의 말이 증명될 것이다.

한편 셰익스피어의 고급 영어를 접하고자 하는 독자들을 위하여 명언들의 원문을 실었고 현대와 달리 쓰이거나 의미가 어려운 단어들은 그 뜻을 풀이해놓았다. 각 명언들이 생겨난 극적 장면을 본문 중에 해설하여 명언의 본래의미를 파악하기 쉽게 하였다. 그래서 위대한 문장들을 비롯한 명언명구들과 그 의미는 자연스럽고 명확하게 마음속에 남아 읽는 이에게 깊은 인상과 감명을 남길 것이다. 일상생활과 사회생활 및 모든 분야의 창의적 활동에서 기쁨과 활력소가 되고 감동을 자아내는 엔터테인먼트가 되리라 기대한다.

2009년 6월

박 성 환

[일러두기]

1. 인용문의 원서는 [*Peter Alexander ed., William Shakespeare: The Complete Works*, Collins, London and Glasgow, 1964]를 사용하였다.

2. 인용한 꼭지문의 출전은 원문 아래에 작품명, 막, 장, 행, 순으로 표기하였다. 예: [*Macbeth*, V. v. 19-28]은 『맥베스』 5막 5장 19행에서 28행까지를 의미한다.

3. 문맥상 원문에서 생략한 부분은 (…)로 표시하였고, 대명사가 나올 경우 독자들의 이해를 위하여 원 명사를 추가하였다. 원문에서 관계대명사가 나와 문맥을 파악하기 힘들 경우를 대비하여 대명사를 추가하였다.

4. 에세이 본문 중에도 작품의 대사가 인용되는 경우는 작품명과 막, 장 만 표시하였다.

5. [주]에는 셰익스피어 시대에 쓰이던 어려운 단어를 현대 영어로 풀었고 우리말 뜻을 달았다.

차 례

머리말 _ 4

일러두기 _ 8

1. 구름 나그네 _ 12
2. 키스와 설득력 _ 19
3. 김정일 vs. 김정일: 이름과 실체 _ 26
4. 클레오파트라: 팜므 파탈 _ 32
5. 사느냐 죽느냐: 햄릿의 역설(逆說) _ 39
6. 사랑의 참칭(僭稱): 정욕의 환상 _ 47
7. 제자리 _ 54
8. 처녀성, 지킬 것인가 _ 60
9. 첫눈 사랑(Love at first sight) _ 67
10. 겉치장: 그 기만의 해변 _ 74
11. 죄의식의 바다 _ 81
12. 습관은 의복처럼 _ 87
13. 사랑하는 마음, 의심하는 마음 _ 92
14. 실용적 필요와 사치 _ 98
15. 모르는 것이 약이다 _ 104

16. 기도하는 마음 _ 111
17. 「운수 좋은 날」 _ 117
18. 음악과 신뢰 _ 123
19. 늙어 죽는다는 것 _ 130
20. 충고자의 행실 _ 137
21. 유전무죄, 무전유죄 _ 143
22. 생명의 촛불, 그 위대함이여! _ 149
23. 낯익은 보물 _ 156
24. 형식이 본질을 가리다 _ 162
25. 잠 못 이루는 사회 _ 169
26. '시간의 낫' _ 175
27. 유태인과 인종차별 _ 181
28. 부부 클리닉 _ 188
29. 명예의 허상 _ 198
30. 배반(背反)의 계절 _ 204
31. 남의 슬픔, 나의 아픔 _ 212
32. 꽃 뱀 _ 218
33. 오만-휴브리스(Hubris)의 응보 _ 224

34. 자비와 정의 _ 231

35. 민중의 욕망과 민중선동: 브루터스의 경우와 앤토니의 경우 _ 237

36. 레크리에이션(Recreation)과 리크리에이션(Re-creation) _ 245

37. 낭비의 군더더기 _ 251

38. 중상(中傷)의 독한 입김 _ 257

39. 양심의 가책과 양심선언 _ 263

40. 겸손하는 아첨, 아첨하는 겸손 _ 270

41. 임금님과 거지: 말하기 나름의 덫 _ 277

셰익스피어의 작품들 _ 284

Shakespeare in Essay

1
구름 나그네

내일 그리고 내일, 그리고 또 내일은 작은 발걸음으로 하루하루 기록된 시간의 최후의 순간을 향하여 고물고물 기어가고, 모든 어제는 티끌 같은 죽음을 향하여 나아가는 어리석은 자에게 길을 밝혀주도다. 꺼져라, 꺼져라 촛불이여! 인생은 지나가는 그림자에 지나지 않는 것, 제 차례가 오면 무대에서 뽐내고 초조해하지만, 이윽고 더 이상 들을 수 없는 가련한 배우에 지나지 않는 것; 인생은 백치가 들려주는 소리와 분노로 가득 찬, 아무런 의미도 없는 이야기에 지나지 않는 것이다.

『맥베스』 5막 5장 19-28행

초가을이 지나고 만추가 되면 사람들은 "가을이 깊어졌다"고 한다. 유독 가을이라는 계절에만 '깊어졌다'란 말을 잘 붙여 쓴다. 선선한 대기는 향긋한 차가움으로 살결에 스며든다. 엷어진 햇살이 내릴 때면 세상은 순실(純實)하고 맑아지지만, 하늘은 높고 허공은 더욱 허전하다.

사람들 마음에 부족함을 느끼지 않게 하던 여름의 그 풍요로움이 사라지고, 어느 덧 땅 위에 핀 꽃, 초목들은 스산한 바람결에 시들어진다. 나뭇잎들은 쏟아지듯 떨어지고, 떨어진 낙엽들이 바람에 흩날려 이리저리 굴러다니는 모양은 서글픔을 자아낸다.

밤은 산뜻하고 중천의 달은 더욱 밝지만, 흩어지고 없어지는 조락(凋落)의 가을 모습은 황량한 풍경들이다. 만물은 계절적 침잠 속으로 빠져든다. 가을이 몸에 스며들면 알 수 없는 그 무엇이 불현듯 그리워지고, 외로움과 서글픔과 애달픔을 자아낸다. 가을엔 그래서 사람들은 겸손해지고 정숙해진다.

새삼 삶은 무엇이며, 인생은 어떠한 것인지 한번쯤 되돌아보기도 한다. 생각은 깨끗해지고 정념 속에 잠긴다. 그래서 '가을'에는 '깊어졌다'는 말이 붙는지 모르겠다. 깊어진 가을에 사람들의 깊어진 생각은 세월의 덧없음과 인생의 허무함에 대한 사색이 주를 이룬다.

우리의 일상생활은 평범하고 신기한 것이 없지만 삶의 토대와 축을 이루고 있다. 사람들은 이 초월할 수 없는 상식적인 생활의 일상성에서 벗어나 인간의 고유한 고결성을 잃지 않으려 한다. 사색은 일상성을 초월하여 삶의 환희를 충만케 할 수 있는 가능성과 무의미하고 냉혹한 일상을 견뎌야 하는 한계성에 대한 비애를 동시에 느끼게 한다.

프로이트에 의하면 전자는 그 본질이 풍만과 충족의 세계를 희구하는 에로스적 본능(Eros Instinct)이며, 후자는 공격적이며 자기 파멸적 충동과 허무감에 노출되는 타나토스적 본능(Thanatos Instinct)이라

일컬어진다.

사람이 하는 일은 언제나 일상생활과 먼저 연결되어 있다. 긍정적 에너지와 연결되면 하루 종일 힘이 생기지만, 일상의 일은 에로스적 본능을 완전히 충족시킬 수 없기 때문에 타나토스적 본능이 고개를 든다. 무의미하고 냉혹한 일상을 견뎌야 하는 한계성에 대한 비애가 풍만과 충족에 대한 희구를 압도할 때가 많다. 만물과 인간이 계절적 침잠에 빠져드는 가을에는 특히 타나토스적 본능에 대한 사색이 깊어진다.

우리는 만족과 위안 등 추구하는 것이 여럿 있지만 그것들이 마음의 공허함을 메워주지 못한다. 무의식에 침잠한 허무를 몰아낼 수 있는 것은 에로스적인 에너지이다. 최고라고 여겨왔던 가치가 무가치한 것으로 되어버리거나, 마음속에 품었던 목적이 보잘 것 없는 것으로 판명되면 그런 생명의 에너지는 힘을 못 쓰고 타나토스적 허무주의에 빠진다. 그러나 에로스적 본능은 타나토스적 본능을 통해서 구현될 수 있기 때문에 타나토스적 본능에 대한 사색이 깊어지는 것이다.

셰익스피어의 비극 중에는 타나토스적 허무를 그리고 있는 작품이 많다. 그는 비극 작품에서 인생은 근본적으로 허무하고 무상하다는 것을 그리고 있다.

비극 『맥베스』에서 맥베스는 왕이 될 것이라는 마녀들의 예언을 듣고 덩컨왕을 시해하고 왕위를 찬탈한 폭군이 되지만, 죄의식에 빠져 고통에 시달리다가 영국군의 도움을 얻어 쳐들어온 망명 왕자 맬컴 휘하 맥더프의 칼을 맞고 죽는다. 이 작품의 5막 5장에서 몽유병으로 방황하던 아내 레이디 맥베스가 절벽에서 떨어져 죽었다는 소식을 듣고 맥베스가 쏟아놓는 위의 독백은 우리 인생의 무상함과 허무함을 절묘하게 표현하고 있다.

이 대목은 단어 하나하나, 구절 하나하나가 셰익스피어의 진면목이 드러나는 위대한 문장들이다. 다가오는 내일이라는 시간은 마치 벌레가 '살살 기어가는' 이미지를 통해서 미래를 향하여 하루하루 말없이 흘러가는 시간을 표현하고 있다. '기록된 시간'은 인간의 정해진 운명을 나타내는 은유이다. '지나간 모든 어제라는 촛불이 어리석은 인간들이 가는 길을 밝혀주다'라 했는데, 그런데 역사의 촛불이 밝혀주는 그 길은 '티끌이 되고 마는 죽음'을 향하여 가는 길일뿐이다. 이 얼마나 삶이 덧없다는 것을 밝히는 촛불인가.

그리고 '밝히다(light)'는 동사는 다음 행에 나오는 '촛불'과 연결된다. '밝힌다'는 타면서 줄어들고 있는 '촛불'과 이미 타서 없어진 '어제'라는 시간을 순간적으로 극적인 연결을 시킨다. '꺼져라, 꺼져라, 짧은 촛불이여!'라는 구절은 인생을 타서 졸아드는 촛불에 비유하고 있다. 이 독백의 타고 있는 '촛불'은 공연 중 무대 위의 조명을 위하여 켜놓은 실물의 촛불과 겹쳐져있다. 무대 위에 켜져 있는 촛불은 관객들의 눈앞에서 타들어가고 있다. 그 촛불이 바로 인생이라는 것을 깨닫는 관객은 인생의 짧음과 덧없음을 절실하게 보고 느낄 것이다. '무상한 인생'이라는 추상적인 것을 관객들의 눈앞에 구체적으로 전개시키고 있다. 이는 관객들의 마음에 핍진하게 와 닿는 훌륭한 비유다.

그다음 '인생은 지나가는 그림자에 지나지 않는 것(Life is but a walking shadow)'은 얼마나 훌륭한 구절인가. 여름에 뭉게구름이 지나갈 때 짓는 그림자가 머리위에 햇살을 가려주는 시원한 그늘을 아주 잠깐 드리우는 것을 경험한 적이 있을 것이다. 그런데 그 그림자가 짓는 시원한 그늘은 얼마나 빨리 지나가버리던가. 덧없는 인생을 이 한마디처럼 잘 표현 한 비유는 없을 것이다.

인생을 '가련한 배우'와 '백치가 들려주는 이야기'라고 한 것도 관객들이나 독자들에게 깊은 인상을 남기는 주옥같은 비유이다. '배우'란 자기 차례가 오면 무대에 올라 뽐내며 행동하다가 혹은 안달하다가 자기에게 주어진 짧은 시간동안의 역할이 끝나면 이윽고 그의 대사 읊조림을 더 이상 들을 수 없는 '가련한 꼭두각시'이다. 백치가 들려주는 이야기는 '아다다 아다다'라는 외마디 소리일 뿐, 아무런 의미를 싣지 못하여 알아들을 수 없다. 자기의 생각을 알아주지 못하니 마음은 답답해지고 분노만 가득하게 된다. '아다다'라는 외마디 소리만 더욱 커질 뿐, 남는 것은 소리와 분노의 메아리뿐이다.

그러나 그의 소리와 분노는 마음의 허무를 치유하지 못한다. [*미국의 노벨문학상수상자 윌리엄 포크너(William Faulkner)의 대표작 『소리와 분노』(*The Sound and The Fury*, 1929)라는 소설의 제목은 『맥베스』의 이 대목에서 따온 것이다. 이 소설은 백치와 근친상간과 매춘과 자살 등 어두운 국면 속에 놓인 가족의 비극이 무의미한 무늬와 같은 말의 나열로 전개되는 내용이다.] 맥베스의 이 대목은 눈에 보이지 않는 마음의 심연을 눈에 보이는 것들 속에서 잘 포착해 내어 인생의 허망함과 무상함을 절묘하게 표출하고 있다. 그것을 표출하는 셰익스피어의 용어는 그러나 그리 난삽하거나 추상적이지 않고 흔한 보통의 말 가운데 예리한 지혜가 담겨져 있다.

맥베스가 왕을 시해하고 왕위를 찬탈했다는 죄의식에서 헤어나지 못하고 잔인한 폭군으로 전락하였지만 비극적 최후를 맞이하면서도 인생의 무상함을 스스로 인식하는 극적 모습은 죄 많은 세월일망정 그런 과거에서도 지혜를 얻고 초연한 입장에서 최후를 맞는다. 인간은 생존하는 한 고통은 불가피하다는 것, 지혜는 고통을 통해서만 얻어질 수 있다는 것, 인간은 자신을 알고 과거와 현재를 인식, 반성할 때 인식이전보다 높은 차원의 세계에 서게 된다는, 희랍적 지혜가 고스란히 배어있다.

비극의 주인공은 보다 훌륭한 인간성장의 과정에서 종막을 장식한다. 인생의 허망함과 무상함을 뼈저리게 느끼면서 응보의 칼날을 맞을지언정 끝내 위엄 있는 주인공답게 인간의 위대함과 존엄성을 지켜낸다. 죽음에 대한 공포는 이미 초극되어 있다. 그런 의미에서 맥베스는 단순히 비겁한 악한으로 치부되지 않는다. 인생이란 떠도는 구름나그네처럼 덧없는 것, 우리 삶의 덧없음에 대한 깨달음, 덧없는 것에 대한 집착의 허망함, 모든 것을 '시간의 낫'에 의하여 꺾이는 것을 어찌할 수 없는 무력함, 마침내 '무(無)'로 적멸하는 존재, 그럼에도 삶의 의미를 가볍게 여기거나 체념해서는 안 되며 인간성의 불변하는 원칙은 거부되어서는 안 된다는 것이 맥베스의 처연한 독백 속에 실려 있음을 알 수 있다.

인용원문

Tomorrow, and tomorrow, and tomorrow,
Creeps in this petty pace from day to day,
To the last syllable of recorded time; And all our yesterdays have lighted fools
The way to dusty death. Out, out, brief candle!
Life's but a walking shadow; a poor player,
That struts and frets his hour upon the stage,
And then is heard no more; it is a tale
Told by an idiot, full of sound and fury,
Signifying nothing.

[*Macbeth*, V. v. 19-28]

recorded time individual or human life or the time fixed for period of life: 인간의 운명

poor player player who is to be pitied because his appearance on the stage of life is so brief: 배우가 연기가 나빠서가 아니라 인생 무대에 출현하는 시간이 너무 짧아서 동정이 가는 것을 말함`

2

키스와 설득력

이야깃거리가 없어 당황스러우면 그때를 이용하여 키스할 수 있다. 훌륭한 연설자는 말이 막히면 침을 뱉지만, 이야깃거리가 달리는 연인들에게 가장 기민한 국면 전환의 책략은 키스하는 것이다.

『뜻대로 하세요』 4막 1장 66-69행

키스하는 장면은 아름다운 풍경이다. 안방극장 텔레비전 연속극 등에서 남녀의 키스장면이 대담하고도 진하게 연출되는 것을 많이 본다. 청소년들에게 유해하다는 비판의 목소리가 있으나 그런 장면이 일반화되어 그런 지적은 이제 힘을 잃었다. 사랑하는 남녀가 키스하는 모습은 예사가 되었고 아름다운 정경으로까지 여겨지게 되었다. 존경이나 우정과 같은 예의가 갖추어진 뜻을 나타내기 위하여 손등이나 이마, 뺨 등에 하는 키스도 있지만, 사랑하는 사람끼리의 입맞춤인 키스는 손쉽게 할 수 있는 자연스러운 애정표현의 몸짓이다. '뽀뽀'라는 유아어로 많이 쓰이지만 우리말인 '입맞춤'보다 '키스'란 말이 보편적으로 쓰인다. 사람들은 어색하거나 입에 담기가 거북한 말은 곧잘 유아어 아니면 한자어나 외국어로 쓰는 경향이 있다. '키스(kiss)'의 어원은 앵글로-색슨어(고대영어)의 'coss'에서 나온 말로, 우리말의 '뽀뽀'처럼 입술과 입술이 맞부딪치면서 내는 소리, 의성어(擬聲語)에 그 뿌리를 두고 있다.

사랑하는 마음의 정감이나 성적 충동을 받아 키스할 때 두 사람의 입술과 입술이 맞닿아 혀가 교차하는 순간의 감미로움과 환희, 그것은 접촉의 욕구인 성적 욕망과 미각의 욕구인 구강적(口腔的) 욕망을 동시에 만족시키는 순간의 감미로움이요 환희이다. 프로이트에 의하면 인간의 심연에는 굶주림을 벗어나고자 하는 식욕과 사랑을 추구하는 성욕의 두 가지 기본적인 욕망이 있다고 한다. 전자는 생명보존의 본능에서 오는 것이요, 후자는 종족번식의 본능에서 온다는 것이다. 키스는 이 두 가지 본능적 욕망을 충족시켜주는 교합점이라 할 수 있을 것이다.

사랑의 키스가 이루어지면 남성은 혀를 깊숙이 밀어 넣어 성적으로 더 깊은 관계로 나아가려하고, "여자의 사랑은 식욕이라 부를 수 있을 것이다. 정열의 힘이 아니라 혓바닥의 미각이 작용하여 포식하고 배가 불러지니까"(『십이야』 2막 4장)에서 알 수 있듯이 여성은 키스를 통해 정서적으로 더 긴밀한 사이가 되길 바란다. 남녀의 성관계는 두뇌 속에서는 몇 단계의 사고를 거친 후 섹스에 골인 한다. 섹스에로의 유혹을 시작으로 될 대로 되라는 자포자기의 마지막 단계를 거쳐 섹스에 몰입한다는 것이다.

셰익스피어의 장시『비너스와 아도니스』에서 사랑의 신(神) 비너스는 사랑하는 아도니스에게 "앉으면 키스로 그대를 숨 막히게 하리라. 풍요로움 속에 더욱 갈증 느끼게 하리라. 열 번의 키스, 한 번같이 짧고, 한 번은 스무 번 같이 길 것이다. 시간을 잊게 하는 그런 유희에서라면 여름날의 하루도 한 시간같이 짧아 보이리라"(17 -23행)라고 말한다. 이 시는 사랑의 신 비너스가 사랑하는 미소년 아도니스(Adonis)를 데리고 사냥을 하다가 아도니스가 멧돼지에게 바쳐 죽자, 죽어가는 아도니스의 피 위에 신들이 마시는 음료수, 넥타르를 부었더니 그 자리에서 아네모네 꽃(바람꽃)이 피어나더라는 희랍신화를 각색하여 시로 옮긴 비극적인 사랑을 그린 장편서사시이다. 비너스가 사랑하는 아도니스에게 하는 사랑의 키스가 도출하는 쾌락이 에로스적 생명력을 생동하게 하는 에너지의 원천(源泉)임을 묘사하고 있다. 인간이 하는 성적행위는 이렇게 종족 번식이라는 목적에만 있는 것은 아니다. 현대에 와서 섹스가 인간에게 특별한 의미를 갖는 것은 그것이 종족번식의 본능보다는 오히려 번식 이외의 목적, 쾌락추구의 목적을 더 많이 가지고 있기 때문이다.

입은 마음의 창(窓)이라 하였다. 사랑에 관한한 입은 온갖 것을 다 할 수 있다. 입술과 언어라는 서술적 도구로 사랑의 유혹과 끝없이 흘러나오는 사랑의 밀어로 현란한 사랑의 정서를 나눌 수 있다. 입술과 혀의 감각적 도구로는 키스와 애무와 성적 너울을 탈 수 있다. 입을 사용하지 않을 때 원만한 사랑은 나누어지지 않는다. 키스할 때 교차

하는 혀는 맛을 보는 미각이 분포되어 있어서 씹는 음식의 맛과 성적인 쾌락의 맛을 보는 기능과 사랑의 언어를 조합해내는 기능을 한다. 여성성기의 어떤 부분은 (대, 소)음순(陰脣), 즉 입술로 불리어지고 신화에서 입은 그 모습으로 보아서 '이빨 달린 여성성기(바기나 덴타타: vagina dentata)'가 변이된 것이라 여겼다. 혀는 섹스와 관련하여서는 성기와 동일시되는 기관이다. 또한 침샘에서 분비되어 입안에 늘 고이는 점액, 침은 단지 음식물을 소화시키는 구강적 욕망을 도우는 것만이 아니다. 침은 애욕에 반대되는 혐오의 반응으로 뱉는 수도 있을지언정 성적 욕망에 대한 반응적 윤활유로 쾌락을 생산하는데 도움이 되기도 한다.

위 인용문은 희극 『뜻대로 하세요』에 나오는 대사이다. 올란도는 형의 핍박을 피해 아든 숲속으로 도망가고 또 도망 나온 로잘린드는 현 공작에게 추방당하여 아든 숲속에 있는 아버지 전(前)공작을 찾아온다. 낭만적인 아든 숲속에서 펼쳐지는 사랑의 이야기로 올란도와 로잘린드를 비롯한 네 쌍의 젊은이들이 결혼하는 것으로 끝난다.

4막 2장에서 로잘린드의 대리인으로 행세하는 남장의 로잘린드가 올란도에게 사랑의 요령을 가르치는 장면이 나온다. 남장의 로잘린드가 올란도에게 구혼을 할 때 무슨 말을 하겠느냐고 묻자 올란도는 말보다 키스를 해야겠다고 대답한다. 위 인용문은 그 말에 로잘린드가 대답하는 말인데, 연인 사이의 밀어는 매끄럽게 이어져야 하고 사랑의 정서는 지속적으로 주고받아야 한다는 점이 숨겨져 있다. 청중들 앞에 선 연사가 말이 막힐 때 재치 있게 침 뱉는 제스처로 연설중단을 미연에 방지하는 것처럼, 연인과의 사이에 이야기가 단절되면 키스로 어색한 분위기를 막을 수 있고 입장 곤란한 말이 나올 것 같으면 키스로 입막음하는(『헛소동』의 2막 1장에서 대답이 궁한 히어로에게 베아트리스가 권하는 이런 말이 있고, 5막 4장에서 베네디크가 자존심 상하는 말을 하는 베아트리스에게 "조용히 해요, 그 입을 틀어막아야지" 하면서 키스하는 장면이 있다.) 등 키스를 활용하여 계속 정감 있는 분위기를 이어가는 지혜가 있으면 아름다운 사랑을 이루어낼 수 있다는 것이다.

사랑을 나누는 동안 분위기의 국면전환이 필요할 때는 적절한 키스를 지혜롭게 활용할 수 있어야 한다. 비너스가 아도니스에게 사랑을 구하는 장면에서, "키스는 내 것이며 동시에 그대의 것. 내 눈동자를 보라, 그곳에 그대의 아름다운 모습이 깃들어 있어 눈과 눈이 맞았는데, 어찌 입술과 입술이 맞닿지 않으리오?"(117-120행)라고 말하는 대목은 좋은 예이다. [로미오와 줄리엣은 첫 대면 때 아주 자연스럽게 키스에 이른다. 손을 맞잡고 있던 두 사람은 로미오가 "손바닥이 하는 일을 입술이 하게 해주소서"하고 키스를 하고 "그대의 입술로 내 입술의 죄가 씻어 지리다"라고 하니까 줄리엣이 "그럼 제 입술이 죄를 가지게 되었군요"라고 대답하자 로미오는 "오, 달콤한 꾸짖음이여. 내 죄를 돌려주소서" 하면서 다시 그녀에게 키스를 한다. 두 남녀가 그렇게 재치 있게 키스에 이르게 되면 그 키스는 매우 자연스럽고 만족스럽게 이루어진다. 더구나 14행의 소네트라는 시 형식으로 이루어지는 두 남녀의 대사는 관객들을 황홀한 경지로 이끈다. 그런 키스라면 아름다운 사랑이 이루어지지 않을 수 없을 것이다.]

여성은 행위 자체보다 그 감정에 다다르는 과정을 중요시한다. 키스는 사랑과 애욕의 요구대로 서로 혀를 주고받는 순간의 분위기와 감정이 중요하다. 감정이 최고조에 달한 분위기에서 이루어지는 키스라야 서로의 마음이 맞닿게 된다. 마음이 닿는 키스라야 국면전환용으로써의 키스의 효과가 생겨난다.

그런 키스는 『헨리 5세』에서 영토문제로 프랑스와의 전쟁에서 프랑스를 굴복시킨 영용한 헨리 5세가 화평의 조건으로 공주 캐서린과의 결혼을 성사시키고 나서, 그녀에게 사랑의 키스를 하고 "당신의 입술에는 마법이 깃들어 있군요. 달콤한 그 감촉은 프랑스 의회의 연설보다 웅변적이요, 군주들이 낸 청원서보다 영국 왕 헨리를 설득시키는 힘이 있구려"(『헨리 5세』 5막 2장)라고 하는 말에서 마음이 닿는 키스로써 강자에게 느끼는 약자의 마음을 안온하게 해주는 효과가 있다. 『뜻대로 하세요』의 인용문은 어색한 분위기를 키스로서 사전에 예방하고, 『헨리 5세』의 인용문에서 정복 왕 헨리는 키스로서 사태를 수습하는 분위기를 연출한다.

섹스를 둘러싼 몇 가지 단계적인 행위가 생략되면 남녀 간의 사랑은 얼마나 허망한 것이 되겠는가. 키스는 남녀가 신체적 접촉을 하는 동안에 성적, 정서적 유대감을 느낌으로서 촉각을 곤두 세워 서로의 사람됨을 살피는 불안한 관계 ("당신의 입술에 비웃는 법을 가르치지 마시오; 입술은 키스하기 위해 있는 것이지, 경멸하라고 있는 것이 아니오"(『리처드 3세』 1막 2장)에서 로맨틱한 분위기가 조성되어 서로를 안심시키고 하나로 엮어주는 성적행위의 단초가 아닌가. 남녀가 키스하는 장면은 아름답다. "박차로는 십리도 못 가지만 다정한 키스 한 번은 천리를 달리게 한다"(『겨울이야기』 1막 2장)고 하였다. 키스는 그 전후에 이렇게 아름다운 설득력도 있다. 키스에는 키스 이상의 그 무엇이 있는 것이다.

인용원문

When you were gravell'd for lack of matter, you might take occasion to kiss.

Very good orators, when they are out, they spit; and for lovers lacking matter, the cleanliest shift is to kiss.

[*As You Like It*, IV. i. 66-9]

gravelled embarrassed: 당황한

take occasion to seize the occasion to: 기회를 이용하다

out at an end: 없어져

cleanly cleverly, adroitly: 기민한

shift contrivance, stratagem: 계획, 책략

3

김정일 vs. 김정일: 이름과 실체

오, 로미오, 로미오, 왜 당신 이름은 로미오인가요? 당신의 아버지를 아니라 하고 당신 이름을 버리세요. 그렇게 못 하겠다면 저를 사랑한다고 맹세만이라도 해주세요. 그러면 저도 캐퓰리트 집 사람이 안 될게요.

(…)

나의 원수인 것은 당신의 이름뿐입니다. 몬터규 집 사람이 아니라도 당신은 당신인 것. 몬터규가 다 뭐야? 그건 손도 발도 팔도 얼굴도 아니고 신체의 어느 부분도 아닌 것. 오, 어떤 다른 이름이 되세요! 이름에 무엇이 있다는 건가요? 장미를 다른 이름으로 불러도 그 향기는 여전히 향기로워요; 로미오는 로미오로 안 불려도 그가 지닌 고결성은 그대로 남는 것. 로미오여, 그대의 이름을 버리고 대신 저의 모든 것을 가지세요.

(…)

로미오의 이름만 말해 주어도 그 혀는 내게 천상의 웅변이야.

『로미오와 줄리엣』 2막 2장 33-48 / 3막 2장 32-33행

동사무소나 은행 등 공공기관에서 일을 볼 때는 사람 자체가 아니라 주민번호나 이름으로 통하고 일이 처리된다. 혹 치매나 정신질환으로 본인의 이름이나 주민번호를 모르면 업무는 한 치도 진행되지 않지만, 본인이 아니고 대리인이라도 주민번호와 이름을 댈 수 있으면 일은 처리된다. 사람보다 이름과 번호가 적힌 서류가 법적효력을 인정받는다. 서류에 이름이 기재된 다음에야 비로소 자연인에서 사회적 관계가 형성되는 사회적 인간에 편입되고 그에 합당한 대접을 받는, 이름이 곧 그 사람이 되는 것이다. 동명이인은 사람은 다르지만 이름이 같아 혼란이 일어날 수 있고, 일란성 쌍둥이는 이름은 다르지만 얼굴이 같아서 혼란이 생길 수 있다.

내 아내의 이름은 김정일이다. 한글로 쓰면 북한의 김정일 국방위원장과 이름이 같다. 동사무소나 은행 등에서 제출할 서류에 이름을 쓸 때면 "무시무시한 분이시군요" 등 북한의 김정일 위원장과 관련된 말을 직원들로부터 한 마디 듣곤 한다.

내가 보기에 내 아내는 "아무렇지도 않고 예쁠 것도 없는," 그야말로 평범한 여염집 아낙네에 지나지 않는다. 얼굴조차도 다소곳하고 남의 얼굴도 정면으로 쳐다보지 못하는 수줍음 잘 타는 여인이다. 하여 어디 한 군데라도 보는 사람으로 하여금 조금의 무서움을 느끼게 할 수 없는 전형적인 보통여인일 뿐이다. 그런 여인에게 농담 삼아라도 무시무시하다 라는 말을 할 수 있는 근거는 하나도 없다. 단지 '김정일'이라는 이름이, 듣기에도 모골이 송연한 '국방위원장', 무서운 핵무기를 좌지우지할 수도 있는 무시무시한 북한의 최고 지도자와 같다는 것, 그것 하나로 이 연약한 여인에게 '무시무시한 분'이라는 얼토당토않은 수식어가 붙었을 것이다. "이름도 말이니 그 여자의 이름을 희롱하는 것은 그녀를 종잡을 수 없는 사람으로 만들 수도 있"(『십이야』 3막 1장)어서 아내는 면구스러워할 때도 많다.

또한 이름은 이름주인에게 고유한 의미를 갖게 된다. 때문에 사람의 이름은 반복하여 자꾸 불리어지면 이름 주인의 특성이 그 이름에 꼬리표처럼 붙어 다닌다. 어떤 유명한 사람의 특성, 특히 부정적인 특성이 두드러지게 보이면 그와 비슷한 특성을 지닌 제삼자의 이름 앞에다 "'아무개' 스러운"이라는 형용사를 붙여 부르는데서 잘 드러난다. 참여정부시절에 대통령의 어떤 특성이 "노무현스럽다"라는 말을 낳았는지 나로서는 알 수 없는 일이지만 한 때 이 말이 한 동안 흘러 다녔던 것이 기억난다.

한 사람의 이름을 보거나 들으면 그 이름의 주인의 성격이나 특성이 연상되고, 반대로 (친숙한) 사람을 보면 그 사람의 성격이 연상되는 이름이 생각날 것이다. 이름은 북한 국방위원장의 이름과 같은 김정일이지만, 내 아내와 친숙한 주변 사람들에게 그녀의 이름이 불리어질 때의 느낌은 국방위원장의 이름에서 받는 느낌과 전혀 다를 것이다. 그들에게는 그저 다소곳하고 수줍음 많이 타는 아낙네로 느껴질 뿐이다. 그녀를 모르는 공공기관 등 그녀의 이름을 서류에 처음 기재하는 사람은 김정일이라는 이름을 듣거나 보면 순간적으로 북한의 국방위원장을 연상할 수 있을 것이다. 이름은 실체를 상징하는 그림자 같은 존재이기 때문이다.

사랑에는 경계가 없다. 이름으로 야기되는 경계도 사랑의 길에는 장애가 되지 않는다. 그 경계는 장애이기는커녕 불리어지면 가슴에 짜릿한 감동을 준다. 『로미오와 줄리엣』은 베로나의 두 유수한 집안의 아들딸인 로미오와 줄리엣이 서로 사랑하게 되었으나, 두 가문이 서로 원수의 집안이어서 결국 사랑은 이루어지지 못하고 두 사람이 죽음을 맞는 청춘남녀의 사랑의 비극이다. 첫 대면 직후 로미오가 원수의 집 도련님이라는 사실을 유모를 통해 알았을 때 줄리엣의 "오직 하나뿐인 내 사랑이 오직 하나의 내 증오에서 생기다니. 서로 모른 채로는 너무 일찍 만나버렸고, 알고 나니 너무 늦었구나. 증오해야할 원수를 사랑해야 되다니, 나에겐 불길한 사랑의 탄생이구나"(1막 5장)라고 하는 말은 비극을 예고한다.

위의 인용문은 2막 2장의 유명한 '발코니 장면'에서 줄리엣이 정원을 향한 자기침실의 발코니에서 하는 독백이다. 줄리엣의 아버지 캐퓰리트 영감이 마련한 연회가 파한 후 줄리엣이 사랑하게 된 남자가 하필 사랑해서는 안 될 원수의 집안인 몬터규 가(家)의 아들이라는 것을 알고 로미오라는 이름이 너무나 원망스러워 한탄하는 독백이다.

그녀는 발코니 아래의 어두운 정원 숲에서 로미오가 듣고 있다는 사실을 전혀 알지 못한다. 단지 로미오가 몬터규 가의 아들이고 자기는 캐퓰리트 가의 딸이라 하여 서로 원수가 될 이유가 없다. 명목만이 원수일 뿐이니 원수의 로미오라는 이름만 벗어던지면 실체는 원수일 수 없다. 장미라는 이름을 바꾸어 불러도 장미의 아름다운 향기는 사위어지지 않듯이, 로미오라는 이름 대신 다른 이름으로 부르더라도 사랑하는 로미오는 바뀔 리 없다. 이름이 바뀐다고 그 이름이 붙었던 것의 실체는 바뀌지 않는 것. 그 로미오의 이름을 버리는 대가로 자기를 몽땅 내어줄 수 있는 연인! 그러니 원수의 이름일지라도 사랑하는 사람이기에 로미오라는 이름을 입에 올리는 자의 혀조차도 하늘에서 들려오는 웅변(3막 2장)으로 들린다. 원수라지만 그의 이름은 그녀에게 감격을 느끼게 한다. 또한 그토록 간절한 줄리엣의 말을 들은 로미오는 얼마나 가슴 벅찼겠는가. 그런 사랑을 위해서라면 목숨인들 못 버리겠는가.

『줄리어스 시저』에는 이름과 실체가 같은 무게로 은유되는 다음과 같은 진술도 있다: "'브루터스'와 '시저'. 그 '시저'란 이름에 무엇이 있는 겁니까? 왜 그 이름은 브루터스란 이름보다 자주 불리어져야 하나요? 두 사람의 이름을 나란히 써놓고 보아도 브루터스란 이름이 시저란 이름 못지않게 정정당당하고, 같이 불러 보아도 똑 같이 부르기 좋고, 무게를 달아도 같은 무게가 나가는 겁니다."(1막 2장) 이 인용문은 루퍼컬 축제날 고결한 인격의 소유자로 시민의 존경을 받는 브루터스를 암살음모에 가담시키기 위하여 시저 못지않게 브루터스도 훌륭하다면서 그를 부추기는 캐시어스의 말이다. 캐시어스가 말하는 '두 사람의 이름을 나란히 써놓거나 불러보거나 무게를 단다는' 것은 이름이 지칭하는 두 사람의 인격적 실체이다. 두 사람의 이름값은 각자의 인격에 붙어있는 꼬리표이다.

살아가는 동안 이름에는 주인의 인격이 켜켜이 쌓이게 된다. 명성을 얻게 되면 그 명성에 어울리는 생각과 처신을 해야 하는 법이다. "황제는 황제의 이름에 어울리는 당당한 생각을 가져야한다. 독수리는 작은 새들이 무엇이라 재잘거리든 내버려둔다. 마음만 먹으면 날개를 펼쳐 언제든지 그 소리를 중단시킬 수 있다는 것을 알고 있으니까."(『타이터스 앤드로니터스』 4막 4장) 인격적 실체가 훌륭하면 이름을 바꾸어도 실체가 풍기는 향기는 없어지지 않지만, 이름이 좋아도 그 이름이 지칭하는 사람의 실체가 깨끗하지 못하면 "ㅇㅇㅇ스럽다"와 같은 명예롭지 못한 수식어가 붙을 것이다. "우리가 하면 죄가 되는 일도, 브루터스 그가 지지하면 신기한 연금술처럼 미덕이 되고 고귀한 것이 된다."(『줄리어스 시저』 1막 3장) 고결한 사람이 있어 이름이 따른다기보다는 이름에 고귀한 사람의 인격이 연상될 수 있다.

인용원문

O Romeo, Romeo, wherefore art thou Romeo?
Deny thy father and refuse thy name.
Or if thou wilt not, be but sworn my love
And I'll no longer be a Capulet.
(…)
'Tis but thy name that is my enemy:
Thou art thyself, though not a Montague.
What's in Montague?
It is nor hand nor foot
Nor arm nor face nor any other part
Belonging to a man. O, be some other name!
What's in a name? That which we call a rose
By any other name would smell as sweet;
So Romeo would, were he not Romeo call'd,
Retain that dear perfection which he owes
Without that title.
(…)
and every tongue that speaks
But Romeo's name speaks heavenly eloquence.]

[*Rome and Juliet*, II. ii. 33-48/III. ii. 32-33]

4

클레오파트라: 팜므 파탈

나이도 그녀를 시들게 하지 못하고 아무리 자주 만나도 그녀의 무한한 다양성은 지겹게 여겨지지 않아요. 다른 여자들은 그들이 채워주는 욕망을 물리게 하지만 그녀는 가장 만족하게 채워주었을 때 오히려 욕망을 더 느끼게 해요. 가장 야비한 일도 그녀에게는 그럴 듯하게 어울려서 거룩한 사제들도 그녀의 방종을 축복해줄 정도예요.

『앤토니와 클레오파트라』 2막 2장 239-244행

여성해방의식은 여성에게 '자주적인 인간'이라는 의식을 갖게 하였다. 여기서 '자주'란 말은 다분히 남성과 남성위주를 두고 하는 말로 남성에게 예속되지 않음을 뜻한다. 남성에게 예속되기는커녕 남성을 자기 손아귀에 넣고 자기 의지대로 움직이는 여성들이 있다. 그들을 일컬어 '팜므 파탈(femme fatale)'이라 한다. 불어인 이 말은 '운명의(혹은 치명적인) 여인'이라는 뜻으로 남성을 유혹하여 고통이나 죽음까지 극한의 상황으로 치닫게 만드는 여인을 말한다. 남성을 사로잡는 묘한 매력과 도도하고 강력한 흡인력에 휘말려 파국을 맞게 하는 여인, 때로는 자신도 파멸에 이르게 되는 여인이라는 뜻이 함축되어 있다. 얼마 전 가짜 박사학위가 빌미가 되어 어떤 고위층 인사와 온갖 염문의 소용돌이 속에 빠졌다가 범법자가 되어 결국 두 사람 다 감옥 신세를 지게 된 사건의 주인공 모 여교수와 그 고위층 인사의 파멸은 일종의 팜므 파탈 유형이라 할 수 있으리라.

이런 팜므 파탈 형 여성은 현대에만 있는 것은 아니다. 역사상의 여인들 중에 그런 팜므 파탈의 원형으로 클레오파트라가 첫 손가락에 꼽힌다. 그녀가 팜므 파탈의 원형이 된 것은 자신의 아름다움과 성적 매력을 이용하여 대로마제국의 최고 지배자 둘을 유혹하여 자신의 정치적 야심을 실현하였지만 종내는 연인도, 자신도 파멸에 이르렀다.

유명한 클레오파트라의 팜므 파탈의 모습, 흥미진진한 러브 스토리와 극적인 삶과 죽음은 셰익스피어의 『앤토니와 클레오파트라』에서 잘 그려져 있다. 그녀는 아름다운 용모와 우아한 자태, 천사 같은 목소리, 그리고 왕성한 성욕 등 팜므 파탈이 갖추어야 할 요소를 두루 갖춘 여인이다. "클레오파트라의 코가 조금만 낮았더라도 세계의 지도(혹은 세계의 역사)는 달라졌을 것이라"는 유명한 말이 있을 정도의 여인이 아닌가.

클레오파트라는 일생 동안 줄리어스 시저와 마크 앤토니, 대로마제국의 지배자인 두 영웅에게 차례로 팜므 파탈이 된다. 동생 프톨레마이오스 14세와의 권력투쟁에서 패배한 후 유배상태에 있던 클레오파트라는 이집트를 침공한 시저의 힘을 빌려 왕권을 되찾는다. 그녀는 시저와의 첫 만남부터 팜므 파탈다운 기상천외한 면모를 드러낸다. 스스로 양탄자 위에 누워 자신의 몸을 양탄자로 둘둘 말게 하여 선물이라면서 집정관 시저에게 전해진다. 양탄자를 펼친 시저는 반라의 그녀에게 혹하게 된다. 시저의 연인이 된 그녀는 그의 힘을 빌려 정적을 제거, 왕권을 되찾는다.

옥테이비어스, 레피더스와 더불어 제2 삼두정치를 펼친 집정관 앤토니는 로마제국의 동부지역을 맡고 있었는데 동방원정길에서 클레오파트라를 만난다. 그녀는 화려하게 치장한 배를 타고 사랑의 여신 비너스처럼 치장하고 사치를 극한 옥좌에 앉아서 앤토니를 만난다. 이 화려한 첫 만남에서 앤토니는 혼을 빼앗기고 만다.(『앤토니와 클레오파트라』 2막 2장) 클레오파트라는 앤토니의 마음을 사로잡기 위해 팜므 파탈다운 수단과 방법을 가리지 않는다. 그녀는 앤토니를 자기 곁에 묶어두기 위하여 고혹적인 쾌락을 제공하고 산해진미에 악사와 관능미를 자랑하는 무희들을 동원하여 매일 화려한 연회를 베풀었다. 대로마제국의 집정관이라는 신분, 동서양의 인종적 차이를 도외시하고 작은 이국의 여왕에게 매혹당한 앤토니는 철저하게 클레오파트라라는 팜므 파탈의 손아귀에 사로잡힌다.

『앤토니와 클레오파트라』는 앤토니가 이집트의 알렉산드리아에서 클레오파트라의 매력에 빠져 그녀의 화려한 궁전에서 육욕에 사로잡힌 호화로운 생활을 즐기고 있는 것에서 시작된다. 첫 장면 첫 대사에서 앤토니가 클레오파트라와의 욕정에 빠져 위풍당당하던 장군의 영웅적인 면모를 잃은 모습이 묘사된다. 로마에서 오는 전갈도 받지 않는 등 정사를 돌보지 않는 이런 앤토니와 천하통일을 노리는 동료 집정관 옥테이비어스 사이에 적대관계가 형성된다. 이를 해소하기 위하여 정실부인이 죽고 없는 앤토니와 옥테이비어스의 누이 옥테이비어와 정략결혼이 이루어지지만 두 사람 사이는 더 멀어진다. 액티엄 해전에서 결정적으로 패한 앤토니는 자살을 시도하여 클레오파트라의 무릎에서 죽는다. 옥테이비어스는 살아남은 클레오파트라를 전리품으로 하여 로마로 데려가려 하지만 그녀는 팜므 파탈답게 치욕스럽게 살지 않겠다고 한다. 그녀는 결연히 사랑하는 앤토니를 따라가겠다며 독사에 물려 자살한다. 옥테이비어스는 아름다운 여인 클레오파트라를 아까워하며 그러나 두 연인을 나란히 묻어주게 하고 로마로 개선하는 것으로 극은 끝난다.

팜므 파탈이 될 수 있는 여인은 남성을 흡인하는 미적 마력이 갖추어져 있다. 클레오파트라의 이런 모습은 여러 곳에 나타난다: "당신에게는 모든 것이 다 어울리는구려. 꾸짖는 것도, 웃는 것도, 우는 것도, 당신의 모든 감정은 당신에게서 나타나면, 그대로 아름답고 멋진 것이 되어버리니"(1막 1장)라고 앤토니가 말하는 것; "사랑하는 사람에게 묘하고도 저항할 수 없는, 애간장을 녹이는 매력의 화신, 사그라지지 않는 갈망을 지닌, 그래서 영웅 앤토니를 파멸시킨 여인"(5막 2장) 등. 그녀는 아름다운 여자, 여왕의 위엄을 갖춘 여자, 여걸다운 여자이면서 동시에 기가 센 여자, 홍분 잘하는 여자, 가학적인 여자, 성실치 못한 여자, 겁 많은 여자 등으로 그려지고 있다.

여왕의 위엄을 갖춘 여자, 여걸다운 여자의 면모는 옥테이비어스가 전승의 기념으로 그녀를 로마로 데려가려 할 때, 앤토니의 뒤를 따라 죽음을 택하겠다는 결심을 알리는 말에서 잘 나타난다. "나의 결심은 정해졌다. 나에게는 이미 나약한 여성은 없다. 이제 머리끝에서 발끝까지 대리석처럼 변하지 않는다. 덧없는 달은 나의 별이 아니다." (5막 2장) 이 말은 로미오가 줄리엣과의 첫 대면에서 달에 걸고 사랑의 맹세를 하려하자 "지조 없는 달을 두고 맹세하지 마세요. 달은 날마다 행로를 바꾸니까요. 당신의 사랑도 그렇게 변해서는 안 되지요." (『로미오와 줄리엣』 2막 2장)라는 줄리엣의 말처럼 달의 무상함을 들어 맹세나 결심이 굳건함을 알리는 말이다.

위의 인용문은 여인으로서의 클레오파트라에 대한 묘사로는 압권이다. 폼페이의 반란사건 때 앤토니의 부하 이노바버스와 옥테이비어스의 부하가 나누는 대화중에 이노바버스가 클레오파트라의 모습을 묘사하는 대목이다.

셰익스피어는 일찍이 "아름다움은 헛되고 믿을 수 없는 미덕이다. 그것은 갑자기 사라지는 빛나는 겉치레요, 싹이 트자 바로 시드는 꽃이요, 곧 깨어지기 쉬운 유리다: 짧은 시간 안에 상실되고, 사라지고, 죽는, 못 믿을 미덕이요…"(「슬픈 사랑의 순례자」 13); "모든 사람의 눈길을 끄는 아름다운 모습을 만든 시간은, 바로 그 모습에 폭군노릇 하여 뛰어난 아름다움을 아름답지 않게 한다"; "시간은 청춘에게 주었던 번성함을 없애고, 그 아름다운 이마에 주름을 그어놓는다(…) 시간의 낫이 베려는 것에 견디는 것은 아무 것도 없다"(『소네트』 60)라고 아름다움은 시간에 의하여 파괴된다고 노래하였지만, 클레오파트라는 시간의 위력에도 아름다움은 훼손되지 않는다는 것이다. 그래서 "나이도 그녀를 시들게 하지 못"한다. 자주 만나서 보이는 여자의 다양성은 변덕스러움으로 비치지만, 클레오파트라는 보면 볼수록 야릇하고 풍부한 표정과 미소로 마음에 기쁨을 안겨주는 매력을 지녔다. 성적욕망의 대상은 환상적인 것, 한 대상에서 채워지고 나면 다른 대상으로 흘러간다. 그러나 클레오파트라는 욕망이 채워질수록 그녀에게서 벗어날 수 없다. 성스러운 복장의 거룩한 사제조차도 그녀의 일거수일투족에 축복을 내릴 정도로 그녀의 아름다움은 써 버리기엔 너무 아름답고, 지상에 두기에 너무 고귀한 것(『로미오와 줄리엣』 1막 5장)이다.

클레오파트라는 독사를 이용한 자살의 멋진 시적 장면에서도 공포나 자기연민 없이 죽음너머를 보는 자존심과 품위를 보여주는 본래의 품성을 유지하고 있지만, 죽으면서 입에 담는 언어는 여전히 관능적인 면모를 잃지 않는다. "쉿! 내 가슴에 안겨 젖을 빨다 유모를 조용히 잠들게 하는 우리 애기(독사)가 보이지 않느냐? 향유처럼 기분 좋고, 공기처럼 부드럽고; 상냥하기로는, 오 앤토니!"(5막 2장)

클레오파트라와 앤토니는 아주 멋진 연인인가 아니면 단지 관능적 욕망에 사로잡힌 음탕한 남녀일 뿐인가? 두 연인은 관능적 쾌락이라는 면으로 볼 때 양쪽 다를 경험한 연인이라고 할 수 있을 것이다. 안토니는 결국 사그라지지 않는 갈망을 지닌 팜므 파탈적 여왕에 대한 열렬한 사랑 때문에 파멸되지만, 클레오파트라는 교활한 역사적 정치인이 아니라 무엇보다도 먼저 사랑에 빠진 여인이다. 셰익스피어가 그리고 있는 클레오파트라라는 팜므 파탈적인 인물은 그렇게 결말난다.

인용원문

Age cannot wither her, nor custom stale
Her infinite variety: other women cloy
The appetites they feed, but she makes hungry,
When most she satisfies; for vilest things
Become themselves in her, that the holy priests
Bless her, when she is riggish.

[*Antony and Cleopatra*, II. ii. 239-244]

[주]

custom the usual way of meeting: 자주 만나는 것

riggish wanton: 방종한

5

사느냐 죽느냐: 햄릿의 역설(逆說)

살 것이냐 죽을 것이냐 그것이 문제로다. 가혹한 운명의 돌팔매와 화살을 참고 견디는 것이 고결한 마음인가, 아니면 고난의 바다와 맞서 싸우다 끝나는 것이 더 고결한 마음인가? 죽는 것은 잠드는 것-그 이상은 아니다. 잠들면 마음의 고뇌와 육신이 지니고 있는 수많은 고통을 끝낼 수 있다고 말할 수 있는 것, 그것은 열렬히 바라는 바 죽음이다. 죽는 것은 잠드는 것, 잠들면 꿈도 꾸는 것, 그래, 거기에 장애물이 있어. 인간이기에 겪는 고난을 벗어났을 때, 죽음이라는 잠속에서 우리가 꾸는 꿈은 우리를 망설이게 한다. 그것이 긴 인생의 고난을 견뎌내게 하는 동기가 된다. 그렇지 않다면 누가 세상의 채찍과 조롱을, 폭군의 횡포와 교만한 자의 조소를, 버림받은 사랑의 고통을, 재판의 지연을, 관료의 오만과 덕 있는 사람에게 가해지는 소인배의 오만불손을 견디어 내겠는가. 한 자루 단검이면 삶을 쉽게 끝낼 수 있는데 참고 견뎌야 하는가? 그러나 죽은 뒤의 불안—그 누구도 돌아온 적이 없는 저 미지의 나라에 대한 불안이 결심을 망설이게 하고, 알지 못하는 저승으로 날아가느니 현재의 고난을 견디게 하지 않는가?.

『햄릿』 3막 1장 56-83행

얼마 전 뉴스에서 30대 남자가 자신의 차에 불을 질러 장애아인 두 아들과 동반 자살하려다 두 아들은 사망하고 자신은 중상을 입는 무참한 사건이 보도되었다. 그는 일자리를 잃고 장애아 둘을 보살필 자신이 없었단다.

이 뉴스는 사람들에게 많은 생각을 하게 하였을 것이다. 우선 연약하기 그지없는 아이들을 죽음에 이르게 하는 방법으로 불에 타 죽게 하다니 인간의 심성이 어찌 이다지도 독하고 잔인할 수 있는가? 그리고 많은 사람들로 하여금 새삼 죽음 내지 자살에 대하여 생각하게 하였을 것이다.

사람은 언제 죽음에 대하여 생각하게 되는 것일까? 일상적 삶의 연속에서 죽음은 그 모습이 지워져 있지만, 삶의 목적을 상실하고 의미가 없다고 느끼면, 정신적 고통이 온몸을 압도하면서 순식간에 죽음은 그 모습을 드러낸다. 죽음 이외는 그 어떤 것도 의미가 없어 보인다. 한 인간에게 죽음은 어떤 의미일까? 죽음이란 세상의 모든 것이 완전히 끝막음하는 것을 의미하지만 죽음 이후를 상상하고 생각하기 때문에 문제는 간단치 않다.

셰익스피어의 대표적 비극 『햄릿』은 여러 가지 해석을 낳지만, 인생과 인간성 그리고 인간의 영혼에 대한 깊고 투철한 통찰이 있으며, 미묘하고 착잡한 심리묘사가 있어 매우 흥미 있는 여러 가지 문제를 포함한 비극이라고 개략적으로 말하여진다. 그러나 주된 테마는 '죽음'에 대한 것이라 할 수 있다.

덴마크의 왕자 햄릿은 아버지를 시해하고 왕위를 뺏은 후 어머니를 왕비로 삼은 숙부에 대하여 복수를 하고자 하지만, 원래 내성적 성격이라 회의에 빠지고 주저하면서 좀체 결행하지 못한다. 그러다 최후에 복수를 감행하지만 자신도 독 묻은 칼을 맞고 죽는다. '햄릿'이라는 인물은 내향성 인간형이라는 두드러진 성격으로 인구에 회자된다.

극의 중심에는 주인공 햄릿이 겪는 심적 고통이 자리 잡고 있는데 이 심적 고통은 '죽음'이라는 테마에서 연원된다. 위에 인용한 햄릿의 유명한 독백은 죽음에 대한 성찰이지만, 심층적 의미에는 역설적이게도 삶과의 관계에서의 성찰이 담겨있다고 볼 수 있다.

극의 초두에서 이미 햄릿은 삶의 목적의식은 상실되고 심적 고통에 시달리고 있다. 그것은 아버지의 죽음과 신의 없는 어머니의 숙부와의 재빠른 재혼에서 비롯된 것임을 알 수 있다. 부왕의 유령으로부터 부왕의 시해에 대한 전말을 전해 듣고 또 복수해달라는 분부를 받자 그의 고통은 더욱 심해진다. 이렇게 황량한 햄릿의 마음에 중신 폴로니어스의 딸 오필리어에 대한 사랑이 마지막 희망이지만, 부왕의 유령을 만난 후 그 사랑도 우습게 보인다. 그는 어머니뿐만 아니라 오필리어까지도 냉소적인 태도로 대한다.

목적의식이 상실되면 모든 것이 무의미해보이고 창의적인 활동은 불가능해진다. 죽음만이 합리적인 것으로 생각될 뿐이다. 햄릿의 마음에는 계속 죽음에 대한 생각만이 작동된다. 극은 첫 장면부터 마지막 장면까지 '죽음'의 그림자가 내리덮고 있다. 부왕의 '죽음'이 플롯의 시발점이다. 부왕의 유령이 전해주는 시해 과정 이야기와 오필리어가 죽음으로 그를 버리는 것은 그에게 삶의 거부 곧 죽음에 가까워져 있음을 뜻한다. 주인공 햄릿의 마음의 병이 정신적인 죽음에서 비롯되는 것은 '죽음'은 이 극의 테마이기 때문이라 할 수 있다.

위에 인용한 독백에서 햄릿은 사후의 불안을 생각하지만 삶의 고난에 대하여 더 많이 언급하고 있다. 창조적인 활동, 사랑, 정… 이런 것들은 햄릿의 마음속에서 모두 덧없는 것에 지나지 않는다. 이후 그에게서 보이는 것은 비통과 환멸과 의지의 상실 등이다. 그는 어느덧 삶 가운데 어슬렁거리는 죽음의 사자가 되어있다. 햄릿의 이 독백은 죽음의 힘이 작용하는 통로로 해석된다. 살아가는 동안 겪게 되는 시련과 고난을 담고 있어서 "살 것이냐 죽을 것이냐"라는 양자 등가적 의문으로 시작하지만 내용은 삶보다 죽음 쪽이 강조되는 것처럼 보인다. 수없이 겪게 되는 가혹한 시련과 고난과 맞서 싸우다 죽는 것이 비열한 삶을 이어가는 것보다 고결한 것 아니냐. 마음의 고뇌와 육신의 고통을 끝내주는 것은 죽음이다.

죽음은 육체 속에 갇혀 물질대사의 법칙에 순응하고 있는 생명력을 해방시켜 자유를 얻게 함으로써 인간적 자아를 벗어나게 하여 자연과의 연속성 속에 존재하는 절대적 자아, 우주적 자아로 침잠하는 것이다. 여기서 '죽음'을 'consummation'이라 했는데 '완결', '극치'라는 뜻을 내포하고 있는 말이다. 죽음은 삶의 완결이요, 극치의 경지라는 뜻이다.

이 말은 마지막 장면에서 햄릿이 죽으면서 "휴지(休止)는 정적(靜寂, the rest is silence.)"이라는 그의 마지막 대사와 연결된다. 삶을 유지하는 동안 겪는 여러 가지 고난을 열거하지만 짧은 칼 한 자루면 이 모든 고난을 쉽게 끝내고 미천한 삶을 고결하게 '완결'할 수 있다는 것이다. 단지 그렇게 못하는 것은 아무도 모르는 죽음에 대한 불안 때문에 현세의 고난과 비겁함을 견디며 삶을 이어가는 것 아닌가.

죽음 이후를 상상하고 생각하기 때문에 삶과 죽음 사이에 벽이 생기는 것이지만, 이 독백은 단순히 죽음을 예찬하고 있는 것이 아니다. 2막 2장에서 햄릿은 "인간은 훌륭한 신의 작품, 이성은 고결하고 능력은 무한하며 행동은 천사와 같고 지혜는 신과 같다"고 인간에 대한 예찬을 한다. 독백할 때의 햄릿은 그런 인간예찬을 상기시킬 만큼 상냥, 아름다움, 고결성 등 삶의 향기가 배제되어있지 않음을 알 수 있다.

숙부 클로디어스왕은 보통 악한 인물로 여겨지지만 관점을 그에게 두고 보면 반드시 그렇다고는 할 수 없다. 극의 전반부에서 그는 훌륭한 임금이며 햄릿에게는 상냥한 숙부이다. 또한 인생을 즐기며 사려 깊고 자신에 찬 건강한 삶을 이어가는 인물이다. 비열한 살인을 저지른 것은 사실이지만, 진정에서 우러나오는 참회, 창의적이고 현명한 처신, 뚜렷한 목적의식, 신하들에 대한 신뢰심, 왕비에 대한 깊은 사랑 등을 보면 그는 왕으로서의 훌륭한 자질을 지닌 매우 인간적인 사람이다. 그의 신하들도 햄릿과는 달리 인생살이의 중요성을 인식하고 자신에 대한 믿음 등 왕이 지닌 자질들을 공유하고 있는 인간적인 사람들이다.

왕과 신하들은 생의 긍정적 요소인 에로스적 본능에 투철한 사람들이다. 이런 자질과 거리가 먼 햄릿은 극이 시작할 때 이미 절망에 빠져있고 죽음의 현신인 부왕의 유령과 대화를 나눈다. 삶의 열정인 에로스는 은밀하면서도 가차 없이 진행되는 타나토스의 지배하에 있게 된다. 마침내 그는 죽음에 포획되어, 삶의 한 가운데서 활보하고 있는 '죽음'의 사자가 된다. 그는 사랑에 대한 냉소와 죽음의 의식 등 부정(否定)의 원칙에 익숙해 있다.

햄릿의 이러한 비인간적인 모습은 에로스적 본능과 반대인 죽음과 연관되는 타나토스적 본능에 가깝다 할 것이다. 건강하고 인간적인 호감이 가는 정상적인 인물들이 극도의 우울증을 보이는 비정상적인 주인공 주변에 배치되어 이들 두 요소가 대조를 이루는 것은 긍정적인 삶과 부정적인 죽음 간의 다툼을 반영하고 있다. 그렇게 대조를 이룸으로써 극적 효과를 자아낸다. 왕과 신하들의 인물유형과 반대되는 햄릿이 그들과 어울리지 못하는 것은 당연하다. 그러나 상식적인 보통 사람이라면 삶에 대조되는 죽음이 아니라, 죽음에 대조되는 삶에 시점(視點)을 맞출 것이다.

햄릿이 부왕의 유령이 내린 명령을 잊었으면 임금으로서 훌륭한 숙부 덕택에 왕위계승자로서의 모든 일이 잘 되었을 것이다. 심약한 햄릿이 유령의 당부를 저버릴 수 없다는 것은 죽음의 손길을 벗어날 수 없다는 것이다. 이 세상 것이 아닌, 상상적 가상에 지나지 않는 부왕의 유령이 이 세상의 실체적 존재인 햄릿에게 나타나는 것은 명계의 희미한 후광에 둘러싸여 인생의 무대를 가로질러 가는 햄릿에 대한 연민이 삶이 아니라 죽음의 명분에서 나온다는 것을 뜻한다. 그러나 햄릿이 죽어가는 마지막 장면에서 노르웨이의 왕자 포틴브라스에게 덴마크 왕국의 계승을 맡기면서 최후를 맞는 것에서 삶이 죽음보다 인간성에 더 깊은 확신과 희망을 심을 수 있다는 그의 역설(逆說)을 엿볼 수 있다. 고난의 인생살이에서 자칫 죽음의 그림자가 맹위를 떨치지만 그것은 오히려 삶에 대한 애착을 증폭시키는 역설이 성립되게 한다.

최근에 인터넷 자살 사이트에서 접촉하여 연령과 성별을 상관 않고 무리지어 연탄불로 동반 자살한 사건이 여러 번 보도되었다. 그들은 햄릿의 성찰에서 볼 수 있는 죽음에 대한 의미는 포착할 수 없었던 것일까. 자신의 승용차에 불을 질러 장애아인 두 아들과 동반 자살을 기도하여 두 아들은 죽게 하고 자신은 중상을 입은 30대 남자는 '죽음'에 대하여 얼마나 성찰해보았을까? 아비일지라도 아이들이 괴로운 인생이지만 괴로워하면서도 살 가치가 있는지의 여부를 결정할 자격과 권리는 없다. 고난의 인생살이는 오히려 죽음에 죽음을 안길 수 있는 실행의 명분으로 삼을 수 있다는 햄릿적 역설로 삶의 의지를 불태울 수는 없었을까?

인용원문

To be, or not to be--that is the question:
Whether 'tis nobler in the mind to suffer
The slings and arrows of outrageous fortune,
Or to take arms against a sea of troubles,
And by opposing end them? To die, to sleep—
No more; and by a sleep to say we end
The heart-ache and the thousand natural shocks
That flesh is heir to. 'Tis a consummation
Devoutly to be wished. To die, to sleep;
To sleep, perchance to dream. Ay, there's the rub;
For in that sleep of death what dreams may come,
When we have shuffle off this mortal coil,
Must give us pause. There's the respect
That makes calamity of so long life;
For who would bear the whips and scorns of time,
The oppressor's wrong, the proud man's contumely,
The pangs of depis'd love, the law's delay,
The insolence of office, and the spurns
That patient merit of the unworthy takes,
When he himself might his quietus make
With a bare bodkin?
(...)
But that the dread of something after death—
The undiscovered country, from whose bourn

No traveller returns--puzzles the will,
And make us rather bear those ills we have
Than fly to others that we know not of?

[*Hamlet*, III. i. 56-83]

[주]

to say we end perhaps we may be able to end: 아마 끝낼 수 있을 것이다

consumation death: 죽음

rub obstacle: 장애

mortal coil troubles associated with being human: 인간이기에 겪는 괴로움

give us pause make us stop and consider the whole matter: 발걸음을 멈추고 전 문제를 생각하다

That makes calamity of so long life 긴 생을 통하여 고난을 견뎌내게 하다

contumely humiliating scorn: 조소

office officials: 공무원

spurn insult: 모욕

merit good people: 착한 사람

his quietus make bring about his own release: 자신을 죽임으로 해방시키다

with a bare bodkin simply by using a dagger: 단도를 사용함으로써

bourn insult: 모욕

ills misfortune: 재난

6

사랑의 참칭(僭稱): 정욕의 환상

원하는 것을 얻은들 무슨 소득이 있으랴? 그것은 꿈이요, 순간의 입김이요, 덧없는 즐거움의 거품일 뿐. 누가 일주일의 고통을 주고 한 순간의 환락을 사랴? 장난감 하나 얻자고 영원을 팔아? 달콤한 포도 한 알을 얻기 위하여 덩굴을 전부 망칠 자가 누구랴? 어떤 어리석은 거지가 당장 왕홀(王笏)에 맞아 죽을 텐데 왕관을 만져보려 할 것인가?

『루크리스 부인의 강간』 211-217행

자본주의 사회에서 사람들은 욕망하는 것을 소유하는 것과 쾌락추구를 제일 우선순위에 놓는다. 인간의 본질은 욕망이기 때문에 바다는 끝이 있어도 인간의 욕망은 끝이 없다. 쾌락 또한 만족시키면 만족되는 만큼 점점 더 추구하게 되는, 밑 빠진 독에 물붓기이다.

욕망과 쾌락추구는 그 끝이 까마득하다. 범죄는 그 끝이 까마득한 이 두 가지 중의 하나 혹은 둘 다를 추구하는 데서 나오기 쉽다. 이는 자본주의 사회의 어쩔 수 없는 부산물이다. 지각 있는 사람들은 이 두 가지가 다 충족된다 해도 꼭 행복해진다는 보장은 없다고 말하지만, 보통 서민은 이 두 가지에서 오는 행복을 결코 무시할 수 없다.

인간의 행동여부와 행동의 유형을 결정하는 것은 고통과 쾌락에 달려있다고 한다. 고통은 피하고 쾌락을 추구하는 것은 양심에서 나오는 윤리의 명령과 상관없는 본능적 행동이다. 쾌락욕은 소유욕의 뒷자락에 있다. 인간은 생존을 위하여 하는 힘든 노동이 쾌락에 대한 욕구를 제약한다. 프로이트에 의하면 인간의 행동은 쾌락원리에 따르지만 생존을 위한 현실원리가 쾌락원리를 끊임없이 억압한다는 것이다.

자본주의 사회에서 '돈'은 소유와 쾌락의 원천을 제공해주는 것이기 때문에 돈의 의미는 절대적이다. 소유와 관계없이 심지어 슬픔이나 고통, 재난을 입고 있는 중에도 사람은 미묘한 즐거움이나 기쁨까지도 끌어낼 수 있는 묘한 데가 있기도 하다. 그러나 인간의 마음을 움직이는 주요한 요인 또는 활동의 원리는 노동의 필요를 느끼지 않게 하는 돈의 소유이며 돈의 위력으로 쉽게 도움을 받을 수 있는 쾌락추구라 할 것이다.

쾌락의 추구가 온 사회에 가득 차 있다는 것은 사회의 어느 한 귀퉁이만 보아도 당장 알 수 있는 것이 오늘의 풍경이다. 쾌락추구는 특히 섹스의 추구에서 그 대종을 이룬다. 소돔과 고모라의 멸망에서 알 수 있듯이 한 사회의 타락과 부패는 성문란으로부터 시작된다. 인간의 성적욕망을 자극하는 것은 육체의 전체까지 필요 없이 일부만으로도 충분하다고 한다. 그러니 성적 욕망을 자극하는 선정성은 집밖이나 집안이나 한낮이나 한밤, 나이 어린 청소년이나 나이 든 성인이나 가릴 것이 없다.

가히 욕망자극의 융단폭격이라 할 만큼 성적욕망을 자극하는 사회적 환경에 과다하게 노출되어 있다. TV와 컴퓨터 등에서 보이는 가상세계의 범람으로 청소년, 성인 할 것 없이 성적 환상과 현실을 구분하지 못하게 되는 사람이 많아지고 그것은 성범죄의 단초가 된다. 범죄는 절제되지 않은 욕망에서 일어난다. 성폭력을 비롯한 성범죄는 수많은 사회문제를 야기 시키고 많은 부수적인 범죄까지 수반한다. 그런 사회는 반드시 타락하고 곧장 부패로 연결된다.

위에 인용한 부분은 셰익스피어의 장편서사시『루크리스 부인의 강간』에 나오는 구절이다. 여기서 '원하는 것'은 아름다운 유부녀를 범하고 싶어 하는 욕정을 말한다. 루크리스 부인은 정절과 미색이 뛰어난 로마 어느 장군의 부인이다. 남편이 그녀에 대한 자랑을 늘어놓는 중에 그녀의 미색과 정절을 듣고 뭇 귀족들은, 미인은 황금보다 쉽게 도둑을 자극한다고, 그녀의 정절 높은 미색을 탐하는 욕망에 젖게 된다. 그 중 한 사람인 타퀸(Tarquin)왕자는 그녀의 남편이 전쟁터에 나가 있는 틈을 타서 그녀의 남편과의 우정을 빙자하여 그녀에게 다가간다. 어느 날 밤 "욕망의 눈이 가장 잘 보이는, 욕망의 보모인 밤"(『비너스와 아도니스』 720행)을 틈타 그녀에게 접근하여 그녀를 강간하고 아침 일찍 도망간다. 루크리스 부인은 남편과 친척들을 불러 놓고 자기를 강간한 자가 타퀸 임을 밝히고 원수를 갚아달라는 유언을 남기고 칼을 물고 죽는다. 이것이 빌미가 되어 타퀸 일족은 추방되고 로마는 제정에서 공화정으로 바뀐다는 줄거리이다.

위의 대목은 타퀸이 루크리스 부인을 강간하려고 그녀의 침실로 들어가기 직전, 욕정 때문에 정절 높은 유부녀를 강탈하는 죄악과 그 결과에 대한 우려의 말이다. 음욕을 달성하자면 갖가지 위험이 있는 것이지만 성공의 여부에 관계없이 욕망을 채우는 거래를 해 보는 것이 인간이라고 음욕은 그의 마음을 부추긴다.

그러나 유부녀 강간의 오명은 죽은 다음에도 살아남아서 후손들이 자기의 유골을 저주하리라는 것을 염려한다. 음욕과 공포와 양심의 틈바구니에서 갈등하다가 사소한 잘못에 후회하는 것은 너절한 소인배들이나 할 짓이라면서 음욕의 손을 들어주는 자기 합리화를 한다. 가장 깊고 가장 절대적인 쾌락은 육체 속에 있기 때문에 가장 중요한 일조차도 잊어버리게 하는 욕정, 채우면 채울수록 더 커지는, 아무리 눌러도 누를 수 없는 욕정, 탐나면 어떻게든 갖고 싶어지는 욕정, 그것은 그러나 이룬들 '꿈이요, 한 호흡의 입김이요, 한 순간에 일어났다 꺼지는 거품 같이 덧없는 쾌락'일 뿐이다.

「소네트 129」에서도 음욕의 환상에 대하여 잘 묘사되어 있다. 음욕은 채우려고 애쓰다가 정신적으로 피폐해지고 얻는 것 없는 낭비이며, 추구하는 과정에서 창피를 당하기도 하는 등 톡톡히 대가를 치르게 한다. 음욕은 야만, 잔인 등의 죄악을 저지르고 난 후에야 겨우 실행 단계에 이를 수 있다.

향락이 끝나고 나면 분별없이 미끼를 삼키고 걸려든 낚인 자의 고통과 증오가 생긴다. 추구하는 동안에 미쳐 있고 얻은 뒤에도 미쳐 있다. 행하려 할 때도, 행하고 있을 때도, 행한 뒤에도 절제하지 못한다. 행하는 중에는 쾌락이지만 행함이 끝난 뒤에는 비애이다. 행하기 전에는 쾌락이 잔뜩 기대되지만 행한 후에는 환상에 지나지 않는 것. 이 모두를 세상 사람들은 다 알지만 지옥으로 이끄는 이 육체적인 쾌락을 절제하여 피할 줄 아는 사람은 드물다는 것이다.

154편의 소네트 중 제2부에 해당하는 127편부터는 다크 레이디

(Dark Lady: 검은 머리에 얼굴이 까무잡잡한 여인)에 대한 시인 셰익스피어의 사랑에 관한 것이다. 자기가 사랑하는 미청년이 방탕하여 자기 애인인 다크 레이디와 정을 통하는 것을 알고 시인은 크게 실망한다. 이 시편에서 존경심을 몰아내는 음욕의 추함을 통하여 그녀와의 사랑에 대한 깊은 혐오감을 표현하고 있다. 그녀는 시인 자신뿐만 아니라 모든 남자가 손에 넣을 수 있는 그런 여인이다. 그녀처럼 음욕에만 사로잡힌 사랑은 좌절과 타락을 거쳐 지옥으로 인도된다고 결론낸다. 이태리에서 발생하여 영국에 수입된 소네트는 일반적으로 아름답고 이상적인 여인에 대한 사랑을 다루는 정형시 형식이다. 그러나 셰익스피어는 음욕에 대한 내용을 담아 전통적인 소네트 내용과 거리가 먼 소네트를 쓴 것이다.

우리는 스스로 간절히 욕망한 끝에 얻은 것 때문에 오히려 큰 고통을 당할 때가 많다. 음욕이 일으키는 관능적 쾌락은 이렇게 고통을 싸고 있는 화려한 보자기에 지나지 않는 것이다. 열심히 좇다가 이룬다 해도 허망하고 지옥 같은 고통을 수반할 뿐이다.

쾌락을 좇는 자는 말초신경적인 관능의 욕구충족을 추구하지만, "우리 몸은 정원이고 마음은 정원사이다. 내버려두어 불모지가 되든 부지런히 거름을 주어 잘 가꾸든 그 결정권은 우리 마음에 있다. 우리 인생은 한쪽에 이성(理性)의 저울이 있어 다른 한쪽의 정욕(情欲)의 저울과 균형을 이루지 못하면 인간본성의 비열한 욕정 때문에 비참한 결과를 초래할 것이다. 그러나 우리는 강한 충동이나 음욕의 유혹, 고삐 풀린 욕정을 가라앉힐 수 있는 이성이"(『오셀로』 1막 3장) 있다.

서로를 사랑하는 사람끼리 진정성 있는 정신적 결합의 결과에서 오는 성애에 실린 쾌락은 단순한 말초신경적인 음욕에서 오는 쾌락과는 다르다. "음욕을 사랑이라 부르지 마라. 음욕은 사랑이라는 순진의 탈을 쓰고, 신선한 아름다움을 먹이로 하며, 비난으로 사랑의 이름을 얼룩지게 한다. (…) 사랑은 비 개인 뒤의 햇빛처럼 위안을 주지만, 음욕의 결과는 청명한 날 뒤의 폭풍우와도 같다. 사랑의 상냥스러운 봄은 언제나 싱그럽지만, 음욕의 겨울은 여름이 채 반이 지나기도 전에 찾아든다. 사랑은 포식하여 물리는 법이 없지만 음욕은 과식으로 죽고, 사랑은 참됨 그자체이지만 음욕은 꾸며낸 허위로 가득 차 있다."(『비너스와 아도니스』 793-804) 진정성 있는 참된 사랑은 선이요, 음욕의 육욕은 이렇게 악이라는 것이다.

사랑은 환희에 찬 쾌락으로 결코 그 쾌락의 늪에 빠져 허우적거리는 법이 없다. 음욕이 그 이름을 참칭(僭稱)하는 사랑이 아닌 한. 음욕의 쾌락이 꽃처럼 화려해 보이지만 그 뒤끝은 화려한 꽃이 추하게 시들듯이 추한 모습과 환상이 깨어진 뒤의 환멸만이 남는다. '꿈이요, 순간의 입김이요, 덧없는 즐거움의 거품에 지나지 않는 것을 추구하다가 환멸의 늪에 빠질 것인가? 한 순간 쾌락을 얻고자 일주일 내내 고통을 감내할 것인가? 하찮은 장난감하나 가지려고 영원을 희생할 것인가? 단지 화려해 보이는 왕홀 한번 만져보려고 생명을 걸 것인가?' 사람은 "바지와 저고리는 제대로 입어도 분별심은 벗어던져버리는" 주객이 전도된 일은 잘 한다. 음욕의 허상에 사로잡혀 사랑이라는 이름이 참칭되지 않게 하는 분별심을 키우면 환멸에 빠지는 일은 없을 것이다.

인용원문

What win I if I gain the thing I seek?
A dream, a breath, a froth of fleeting joy.
Who buys a minute's mirth to wail a week,
Or sell eternity to get a toy?
For one sweet grape who will the vine destroy?
Or what fond beggar, but to touch the crown,
Would with the sceptre straight be strucken down?

[*The Rape of Lucrece*, 211-217]

fond foolish: 어리석은

7
제자리

포오셔 무엇이든지 주위환경과 관계없이 좋은 것은 없는 것 같아, 그것(음악소리)은 낮에 듣는 것보다 밤에 훨씬 좋게 들리니까 말야.

네리서 고요로움이 음악효과를 더 높이네요.

포오셔 무심코 들으면 까마귀소리도 종달새만큼 아름답지. 하지만 나이팅게일도 대낮에 거위 떼가 구구거리는 곳에서 지저귄다면, 굴뚝새보다 아름답게 노래하는 새라고 생각할 사람이 누가 있겠나. 세상만사 제 때와 제 자리를 만나야 비로소 정당한 칭찬을 받을 수 있고 진가를 발휘하는 법이지.

『베니스의 상인』 5막 1장 99-108행

중년의 나이가 되면 건망증이 심해진다. 중년 여인네들의 건망증은 좀 더 심하다. 건망증과 관련된 일화와 무용담이 그들의 모임자리에서 많은 웃음과 화제 거리를 낳는다. 전화를 받고 무선전화기를 무심결에 냉장고에 두고는 아무리 찾아도 못 찾는다는 이야기는 흔한 예이다. 걸려오는 전화벨 소리는 들리는데 전화기를 도무지 찾을 수가 없어 애를 먹다가 겨우 찾았다는 등의 건망증 경험담 말이다. 통화가 끝난 다음 전화기를 제자리에 두었으면 그런 고생을 할 리가 없다.

자동차 열쇠를 비롯하여 외출 시 지니고 다녀야 할 물건들은 그 물건의 특성에 맞는 곳을 제자리로 정하여 쓰고 난 다음에는 습관적으로 제자리에 둔다는 사람들이 많다. 그 물건의 특성에 맞는 곳이 바로 그 물건의 제자리인 셈이다.

어떤 물건을 제자리에서 발견하지 못하는 순간 당황하고 어디서 그 물건을 찾아야 할지 난감해지는 일을 당한 사람이 많을 것이다. 사물은 사물 그 자체로서 존재가치가 있는 것이 아니다. 인간과의 관계에서 사물이 지니고 있는 쓰임새에 의하여 그 사물의 가치가 결정된다. 무선전화기가 냉장고에 들어 있으면 오래 존재할 수 있을지는 몰라도, 사람과 사람 사이를 연결시켜주는 전화기 고유의 기능은 상실되기 때문에 그것은 존재가치가 없어진다. 사물이 제 기능을 제대로 하기 위해서는 제자리에 있어야 한다. 무선전화기가 냉장고에 들어가 있는 것은 단지 그 집 주부의 건망증 때문에 제자리에서 벗어나 있을 뿐이다. 냉장고는 음식물의 부패를 막기 위한 기능을 하는 것이지 전화기가 있을 자리가 아니다. 무선전화기의 제자리는 음식물을 보관하는 냉장고 안이 아니라 메시지를 주고받기 쉬운 탁자 위의 충전받침대가 있는 전화기 본체이다. 냉장고가 아니라 탁자 위에 있어야 전화기 고유의 기능을 제대로 할 수 있는 것.

모든 물건은 이렇게 제자리가 있다. 식칼은 부엌에 두고 호미는 헛간에 두어야 한다. 늑대가 아무리 개와 비슷하게 생겼어도 개는 집에서 살고 늑대는 산에서 살게 마련이라는 우리 속담처럼.

'나'가 살아있다는 것은 그냥 어디에 존재할 뿐인 것이 아니다. 어떤 자리에 처해지고 그 자리의 무엇과 연루되어 있는 것이라 할 수 있다. 사람이 어떤 자리에 앉게 되면 주변에서 어떤 일이 일어나더라도 초연히 서있는 나무와는 달리, 필연적으로 다른 사람과 관계를 맺게 된다. 사회생활에서 '나'라는 존재의 주체는 남들에 대한 관계 속에서 생성된다. 사람과 사람의 관계는 서로에 대한 책임 속에서 형성되기 때문이다.

또한 사람은 처한 자리가 다름에 따라서 그가 하는 말의 의미와 효과도 달라진다. 서로가 제자리, 제 분수, 제 언어를 지키는데서 서로에 대한 책임이 완수될 수 있는 토대가 마련된다. 제자리지킴에서 이루어지는 책임완수라야 "그대 있음에 내가 있네"가 된다. 더불어 사물을 분별하는 슬기가 생기고 자기의 처지에 한도를 알게 된다. 그럴 때는 상대방의 처지를 자기의 처지와 바꾸어 생각할 수 있고 상대방과 정서를 공유하는, 동병(同病)이면 상련(相憐)하는 마음도 생긴다.

사람이 어떤 자리든지 자리를 얻지 못하면 자신의 능력을 펼칠 수가 없다. 자리는 그 자리를 차지한 사람으로 하여금 여러 가지 역할과 기능을 하게 한다. 그 사람의 역할과 기능은 다른 사람의 그것과는 다르다. 각각의 자리에는 그 자리에 고유한 특성과 기능이 있다. "고양이의 발은 쥐를 잡지만 코끼리의 발은 쥐를 잡지 못한다. 그렇다고 고양이가 코끼리의 둔중한 발을 얕잡아 볼 수 있을까? 작은 동물 고양이와 거대한 동물 코끼리는 그 차이가 비교도 되지 않을 만큼 크지만 서로 무시할 수 없는 고유의 기능을 가지고 있다. 고양이의 발은 쥐를 잡는데 알맞은 것이고 코끼리의 발은 거친 밀림의 바닥을 걸으면서 풀을 뜨기에 알맞다. 모두 다 제 나름의 쓸모가 다른 까닭이다."(윤재근, 『학의 다리가 길다고 자르지 마라』) 고양이는 쥐를 잡을 수 있는 곳이 제자리이고 코끼리는 풀이 무성한 밀림바닥이 제자리일 것이다. "호랑이 새끼는 산으로 가고 오리 새끼는 물로 가더라"는 우리 속담은 만물은 제자리가 있고 제자리에 올바로 처해져야 세상 질서에 맞게 살아갈 수 있다는 뜻일 것이다.

샤일록이 빌린 돈을 못 갚았으니 계약서대로 생살 한 파운드를 내놓으라는 앤토니오의 재판을 승리로 끝내고 돌아온 포오셔는 하녀 네리서를 데리고 집 앞에 당도해서 달빛 교교히 비치는 고요한 밤을 배경으로 집안에서 들려오는 음악소리를 듣고 위의 대화를 나눈다.

종달새는 까마득하게 높아 눈에 보이지 않는 자리에서 아름답게 지저귀지만, 까마귀도 보이지 않는 곳에서 홀로 지저귀면 까마귀 소리도 아름답게 들릴 수 있다고 한다. 그러나 고요한 밤에 아름답게 지저귀는 나이팅게일도 밝은 대낮에 거위 떼가 꽥꽥 거리는 곳에서 지저귄다면 전혀 아름답게 들리지 않을 것이다. 나이팅게일이 제자리가 아닌 곳에서 노래하기 때문이다. 음악도 아무리 아름다운 곡이라도 제대로 들을 수 있는 분위기가 조성된 제자리에서 연주되지 않으면 그 음악의 고유한 아름다움을 느낄 수 없다.

베토벤은 음악은 침묵과 여백과 쉼표가 출발점이라 하였다. 음악연주회장의 침묵과 여백과 쉼표는 그냥 단순한 침묵이나 여백이나 쉼표가 아니다. 그것들은 잠복된 내면의 진실성이 표출될 소리를 머금고 있다. 그러기 위하여서는 음악이 연주되는 출발점의 분위기를 자아내는 고요로움의 자리가 마련되어야 한다. 연주회장에서 아기울음소리나 휴대전화 등으로 장내에 소음을 내는 것은 아름다운 나이팅게일이 지저귀는 곳에 꽥꽥거리는 거위 떼가 방해하는 것이나 다를 바 없다.

대낮의 소란스러운 곳이 아니라 밤의 고요한 자리에서 흘러나오는 나이팅게일의 지저귐이 아름답게 들리는 새소리이듯이, 세상의 모든 일은 제자리를 만나야 하고 그런 제자리에서 이행되는 일이라야 제대로 이루어진다. 사람은 자신에게 맞는 천직인 제자리를 찾아 시의 적절하게 능력을 마음껏 발휘할 때 그 삶은 발랄함과 능동적인 움직임의 생동감이 느껴지고 삶의 보람을 느끼게 한다.

나뭇잎은 나뭇가지라는 자리에서 파란 생의 발랄한 모습을 향유하다가 가을이 되면 떨어져 뿌리로 돌아간다. 뿌리는 나뭇잎의 종국적인 제자리이다. 모든 살아있는 것은 모두 흙으로 돌아간다. 흙속에 묻힌 뿌리가 나뭇잎의 제자리이듯이 흙은 우리 인간의 제자리이기도 하다. 사람은 일생동안 차지했던 제자리에서 삶의 여러 모습을 연출하면서 생을 이어가다가 자기에게 할당된 시간이 다하면 이윽고 죽음을 맞이하여 흙으로 돌아간다.

죽음을 맞이하면 침묵과 고요로움으로 돌아간다. 우리는 '죽는다'는 것을 '돌아가셨다'라고 표현한다. 음악이 침묵에서 일어나서 침묵으로 귀결되듯이 우리네 인생도 어머니의 배속에서 태어나 고고의 소리를 울리기 시작하였다가 일생동안 여러 소리를 내다가 때가 되면 억년의 함묵 속으로 들어간다. 노자는 "뿌리로 돌아가는 것을 일컬어 고요로움(귀근왈정: 歸根曰靜)이라"(노자도덕경 제16장) 하였다. 우리 인간의 종국적인 제자리는 죽음이며 그곳은 고요와 침묵과 여백이 지배하는 무(無)의 자리이다.

인용원문

Portia:

Nothing is good, I see, without respect;

Methinks it sounds much sweeter than by day.

Nerissa:

Silence bestows that virtue on it, madam.

Portia:

The crow doth sing as sweetly as the lark

When neither is attended: and I think

The nightingale, if she should sing by day,

When every goose is cackling, would be thought

No better a musician than the wren.

How many things by season season'd are

To their right praise and true perfection!

[*The Mechant of Venice*, V. i. 99-108]

without respect without reference to circumstance: 주위 환경과 관계없이

season'd tempered: 조절되다

8

처녀성, 지킬 것인가

처녀성을 지키는 것은 자연의 세계에서 현명한 일이 아니오. 처녀성의 상실은 정당한 인구증가요; 또한 먼저 처녀성이 상실되지 않으면 결코 처녀가 생겨나지 못하오.

(…) 처녀성이 한번 상실됨으로서 열 배나 되는 처녀를 볼 수 있고, 지킴으로서 그것은 영영 잃어버리게 되오. 처녀성은 너무 냉정한 동반자이니 버려요.

(…)

그것은 자연법칙에 어긋나는 것이고 (…)

처녀성은 자살행위 그 자체요, (…) 자연에 대한 극악한 범죄자로서

(…) 그건 지키지 말아요, 반드시 손해를 보기 마련이니까요.

(…) 그것은 내버려두면 광택을 잃어버리는 상품과 같은 것이오. 오래 놔둘수록 값이 떨어지오. 팔릴 때 처분하고 수요가 있을 때 응하시오.

『끝이 좋으면 다 좋다』 1막 1장 120-145행

여성해방 의식이 팽배하면서 미혼 여성들이 많아졌다. 가부장적 가족제도 하에서 우리 어머니 할머니들에게 결혼하여 이루는 가정은 여성의 자아실현이 어려운 생활의 장이었던 것을 현대여성들은 너무나 잘 알고 있다.

결혼생활은 허니문의 호시절이 끝나면 무거운 짐과 괴로운 의무가 누르는 타성에 젖는 일상이 되기 쉽다. 호주제 폐지 등 사회 여건의 변화로 사회적 지위로나 경제적으로나 독립적 생활을 영위해 나갈 수 있는 소위 커리어 우먼이라 일컬어지는 유능한 여성들 중에는 그런 속박이 싫어 결혼생활을 버리고 독신으로 사는 여성들이 많아졌다.

남녀가 결혼하여 이루는 가정생활의 부정적인 면이 번거로워 남편은 싫고 아이는 낳아 기르고 싶어 하는 독신여성들이 생겨났다. 그들은 독신주의자이면서 애인이나 정자은행을 통하여 아이를 낳아 기르는 '자발적 비혼모(Single Mom by Choice)'라는, 그 명칭도 생소한 초현대적 신여성들로 그 숫자는 증가추세라고 한다. 자신의 허허로운 마음을 달래주기 위하여 집에 애완동물을 기르듯이 인간의 존엄성을 지니고 인간의 생명을 가진 아이를 그러한 애완동물수준으로 전락시킨 이기적 여성이라는 비판적 시각이 있지만 자발적 비혼모에 대한 인식은 점차 확산되고 있다.

미혼모(未婚母)나 비혼모(非婚母)라는 말이 입에 오르내리는 세태에서 처녀성이라는 말은 그 존재의 존엄성이 차츰 희미해져가고 있다. '처녀(處女)'란 결혼하지 않은 여자, 아직 이성과 성교를 한 적이 없는 여성이라는 뜻일 것이다. '비혼모'는 결혼하지 않았으며 남성과의 육체적 교합이 이루어지지 않았지만 종족보존을 위한 성교의 핵심인 정자는 그녀의 몸속으로 들어간 것. 그래서 임신하고 출산하여 어미가 된 것은 분명한 사실. 숫처녀가 비혼모가 된다면 그녀는 처녀성을 훼손했다고 할 수 있다? 없다?

얼마 전 언론보도에 의하면 자유분방한 유럽의 성문화와 부모세대가 고집하는 무슬림의 전통사이에 끼어 사는 유럽의 젊은 무슬림 여성들 사이에서 처녀막 재생 수술이 성행하고 있다고 한다. 최근 프랑스의 한 지방법원은 30세의 무슬림 청년이 '신부가 처녀가 아니었다'며 낸 결혼 무효소송에 대해, '결혼무효' 판결을 내렸다. 이런 '처녀성 논쟁'을 보면서 유럽의 젊은 무슬림 여성들은 "아예 논란거리를 없애자"며 처녀막 재생 수술을 택한다고 한다.

처녀성문제는 무슬림 나라의 결혼제도나 우리나라를 비롯한 모든 나라의 남성위주의 가부장적 가족제도가 존재하는 나라에서 여성에 대한 독점적 지배라는 남성우월의식에서 나온 것이다. 그것은 부계사회에서 부권의 유지·계승을 위하여 유전인자를 배타적으로 계승해야 한다는 발상의 산물이다.

이제 여성해방의식과 여성의 사회적 지위향상으로 가부장적 가족제도의 한 모퉁이가 무너져 내리기 시작했다. 남성들과 동등한 자유분방한 사회활동과 독립적 자유주의 의식을 지닌 그들 여성들에게는 처녀성의 순결 따위는 낡아빠진 구시대적 발상으로 치부되고 구속의 기재로 여겨질 뿐이다. 더구나 노령인구는 증가하고 출산율은 감소하는 인구문제의 심각성 등의 문제에 묻혀 사회적 과제에서 제외되는 것 같다.

셰익스피어 시대의 영국은 나라가 융흥하는 엘리자베스 I세라는 불세출의 여왕시대이며 르네상스시대이다. 바야흐로 중세의 엄숙한 종교적 속박을 벗어나 자유분방한 열린 의식이 시대정신이었다. 이러한 르네상스의 사회적 풍조에 맞추어 중세시대에 강조되던 여성의 순결이나 정조 등의 덕목은 그 빛이 바래기 시작한다.

이 시대의 중요한 엔터테인먼트인 연극은 일반대중에 그 기반을 두고 있었기 때문에 모든 사람이 연극에 접근할 수 있었다. 일반대중을 상대로 한 연극이기에 위에 인용한 대사에서 이 시대의 사회적 기풍의 일단을 엿볼 수 있다. 이 작품 『끝이 좋으면 다 좋다』의 1막 1장에서 "처녀성이란 늙은 궁중벼슬아치들이 쓰는, 천(布)은 좋지만 이미 유행에 뒤진 모자 같은 것이요, 이젠 달고 다니거나 쓰는 이 없는 브로치 같은 거예요"(145-147행)라는 대사에서 알 수 있듯이 처녀성지킴은 이미 가치가 떨어진 장식품에 지나지 않는 것이 되었음을 알 수 있다.

위 인용대사가 들어있는 『끝이 좋으면 다 좋다』는 제목처럼 해피 엔딩으로 끝나는 희극작품이다. 루실론 백작부인의 시녀 헬레너는 사회적 신분의 차이에도 불구하고 부인의 아들 버트럼 백작을 짝사랑한다. 그가 프랑스 왕에게 불려 파리로 가는 것과 때를 맞추어 의술을 가진 그녀도 왕의 병환을 치료하기 위하여 왕의 궁전이 있는 파리로 간다. 그녀는 자신의 생명과 한 가지 소원을 상호교환조건으로 걸고 왕의 병을 치료하겠다고 한다. 왕의 병이 완치되면 그녀의 소원은 버트럼을 남편이 되게 해달라는 것이다. 그러나 버트럼은 그녀와의 결혼을 반대한다. 왕의 강권으로 결혼하지만 그는 받아들이지 않기 위하여 부하 패롤리즈의 권고대로 전쟁터로 나간다. 헬레너는 죽었다는 소문을 내고 버트럼이 반한 여인 다이애너를 설득하여 자신이 다이애너로 변장, 버트럼과 밤을 지낸다(이런 잠자리 트릭으로 남자를 속이는 것도 이전 시대에서는 볼 수 없는 장면이다). 그녀는 다이애너를 통하여 결혼반지를 확보하고 다이애너로 변장하는 트릭을 써서 임신도 하여 버트럼이 내건 결혼조건을 충족시킨다. 그녀가 내건 조건을 충족시켰기 때문에 버트럼은 프랑스 왕 앞에서 충실한 남편이 될 것을 맹세하는 것으로 끝난다.

위의 인용 대사는 남자는 처녀성의 적이니 남자를 어떻게 하면 막아낼 수 있느냐고 묻는 헬레너의 말에 버트럼의 사악한 부하 패롤리즈가 대답하는 말이다. 자손을 두기 위하여서 뿐만 아니라 처녀들을 확대재생산하기 위하여서는 처녀성을 상실해야 하지만 그것은 아주 자연스러운 일이다. 처녀성의 파괴에서 자손의 창조로 이어지는 변화는 인간사회의 변하지 않는 현상을 이어가게 한다. 처녀의 순결을 지키는 것은 자연의 순리에 반하는 극악한 죄이기까지 하다. 또 오래 두면 둘수록 빛이 바래서 가치가 떨어지니 요구가 있을 때 응하는 것이 상책이라는 논리를 편다. "당신의 처녀성은 늙으면 시든 프랑스 배(梨)와 같은 거요. 보기에도 흉하고 먹어봐도 아무 맛이 없소. (…) 예전엔 좋았을지 몰라도 지금은 시들어빠진 배라니까요. 당신은 그런 배로 무슨 일을 할 수 있겠소?"(1막 1장 148-152행)

셰익스피어는 결혼하여 자손을 낳아 자신의 유전인자를 계승하는 것에 대하여 특히 소네트에서 많이 언급하고 있다. 남녀가 결혼하여 가정을 이루고 자손을 낳아 양육하는 것은 그때나 지금이나, 그 나라나 우리나라나 똑같이 인간사회의 원초적인 과업이다. 궁극적으로는 홀로인 인간은 결혼함으로써 홀로라는 외로움에서 벗어날 수 있고 아내와 남편과 자녀들이 존재하는 가정은 삶의 결정적 안정을 구축해준다. 결혼생활의 번거로움과 어려움을 피하려는 이기적인 생각 때문에 결혼과 자녀두기를 기피한다고 한다. 결혼은 번거로운 속박이 아니다. 결혼과 가정은 안정과 조화 속에서 생명의 에너지가 담겨있는 사랑이 창출되는 곳이다.

처녀성의 상실에 대한 패롤리즈의 주장은 남자의 욕구를 정당화하는 낯 두꺼운 변명에 지나지 않는다. 이 악인의 주장은 맥락은 다르지만 결혼이 기피되고 인구증가가 둔화되는 시기에 가정을 이루는 결혼의 전제라든가 자녀생산으로 인구증가를 도모해야 한다는 사회적 관점에서 볼 수 있는 것으로 용인되는 주장일까?

처녀성의 상실은 여인으로서는 다시 되돌아갈 수 없는 꽃다운 아름다움의 상실이다. 최근에 우리 사회의 일각에서 처녀성의 중요성을 강조하는 캠페인이 일어남을 볼 수 있다. 사랑하는 사람에 의해서만 처녀성을 상실당하겠다는 애정에 바탕을 두고 있다. 이렇게 처녀성 상실과 지킴은 도덕적 금제(禁制)의 문제라기보다는 개인적 양심의 문제가 되었다. 그래도 상실당해주고 싶은 사람, 사랑하는 사람에게 상실당하는 것이 건강한 상실, 상실이 곧 큰 행복이 되는 것이 아닐지? 무엇이라도 새 것, 첫 번째 것은 무엇인가 성스러운 것이라는 의식을 충족시키는 것이 아닐까.

인용원문

It is not politic in the commonwealth of nature to preserve virginity. Loss of virginity is rational increase; and there was never virgin got till virginity was first lost.

(…) Virginity by being once lost may be ten times found; by being ever kept, it is ever lost. 'Tis too cold a companion; away with't.

(...)

(...) 'tis against the rule of nature…virginity murders itself, (…) as a desperate offendress against nature.

(…) Keep it not; you cannot choose but lose by it.

(…) 'Tis a commodity will lose the gloss with lying; the longer kept, the less worth. Off with't while 'tis vendible; answer the time of request.

[*All's Well That Ends Well*, I. i. 120-145]

[주]

politic sagacious: 현명한

rational reasonable: 도리에 맞는

increase procreation: 자손생산

with't with it

9
첫눈 사랑
(Love at first sight)

로미오 어떤 슬픔이 닥쳐오더라도 짧은 순간이나마 그녀의 모습을 보는 기쁨과 바꿀 수 없습니다. 신부님께서 거룩한 말씀으로 저희의 두 손을 맺어주신다면 사랑을 잡아먹는 죽음이 감히 그 어떤 방해를 하더라도 그녀를 내 것이라고 부를 수만 있다면 만족합니다.

로렌스신부 격정적인 기쁨은 난폭한 결말을 낳아 최고조에 달했을 때 그 기쁨은 사라진다. 불과 화약이 맞닿아 타서 사그라지는 것처럼. 아무리 달콤한 꿀도 그 단맛 때문에 오히려 싫어지고 입에 대면 입맛도 없어진다. 그러므로 사랑도 삼가면서 해야 한다. 오래 가는 사랑은 그런 것이다. 너무 빠른 것은 너무 느린 것과 마찬가지로 도리어 더딘 법이다.

『로미와 줄리엣』 2막 6장 3-15행

현대사회는 모든 것이 열려있는 사회이다. 열린 사고의 가장 민감한 부분이라 할 수 있는 남녀 간의 사랑은 두 말할 필요도 없이 활짝 열려있다. 남녀가 손잡고 가는 모습만 보아도 두 사람 사이의 사정은 들어보지 않고 사랑하는 사이라고 지레 짐작하고 그렇게 치부해 버린다. 사랑에는 경계가 없다는 말은 아주 오래 전부터 있어온 말이다. 신화 속 사랑의 신, 큐피드가 날개를 가진 모습으로 그려져 있는 것은 사랑은 나이나 신분이나 국경 등 온갖 경계를 뛰어넘을 수 있다는 것을 상징한다.

로미오와 줄리엣은 원수로 지내온 두 가문 각각의 하나 뿐인 아들, 딸이지만 그들에게 그 경계는 간단히 넘을 수 있는 것이었다. 그들의 잘못과는 아무런 관계도 없는 두 가문의 원수라는 운명이 두 연인을 죽음에 이르게 하는 비극으로 끝나게 하지만 두 사람의 사랑은 갈라놓지 못한다.

두 사람은 줄리엣 집에서 열린 연회장에서의 첫 만남 첫눈에 사랑에 빠진다. 2막2장의 유명한 '발코니 장면'에서 그날 밤 정원의 담을 넘고 들어온 로미오를 보고 줄리엣이 발각되면 죽을지도 모르고 높기도 한 담장을 어떻게 넘어왔느냐고 묻자 로미오는 사랑의 날개로 넘어왔다면서 사랑은 하고자하는 것은 무엇이라도 할 수 있게 해주고, 친척들의 적의(敵意)나 칼날쯤으로는 우리의 사랑을 막지 못할 것이라고 말한다.

이 극은 현대인의 감각으로는 믿을 수 없는 이야기이다. 수도승신부가 약초에서 줄리엣을 며칠 동안 가사(假死)상태에 있게 하는 마법 같은 효과를 지닌 물약을 만들어 내는 것 등의 불가사의한 일이나, 4일이라는 짧은 기간 안에 수도 없이 많은 우연이 일어난다는 것은 있을 수 없는 것이다. 그러나 『로미오와 줄리엣』과 같은 극작품을 감상하기 위해 우리 일상의 세계에서 일어나는 현대적 인과관계에 기초한 사실적 취향을 잠시 접고 로맨틱한 사랑의 이야기 속에 우리자신을 몰입하여야 한다. 어차피 문학작품은 문학의 관행적 약속(literary conventions)의 전제 하에 이야기되어지는 픽션이니까.

로미오와 줄리엣은 줄리엣의 아버지 캐플리트 영감이 마련한 연회장에 로미오가 가면을 쓰고 친구들과 몰래 들어가 춤추는 동안 마주치는 눈길에 서로 사로잡힌다. 그리고 사랑에 빠진다. 첫눈에 속절없이 사랑에 빠진 것이다.

로미오가 처음 본 줄리엣의 아름다움에 감탄하여, "아아, 저 여인은 횃불에게 더 밝아지는 법을 가르치고 있네!/ 에티오피아 흑인여인의 귀에 달린/ 값비싼 보석같이 밤의 뺨에 달려있구나./ 그녀의 아름다움은 써버리기엔 너무 아름답고, 지상에 두기엔 너무나 고귀하구나./ 다른 여자들과 함께 있는 그 모습은 까마귀 떼 속에 섞인 하얀 비둘기 같구나./ 춤이 끝나면 그녀의 손을 잡고 내 거친 손을 축복받게 하리라./ 지금까지 내 맘이 사랑을 했다고? 눈이여, 거짓말이라 해다오!/ 오늘 밤까지 진정한 아름다움을 본적이 없으니"(1막 5장)라고 말할 때 그날 아침까지도 짝사랑했던 로절린이라는 (이름으로만 등장하는) 여인을 순식간에 잊어버리고 운명적인 첫눈 사랑에 빠지는 이유를 충분히 납득할 수 있다. 극의 대사는 대부분 시로 되어 있고, 이 대사를 비롯하여 로미오와 줄리엣이 나누는 대화는 소네트 형식의 시로 되어 있어 관객은 시각적 아름다움과 더불어 청각적 아름다움을 함께 느끼게 하여 한층 로맨틱한 분위기를 연출한다.

'첫눈 사랑(love at first sight)'은 잘못된 사랑인가? 사랑의 신 큐피드는 눈은 없고 날개만 있는 어린아이로 그려져 있다. 눈이 없는 것은 분별심이 없고, 날개만 있는 것은 경계가 없지만 신중하지 못하고 서두르며, 어린 것은 사랑의 신은 아무데서나 맹세를 남발하는 것을 말해주는 것이다.(『한 여름 밤의 꿈』 1막 1장) 이를 잘 아는 두 주인공

주변 사람들은 두 사람의 과도한 열정과 분별없고 사려 깊지 못한 '첫눈 사랑'을 반대하는 충고들을 한다. 줄리엣 자신도 너무 갑작스러운 그들의 사랑이 참된 것인지 반신반의할 만큼(2막2장 116-120), 그들의 충고는 이치에 맞는 말이다. 그러나 분별이 없어지면 겁도 없어지는 법, 로미오와 줄리엣의 로맨틱한 사랑은 멀리 내다보지 못하고 결과에 대한 고려도 없이 자신들의 사랑의 열정에 들떠 있으며 합법적이고 정당한 결혼을 욕되게 한, 그래서 결국 죽음으로 끝맺는 것을 보면 그들의 충고는 옳은 말이다.

두 젊은이의 첫눈 사랑의 격정과 세상일에 보다 밝은 눈을 가진 사람들이 말하는 '절제'에 대하여 생각하도록 하는 것이 위에 인용한 신부의 말씀이다.

2막 2장 '발코니 장면'에서 사랑의 맹세를 하고 이튿날 사람을 보낼 테니 결혼계획을 알려달라는 줄리엣의 말을 듣고 로미오는 바로 신부에게 달려가서 그날 당장 혼인예식을 해달라고 부탁한다. 로미오가 하루 만에 원수의 딸과 사랑에 빠져 결혼하겠다는 말에 신부가 하는 말씀이다. 로미오의 대사에서 보는 것처럼 그는 잠시 동안이라도 줄리엣과 함께 있을 수 있다면 죽음도 두려워하지 않겠다고 격정에 휩싸여서 서둔다. 신부는 이렇게 사랑의 감정을 억제하지 못하는 로미오를 걱정스러워서 하는 말씀이다. 신부가 보기에 그들의 사랑에서 달콤함은 너무 달아서 오히려 입맛을 떨어지게 할 것이며, 그렇게 격정적인 사랑에서 오는 환희는 불에 화약을 넣는 것처럼 격렬하게 타올라 절정에 달했을 때 사라질 것이다. 그러므로 진정한 사랑은 절제하고 삼가야 오래 간다고 말한다. 신부는 그러나 반목하는 두 집안의 화해를 이룰 수 있다는 생각으로 두 사람의 혼인의식을 거행해준다.

로미오와 줄리엣의 부모들은 상대 가문을 향한 반목에 여념이 없다. 이 반목은 극이 시작되면 프롤로그에서 코러스의 대사에서 언급되고 극 전체를 통하여 관객들에게 끊임없이 상기시키는 내용이다. 그렇기 때문에 두 연인의 사랑은 증오의 맥락에서 파악해야 하는 것이 중요한 요점이다. 이 반목은 두 사람의 비밀결혼과 로미오의 추방, 그리고 두 연인을 죽음으로 이끄는 신부의 계획 등을 야기 시킨다. 모든 우려스러운 일이 비밀리에 이루어지고 사태가 점점 악화일로로 치닫는 것은 그들이 단지 원수 집안의 자녀이기 때문이다. 다시 말하면 로미오와 줄리엣을 죽이는 것은 바로 이 증오인 셈이다. 다른 등장인물들은 분별심을 갖추었지만 모두 사랑의 반대인 반목과 연루되어 있다. 로미오가 줄리엣의 사촌 티볼트와 싸움을 피하려고 안간힘을 쓰는 것에서 볼 수 있듯이 로미오와 줄리엣은 이 반목과 연관되는 것은 아무것도 하지 않는다. 두 연인의 사랑의 세계는 소란스러운 싸움, 소동과 증오에서 동떨어진 평화와 사랑의 안락처이기도 하다.

베로나의 총독도 두 집안의 반목을 중단시키려고 노력했지만 소용없었고, 신부도 두 젊은이를 결혼시켜 화해시키려 했지만 실패했다. 이와 같이 국가와 교회라는 공적기관이 분별과 지혜를 다하였지만 반목과 증오를 없앨 수 없었다. 그러나 로미오와 줄리엣 두 사람의 사랑은 두 집안의 반목을 끝내고 화해시킬 수 있었다. 그들은 분명 사랑 때문에 죽지만 그들의 죽음은 부모들로 하여금 그들의 반목이 얼마나 나쁜 일이며 어리석은 일인지를, 그들 자신이 각각 하나뿐인 자식을 죽게 했다는 것을, 증오가 얼마나 준엄한 고통을 내리는지를, 깨닫는다. 결국 하늘은 두 영감의 기쁨인 자녀들이 서로의 사랑 때문에 희생되게 하지만 극은 아까운 두 젊은이의 죽음으로가 아니라 두 집안의 화해로 끝난다. 사랑이 증오를 이긴 것이다.

시작 이전부터 반목과 증오가 밑바탕에 깔려 있는 이 극은 '첫눈 사랑'을 맛좋은 미끼로 포착한다. 젊은이들의 첫눈 사랑이 태생적으로 지니고 있는 사려 깊지 못함이나 분별없음은 이 반목과 증오가 초래할 결과에 대한 아우라(aura)를 포착하지 못한다. 첫눈 사랑의 열정에 들뜬 로미오를 향한 위 인용대목의 신부의 말씀에 조금이라도 주의 깊게 경청했더라면 열정에 대하여 절제하려는 마음은 생겼을까? 열정적인 사랑이 지니게 되는 맹점을 절제로 보완할 수 있는 사람, 앞뒤를 다 재어보고 계산하는 마음을 가질 수 있는 사람은 첫눈 사랑에 빠질 수 없는 것 아닐까? 그러나 로미오와 줄리엣의 '첫눈 사랑'은 원수 집안의 아들딸이 사랑—운명적인 반목과 증오의 맥락을 벗어날 수 없는 그런 사랑—에 빠지면 어떤 현실적인 어려움과 비극적인 사태가 발생할 수 있는지를 돌아볼 수 없게 한다. "사랑이 운명을 좌우하는지 아니면 운명이 사랑을 좌우하는지 알 수 없는 것. 우리의 의도와 운명은 상반되게 달리기 때문에 마음속의 계획은 언제나 뒤집어지고, 우리의 생각은 우리 것이지만 그 결말은 우리 것이 아니다."(『햄릿』 3막 2장) 그러나 이 사랑 이야기는 주변의 여러 사정을 짚어 보지 못한 불찰 때문으로 돌리기엔 너무 애틋하고 안타까운 여운을 길게 남기는 사랑이리라.

젊은이들은 만나면 쉽게 사랑에 빠지고 손바닥 뒤집듯 쉽게 결별—'찢어진다'는 거친 용어로 자주 표현 된다—한다. 그리고 별 상처 없이 아무렇지도 않은 듯이 일상으로 돌아간단다. 이혼율도 많아진다. 심지어는 신혼여행 간 첫날 저녁에 헤어져 돌아오는 사례도 많다. 이런 젊은이들의 사랑의 경향은 유독 현대에만 있는 것이 아니다: "젊은이들의 사랑은 진실한 마음속에 있는 것이 아니라 눈 속에만 있는"(신부의 말씀; 2막 3장) 것이다. 그렇기 때문에 젊은이들의 사랑에 관하여 신부가 한 말씀을 교훈 삼을 마음의 여유는 갖기가 힘든 일일 것이다.

인용원문

Romeo:

Come what sorrow can,
It cannot countervail the exchange of joy
That one short minute gives me in her sight.
Do thou but close our hands with holy words,
Then love-devouring death do what he dare:
It is enough I may but call her mine.

Friar L.:

These violent delights have violent ends,
And in their triumph die, like fire and powder,
Which, as they kiss, consume. The sweetest honey
is loathsome in his own deliciousness,
And in the taste confounds the appetite.
Therefore love moderately; long love doth so.
Too swift arrives as tardy as too slow.

[*Romeo and Juliet*, II. vi. 3-15]

consume destroy: 태워 없애다

10
겉치장: 그 기만의 해변

겉모습이 좋으면 내면의 참 모습을 보지 못하게 된다. 세상 사람들은 언제나 치장한 외관에 속는다. 법의 경우 아무리 타락하고 부패한 소송도 변론이 그럴듯하면 그 악한 것이 애매하게 되지 않던가? 종교의 경우 아무리 저주받을 죄라도 엄숙한 모습의 사제가 성경구절로 축복해주고 인정해주면 그 그럴듯한 치장 때문에 추악함이 숨겨지지 않던가? 어떠한 악도 겉모습에는 선하게 보이는 면이 있다.

(…)

미인을 보면 그 아름다움은 무거운 화장품값을 지불하고 구입된 것임을 알 수 있다.

(…)

이와 같이 겉치레는 아주 위험한 바다로 이끄는 기만의 해변이다.

(…)

그것은 교활한 사람들이 현명한 사람을 함정에 빠뜨릴 허울만의 진실에 지나지 않는다.

『베니스의 상인』 3막 2장 73-101행

방학 때나 취업시즌이 되면 성형외과가 성시를 이루는 모습은 흔히 볼 수 있는 풍경이다. 성형수술은 말 그대로 아름다운 외모를 형성해내기 위한 수술이다. 그래서 요즘은 저승사자가 제구실을 못해서 염라대왕에게 혼이 나는 경우가 많다고 한다. 얼굴을 새로 고치는 성형 수술을 받은 사람이 많아 살생부에 올라 있는 자의 신원과 정체를 분간해낼 수가 없기 때문이란다. 하나 같이 눈은 찢어 쌍 꺼풀을 냈지, 저승꽃이라는 노인반점도 없앴지, 보톡스 주사를 맞아 주름살도 펴졌고, 턱뼈까지 고쳐졌으니 저승의 어두운 세계—명계(冥界)—에서 온 저승사자의 눈에는 인상착의가 분별이 안 될 수밖에. 이 우스갯소리는 최근 들어 사람들이 얼마나 외모, 겉모습을 중요시 하는 지에 대한 비아냥거림일 것이다. 성형수술로 아름다운 모습을 연출하는 것은 의도적으로 남의 시선을 의식한 미(美)의 복사에 지나지 않는다. 그것은 자연발생적인 참 모습일 수가 없다. 말하자면 자연 그대로가 아닌 양식미인(養殖美人)인 셈이다.

태어날 때부터 텔레비전을 보고 자란 세대라 그런지 시각적 이미지의 중요성이 강조되는 시대가 되었다. 어떤 논자는 시각에 의한, 시각을 위한, 시각의 시대라 말한다. 시각작용에 의한 가상이 현실을 압도하게 된 시대가 되었다. 보는 것이 믿는 것이라는 말이 있지만 시각은 그런 속담과 달리 정확하지 못한 경우가 허다하다. 보는 것을 믿는 것이 아니라, 믿는 것이 보이는 것이라 할 수 있다. 영화도 일종의 눈속임이고, 마술은 마술사의 눈속임 때문이라기보다는 사실은 보는 사람이 스스로 속는 것이란다.

나름대로의 생각을 지니지 않고 아무런 편견 없이 사물을 있는 그대로 정확하게 본다는 것은 쉬운 일이 아니다. 여러 가지 다른 각도로 볼 수 있고 보는 일은 해석이 따르기 때문에 결과는 보는 자에 따라 다른 결론이 나올 수 있다. "사물을 보는 관점에 선행해서 대상이 있는 것이 아니라, 관점이 대상을 창조한다"는 언어학자 소쉬르(F. Saussure: 1857-1913)의 말처럼, 보이는 대상보다 보는 사람의 시각이 중요하다는 뜻이다. 그림의 경우에도 그리는 대상이 아니라 대상에 대한 화가의 예술적 노력과 그 결과가 찬양되지 누드모델 등의 피사체의 이력이나 그려지는 대상과의 관계 등은 그리 중요치 않다.

화가는 대상을 바라볼 때 아무 생각 없이 대상을 바라보는 일은 없다. 피사체에 대한 화가의 시각에 따라 그려지기 때문에 화가로서의 작가적 관점이 중요한 것이다. 또한 완성된 예술작품의 감상자가 바라보는 대상은 예술작업을 한 작가나 모델이 아니라 완성된 결과물로서의 예술작품이다. 보이는 대상의 속성은 대상 그 자체가 지니고 있는 것이라기보다는 그것을 보는 사람에 의하여 새롭게 부여되고 창출된다 할 수 있다.

보이는 대상보다 보는 자의 시각이 중요하다는 사실에 맞추는 것이 겉모습 꾸밈일 것이다. 그러나 타인과 타인의 시선을 의식하고 일부러 꾸민 겉모습은 진실 되게 보이지 못한다. "육체를 풍부하게 하는 것은 마음이요, 어치새가 그 깃털이 곱다하여도 종달새보다 더 귀하다 할 수 없고, 독사의 화려한 껍데기가 사람 눈에 든다 하여 뱀장어보다 낫다 할 수 없다"(『말괄량이 길들이기』 4막 3장)라거나, "지위 높은 자의 좋은 복식을 한 겉모습은 어리석은 자들을 두려움에 떨게 하고 현명한 자들을 현혹한다. 악마의 뿔에 '천사'라고 써도 악마일 뿐이"(『법에는 법으로』 2막 4장)라거나, "악마가 인간에게 흉악한 죄를 씌우려 할 때는 먼저 천사의 모습으로 나타나서 유혹한다"(『오셀로』 2막 3장)라는 등의 말들에서 알 수 있듯이 남을 기만하고자 하는 자는 그럴듯한 겉모양으로 남의 신뢰를 끌어내고, 외양이 내면을 그대로 드러내는 것이 아니며 겉모습은 내면을 속이기 위하여 가장하는 수가 많다. 겉모습과 그 내면이 일치하지 않는다는 것은 모두가 아는 상식이다.

『베니스의 상인』에 나오는 위의 인용문은 허울 좋은 겉모습은 내면을 속이기 위한 기만전술임을 말해주고 있다. 베니스의 상인 앤토니오의 친구 가난한 바사니오는 부유한 가문의 상속녀인 포오셔의 구혼자이다. 앤토니오는 유태인 샤일록에게 가슴살 한 파운드를 저당 잡히는 채무계약서를 쓰고 바사니오의 구혼자금을 마련해주어 그녀에게 청혼하러 가게 한다.

최종 청혼자 세 남자들에게 포오셔는 금, 은, 납의 세 상자를 놓고 그 중 자신의 초상화가 들어있는 상자를 선택하는 사람과 결혼하겠다고 한다. 다른 두 구혼자는 금 상자와 은 상자를 골랐지만 바사니오는 납 상자를 선택하는데 그 안에 포오셔의 초상화가 들어있어서 그녀와 결혼한다. 위 인용문은 바사니오가 초상화가 들어 있을 납 상자를 선택하기 전 금 상자를 보고 하는 말이다. 납 상자에 비하여 금 상자, 은 상자는 겉모양이 얼마나 화려하고 좋은가. 그러나 그 화려한 겉모습을 보고 다른 두 구혼자는 각각 금 상자와 은 상자를 선택하지만, 상자 안에는 겉모습만 보고 선택한 것을 조롱하는 해골과 깜박이 눈의 바보 그림에 빈정거리는 글귀만 들어 있다.

법정에서 수임료가 비싼 변호사의 현란한 언변과 법리의 형식을 띤 겉모습은 분명한 실체적 범죄의 죄질을 희석시켜 무죄가 되게 하는 경우는 셰익스피어시대의 영국이나 지금 우리시대나 다를 것이 없다. 종교의 경우에도 영혼의 구원, 마음의 평온 등 개인적인 문제에서 비롯되는데도, 죄지은 자의 추한 죄악은 심각한 표정을 한 목자나 사제의 축복과 성경구절의 형식 아래에 감추어지고 만다.

"이 세상에 추한 여자는 없다. 오로지 게으른 여자가 있을 뿐이다"라는 프랑스의 루이13세 때의 대주교 리슐리외(Richelieu: 1585-1642)의 말처럼 아름다운 미인은 치장하는 화장품의 값(성형수술까지 포함한)으로 결정된다. [화장품이라는 영어 'cosmetic'의 어원은 '질서', '조화'라는 뜻의 'cosmos'이다. 희랍신화의 세계는 태초에 'chaos(혼돈상태)'였다가 차츰 질서가 잡혀 'cosmos(질서 잡힌 일체의 상태)'의 '우주'가 되었다고 한다. 무질서하고 아무렇게 생긴 얼굴을 질서가 잡히고 조화미가 있게 해주는 것이 '화장품'이라는 뜻이다.] 화장품에 묻힌 겉모습에 내면의 생각은 감출 수 있다. 교활한 인간은 자신의 이익을 위하여 겉치레로 남을 무서운 함정으로 이끈다. 이렇게 겉모습은 보기와는 달리 위험한 파멸의 바다로 유인하는 허위와 기만의 해변이다.

여인네들의 화장을 비롯하여 용모를 단정히 하고 상황에 맞는 차림을 하는 것은 사회에 대한 기본예의이다. 화장은 단순히 얼굴만 단장하는 것이어서는 안 된다. 얼굴만 돋보이게 하는 화사한 화장은 천박하게 보일 수 있어 자칫 인격적 품위를 떨어뜨리는 경우가 있다. 외모만 가꾸는 것이 아니라 문학을 비롯한 예술에 관한 지식을 쌓고 우아한 내면의 아름다움을 가꾼다면 남들 눈에 보이지 않는 영혼의 아름다움까지 드러나는 단장이 될 것이다. '진광불휘(眞光不輝)', 참된 빛은 광채를 자랑하지 않는다는 뜻으로 내면의 중요성을 강조한 말이 있지 않는가.

시각의 중요성이 특히 강조되는 현대에는 겉모습을 중요하게 여긴다. 심지어 계급을 나누는 것은 물질적 부(富)이기보다 부를 이용하여 만들어내는 아름다운 외모라고 한다. 외모가 경쟁력이 된 것이다. 그러나 우리 눈의 잘못이 우리 마음을 지시하고, 잘못이 이끄는 대로 가면 일을 그르친다. 그러므로 눈에 좌우되는 마음은 타락으로 가득 차있다.(『트리오일러스와 크레시다』 5막 2장) 최근 영국 TV의 장기자랑 프로에 출연한 47세의 뚱뚱하고 못생긴 외모의 노처녀 수전 보일(Susan Boyle)이 세계적 스타가 됐다. 겉모습과는 전혀 다르게 아름다운 목소리의 가창력으로 외모지상주의자들에게 충격을 주는 사건이었다. 눈은 이렇게 피상적인 것만 보기 쉬운 약점을 지니고 있다.

눈의 이런 약점에 기대어 내면을 호도하기 위하여 의도적으로 겉모습을 눈가림하는 것은 오히려 해가 될 수 있다. 위의 인용문은 그러한 기만술에 유인되어 난처한 상황에 빠지는 것을 경계해야 할 필요성이 강조되는 말이다. 이미 치장한 겉모습에 맞추느라 내면의 품격까지 왜곡하다가 외양과 내면의 인격적 품위, 둘 다를 구겨놓는 경우도 많다. 겉모습으로는 본질을 알 수 없고 겉치레는 본질을 왜곡하기 때문이다. 기만의 해변에서 위험의 바다로 뛰어들지 말 일이다.

인용원문

So many the outward shows be least themselves;
The world is still deceiv'd with ornament.
In law, what plea so tainted and corrupt
But, being season'd with a gracious voice,
Obscures the show of evil? In religion,
What damned error but some sober brow
Will bless it, and approve it with a text,
Hiding the grossness with fair ornament?
There is no vice so simple but assumes
Some mark of virtue on his outward parts.
(...)
Look on beauty
And you shall see 'tis purchas'd by the weight,
(...)
Thus ornament is but the guiled shore
To a most dangerous sea;
(...)
The seeming truth which is cunning times put on
To entrap the wisest.

[*The Merchant of Venice*, III. ii. 73-101]

[주]

season temper: 조절하다
sober dignified: 엄숙한
brow general countenance: 얼굴
text quoted saying: 성경구절
grossness flagrant character: 추악한 인격
weight 화장품의 무게
seeming ostensible: 외관상의
times the world: 세상 사람들

11
죄의식의 바다

위대한 해신의 바닷물을 다 하면 이 내 손에서 이 피를 깨끗이 씻어 낼 수 있을까? 아니다. 이 내 손이 오히려 그 많은 바닷물을 핏빛으로 만들어 푸른 바닷물을 붉게 물들일 것이다.

『맥베스』 2막 2장 60-63행

아직도 여기서 피비린내가 난다. 아라비아의 모든 향수로도 이 작은 손 하나를 향기롭게 할 수 없겠구나. 아, 아, 아!

5막 1장 48-50행

언제부터인가 사회 구석구석에서 도덕적 해이가 극심하다는 것이 매스컴에 수도 없이 오르내린다. 이제는 웬만한 사안은 이야깃거리도 안 된다. 공무원을 비롯하여 공기업 직원, 지방의회의원들이 큰돈을 들여 해외 시찰에 나선다. 선진국의 여러 기관을 둘러보고 그들의 앞선 제도를 벤치마킹한다는 명목만 그럴듯하지 사실은 고스란히 국민의 피나는 세금으로 공짜 관광에 나선 것일 뿐이다.

2주일 전에 이미 끝난 국제 포럼에 참석한다며 해외출장을 떠나 관광만 한 공기업 임원의 뻔뻔한 사례 등 온갖 비리가 드러난다. 심지어 공무원들이 6400만원을 들여 유럽연수를 다녀와서는 인터넷에서 900원에 살 수 있는 대학생 리포트를 베껴 연수 보고서를 냈다는 얼마 전의 보도는 참으로 한심하고 어처구니없는 일이다. 공직에 있는 자들의 도덕적 해이가 이정도 인가? 그런 그들에게 공복(公僕)이니 공무원윤리강령이니 하는 따위는 모두 거추장스러운 구두선(口頭禪)에 불과하다. 그들의 행태에 대한 비판여론이 물 끓는 듯해도 윈눈 하나 꿈쩍하지 않는다.

고위층에 있는 사람이 그의 권력에서 양심의 가책이 분리되면 결과는 권력 남용으로 이어진다. 우리 인간의 천성은 목마르게 죄악을 추구하다가 그것을 마시는 모습은 마치 쥐들이 독이 든 예쁜 음식을 탐식하다 죽는 것과 같다.(『법에는 법으로』 1막 2장)

고위공직에 있는 사람이 직권을 남용하며 뇌물 받은 사실이 드러나 검찰에 소환되는 일이 비일 비재하다. 검찰청 입구에서 그들은 얼굴 빳빳이 세우고 혐의 없다는 말을 거리낌 없이 한다. 그들의 얼굴표정은 어디 한 군데 양심에 찔리는 듯한 구석이 보이지 않는다. 하나같이 혐의내용과 무관함을 너무도 당당하게 주장하기 때문에 검찰이 잘못 짚은 것은 아닐까 하는 생각마저 든다. 그런데 나중에 밝혀지는 것을 보면 거의 다 혐의내용이 사실임이 드러난다. 사악한 행위는 비록 온

천하가 덮어준다 해도 세상 사람들의 눈에 드러나는 법이다.(『햄릿』 1막 2장)

죄의식이라는 말은 도의나 법에 어그러져 처벌을 받을 수 있는 불법행위를 자각하고 부끄러워하는 마음의 작용을 이르는 말이다. 검찰청 입구 유리문 앞에서 수많은 기자들에 둘러싸인 그들의 얼굴에서는 최소한의 죄의식도 찾아보기 힘들다. 그들의 뻔뻔한 얼굴표정에서 화이트칼라 범죄자들에게는 유난히 관대한 재판에서 집행유예 등으로 풀려나면 양심을 팔고 범법행위를 다시 저지를 가능성이 있는 사람들로 비쳐진다.

부모님을 제주도로 데려가서 그곳에 유기하고 온 사람이 있다더니, 이제는 재산을 가로챈 다음 해외관광을 시켜드린다는 갸륵한 마음을 가장하여 외국으로 모시고 가서 그곳에 노부모를 버리고 오는, '국제적 부모 유기'라는 기발한 현대판 고려장이 생기는 세상이 되었다. 우리 한국 사람들의 그 고귀하던 심성이 이토록 황폐해져 버렸다.

이런 천인공노할 악행을 저지르고 황폐해진 인간성을 지닌 자에게 죄의식이라는 말은 어떤 뜻을 지니는 것일까. 죄의식은 차치하고 눈곱만큼이라도 양심의 가책을 느끼는 것일까. 사악한 일을 저지르고도 책임지지 않고 오로지 발각되지 않으면 양심의 가책을 받지 않는 자는 하늘이 증언할 수 있는 사악한 인간이다. 그런 사악한 인간에게 죄의식이란 말은 그들의 마음속에서는 반딧불만한 빛도 발하지 못할 것이다. 그저 짐승처럼 캄캄한 무명(無明)지대일 뿐이다.

『맥베스』에서 왕위를 찬탈하기 위하여 덩컨 왕을 시해한 후, 맥베스와 그의 부인 레이디 맥베스가 늘어놓는 위의 독백에서 인간의 마음속에서 죄의식이 얼마나 크며 얼마나 엄청난 고통인지를 잘 알 수 있게 한다. 왕을 살해하다 묻힌 피 묻은 손을 내려다보면서, 맥베스는 위에 인용한 첫 번째 독백을 하면서 울부짖는다. 또한 왕의 살해 후

죄의식 때문에 생긴 몽유병으로 헤매던 레이디 맥베스는 그녀의 손에서 피비린내가 난다는 착각에 사로잡혀 위의 두 번째 대사를 부르짖으며 죄의식을 표출한다. 대양의 모든 바닷물을 써도 작은 손에 묻은 피를 씻어낼 수 있을 것 같지 않은, 아니 그러기는커녕 오히려 그 엄청난 바닷물을 발갛게 물들일 것 같은 엄청난 죄의식의 고통! 아무리 훌륭한 향수를, 그 좋다는 아라비아의 모든 향수를 다 모아 뿌려도 여전히 피비린내가 가시지 않을 것 같은 생각이 드는 죄의식은 너무나 크고 고통스럽다는 것을 극명하게 드러낸다.

『햄릿』 3막 3장에서 햄릿의 아버지이며 자기 형인 왕을 죽이고 그의 형수를 왕비로 삼아 왕위에 오른 햄릿의 숙부 클로디어스 왕은 햄릿이 그를 떠보기 위하여 연출한 연극을 본 뒤 죄의식에 사로잡혀 기도드리는 독백에서도 죄의식은 기도조차 소용없으리라 말한다. "아, 이 더러운 죄악, 그 악취가 하늘을 찌르는구나. 형제를 죽인 죄, 인류 최초의 저주가 내렸구나(구약성서에서 카인이 아벨을 죽인 것을 뜻함)! 이제는 기도조차 드릴 수 없게 되었으니 (…) 형의 피로 더 두꺼워진 이 저주 받은 손을 흰 눈처럼 하얗게 씻어줄 비가 향기로운 하늘에도 없단 말인가? 죄지은 인간에게 내려주지 않으려면 자비는 무엇에 쓰는 것인가?"

셰익스피어는 인간의 심리에 죄의식이 끼치는 고통이 이렇게 크다는 것을 이런 비유로 지적해낸다. 맥베스는 맬컴 왕자 휘하의 맥더프의 칼에 맞아 죽고, 레이디 맥베스는 몽유병으로 헤매다가 절벽에 떨어져 죽는다. 두 사람은 죄의식에 시달리다 둘 다 비극적 최후를 맞는 것이다. 사악한 일을 저지른 두 사람은 죄의식에 시달릴 뿐만 아니라 그 응보로 비극적 최후를 맞게 하는, 그냥 지나치게 하지 않고 죄의 값은 꼭 치르게 된다. "하늘에도, 바다 가운데도, 또는 산 동굴 속으로 들어가도, 땅 위의 어느 곳에도, 내가 지은 악한 짓의 재앙으로부터 벗어날 곳은 없다."(법구경, 제9장 12절) 하였다.

사람은 죄의식 때문에 죄를 멀리하게 된다는데, 죄의식이 없으니 마음에 상처를 받지 않고 죄에 대한 참회가 없으며, 참회가 없으니 다시 죄를 지을 가능성이 있다. 그들이 지닌 최상의 양심은 다시는 그런 사악한 간계를 안 꾸미는 것이 아니라 다만 알려지지 않도록 하는 것일 뿐이지만(『오셀로』 3막 3장), 마음에 죄를 지닌 자는 저를 보는 눈이 모두 자기의 죄를 보고 있는 것처럼 느낀다. 그래서 지은 죄는 반드시 죄의식을 남기게 되고 죄의식은 마음에 지울 수 없는 상처를 남기기 때문에 죄지은 자는 고통에 시달린다. 부정으로 양심이 부패한 자는 비록 그 마음을 철갑으로 감쌌다 하더라도 조그마한 공격에도 상처받는 천둥벌거숭이와 같다. 죄가 크면 불안과 공포는 더 크다.

불안과 공포 때문에 죄지은 자는 비겁자가 된다. 죄를 지어 비겁자가 된 자는 마음에 안정을 얻지 못하고 고통과 두려움에 떨다가 죽는다. 죄의식은 이렇게 바다처럼 엄청나게 크고 깊다. 그 엄청나게 큼과 무거움을 느끼지 못하면 어디에서도 구원받지 못한다. 언젠가는 큰 재앙에 직면하게 될 것이다. 우리 사회는 죄를 지었어도 최소한 죄의식도 느끼지 못하는 정도로 도덕적 해이가 심각하다. 심각한 도덕적 해이를 바로잡기 위하여 다시 도덕재무장운동(MRA: Moral Re-Armament)이라도 펼쳐야 하는 것은 아닐는지. 죄를 짓고도 죄의식의 채찍질에 단련되지 않는다면 인생은 절망 속에 낭비되어 버릴 것이다.

인용원문

Will all great Neptune's ocean wash this blood
Clean from my hand? No; this my hand will rather
The multitudinous seas incarnadine,
Making the green one red.

[*Macbeth*, II. ii. 60-63]

Here's the smell of the blood still. All the perfumes of Arabia will not sweeten this little hand. Oh, oh, oh!

[V. i. 48-50)]

[주]

multitudinous sea countless masses of waters on the surface of the globe: 지표면의 모든 바닷물

incarnadine turn blood-red: 핏빛으로 물들이다

12

습관은 의복처럼

습관이라는 괴물은 악마와 같아서 나쁜 버릇에 젖게 되면 나쁜 행동을 계속하기 쉽지만, 또한 아름답고 착한 행동을 옷처럼 몸에 쉽게 걸칠 수 있게 하는 천사와 같을 때도 있죠. 오늘밤을 삼가면 내일의 절제가 보다 쉬워지고, 그 다음은 더욱 쉬워져요. 습관은 놀랄만한 힘으로 품성을 바꾸어 악마를 억누르거나 몰아낼 수 있지요.

『햄릿』 3막 4장 161-170행

습관이란 같은 일을 계속적으로 반복할 때 마음이 일의 사리에 통달하게 되어 익숙해진다는 뜻이다. 같은 일을 반복하면 저절로 습관이 생기기 마련이다. 일을 할 때는 자극이 주어지고 자극에는 반응이 일어나기 때문이다. 자극과 반응이 여러 번 반복되면 둘은 자동적으로 결합이 이루어져 습관이 된다. 습관은 불변성과 경직성을 지니고 있어서 언제나 같은 형태로 무의식중에 나타나게 된다고 한다. 습관이 생기면 처음에는 가볍지만 차츰 습관의 통제는 동아줄 올가미처럼 튼튼해져 벗어나기가 쉽지 않다.

영국의 어느 수필가의 글에 무의식화 된 습관에 대한 이야기가 재미있게 그려져 있다. 어느 회사원이 아침 출근 시간에 몸을 움직일 수 없을 정도의 만원버스에서 갑자기 시계를 집에 두고 온 것이 생각이 났다. 그의 업무상 손목시계는 필수 지참물이었다. 그는 집으로 가서 시계를 가져올 시간이 될까 하고 비좁은 사람들 속에서 간신히 손목시계를 쳐다보고 시간을 확인해보니 아직 집에 다녀올 시간 여유가 있었다. 그는 얼른 내려 집에 갔지만 늘 두던 곳에서 손목시계를 찾을 수가 없었다. 출근시간까지 회사에 도착할 수 있을까 하고 다시 손목시계를 보다가 그제야 시계가 자기 손목에 채져 있는 것을 발견한다.

손목에 시계 차는 일이 습관이니 무의식적으로 시계를 찼고 시계는 처음부터 그의 손목에 있었다. 버스 안에서 손목을 들어 시계를 보는 일도 습관화되어 있어서 손목시계를 집에 두고 온 사실에만 신경이 집중되어 시계가 그곳 손목에 있다는 사실을 의식하지 못하고 시계 가지러 집에까지 가서도 자기 손목에 시계가 있다는 사실을 인지하지 못한 것이다. 습관의 통제를 오래 받으면 우리는 무의식적으로 행동한다. 습관은 우리의 의지에 의한 스스로의 결정이 이렇게 제구실을 못하게 할 수도 있는 것이다.

습관은 양날의 칼일 수 있다. 사람의 타고나는 성질은 거의 비슷하여 선천적으로 선인과 악인의 구별이 있는 것이 아니라 습관에 따라 좋게도 혹은 나쁘게도 변할 수 있다고 한다. 후천적 습관에 의하여 도의에 어긋나는 품성에 길들여지거나 혹은 바르고 착한 행실을 하는 사람이 될 수 있다. 우유부단한 행동은 습관이 시작할 때 생겨나기 쉽다고 한다. 나쁜 행동에 빠져있는 습관은 나쁘지만 좋은 행동에 젖어있는 습관은 좋은 것, 나쁜 습관은 깨뜨려 없애고 좋은 습관은 지니고 싶어 하는 것이 보통이다.

위에 인용한 햄릿의 대사는 부왕을 죽인 숙부 클로디어스 왕과 결혼한 어머니에게 선왕에 대한 절개가 없으면 있는 체라도 하고 숙부와의 잠자리에 들지 말라고 충고하는 대사 중에 나온 말이다. 햄릿은 어머니의 숙부와의 동침을 습관적인 음란 행위라고 규정한다. 사랑의 최상의 습관은 믿는 체 하는데 있다. 그런데 습관은 정당하지 못한 욕정과 관련되면 나쁜 습관으로 자리 잡기 쉽다. 자극과 반응이 여러 번 반복되면 자동적으로 결합되어 습관이 된다고 했는데 섹스처럼 자극과 반응이 쉽게 작용하고 결합하기 쉬운 것도 없다. 습관이 되면 불변성과 경직성을 띄게 되니 '김유신의 말'이 주인이 시키지도 않았는데 천관녀의 집으로 발걸음을 옮겨 가듯이, 섹스는 무의식적 행동으로 전이되기 십상이다. 햄릿은 섹스의 그러한 습관적 속성을 알고 하는 말이다. 행여 어머니가 어쩔 수 없는 섹스의 마력에 사로잡혀 자극과 반응의 결합 속에서 숙부와의 잠자리를 계속하는 것은 아닐까 생각하고 하는 말이다. 억센 섹스의 무의식적 습관의 사슬을 탈피하면 욕망에 대한 절제가 쉬워지고, 놀랄만한 힘으로 악귀 같은 나쁜 습관을 몰아낼 수 있다고 어머니에게 충고하는 것이다.

습관은 괴물 같아서 나쁜 버릇에 젖게 되면 나쁜 행동을 계속하기 쉽지만, 또한 좋은 행동에 젖게 하는 반듯한 습관도 옷을 걸치는 것처럼 몸에 쉽게 배어들게 한다. '습관'이라는 단어 'habit'는 'dress(옷)'의 뜻이 내포되어 있고, 'custom' 역시 'costume(옷)'이 어원이어서 "습관은 의복이다"라는 말을 연상케 한다. 의복처럼 몸에 배어든 좋은 습관은 천사의 모습을 띤다.

습관의 긍정적 덕목을 이해하기는 쉬운 일이지만 그것을 의복처럼 착실하게 몸에 배도록 입는 것은 쉬운 일이 아니다. 일단 습관에 젖으면 관습으로 굳어지고 일상화 되어 규범으로 다가온다. 규범은 질서를 강요하고 자유가 제한 받기 쉽다. 올바른 습관은 존중되어져야 하지만 습관에 지배되어서는 안 된다. 우리는 일상생활에서 습관에 끌려 다니지 말고 의무와 정당성에 합당한 행동으로 습관을 통제할 수 있어야 하는 데 그것이 얼마나 어려운 일인지는 다 아는 사실이다. 어떤 일을 효율적으로 처리할 수 있는 능력은 실천적 습관에서 배양된다는 것도 유념할 일이다.

습관은 습관이기 때문에 따라갈 수밖에 없는 것이고 우리가 복종하기 때문에 우리의 자유를 빼앗는 것이지만 결국은 굳은 결심으로 그것을 순치시킬 수밖에 없다. 욕정의 노예가 되어 숙부와 습관적으로 잠자리에 들던 어머니가 오늘밤에 뼈를 깎는 의지가 실린 결심으로 한번 삼가면 내일 밤의 절제는 보다 쉬워진다. 그 다음은 더더욱 쉬워지며 점점 새로운 습관이 새 옷처럼 몸에 익혀진다는 것이다. 악마도 물리칠 수 있을 정도로 놀랄 만큼 습관은 새 옷으로 몸에 딱 들어맞게 된다.

이렇게 습관과 연루되는 결심은 실천적인 것이어야 한다. 특히 욕정의 습관은 더욱 찰거머리처럼 떨어지기 어렵다. 결심여하에 따라서는 나쁜 습관은 좋은 습관으로 정복할 수 있다. 새 옷이 헌 옷을 바꾸어 입으면 처음에는 어색해도 차츰 새 옷이 헌 옷보다 돋보이고 편안하게 되는 것처럼 고쳐진 새 습관은 제 자리를 찾게 된다.

인용원문

That monster custom, <u>who all sense doth eat,</u>
<u>Of habits devil</u>, is angel yet in this,
That to the <u>use</u> of actions fair and good
He likewise gives a frock or livery
That aptly is put on. <u>Refrain</u> tonight;
And that shall lend a kind of easiness
To the next <u>abstinence</u>; the next more easy;
For use almost can change <u>the stamp of nature</u>,
And either curb the devil, or throw him out,
With wondrous potency.

[*Hamlet*, III. iv. 161-70]

[주]

who all sense doth eat, Of habits devil Custom is like an evil spirit. When we develop a bad habit, it becomes easier for us to continue with the bad action: 습관은 악마와 같다. 나쁜 습관에 젖게 되면 나쁜 행동을 계속하기가 쉽다

use habit: 버릇

refrain=abstinence 절제

the stamp of nature character: 품성, 천성

13

사랑하는 마음, 의심하는 마음

의심하는 사람에게는 공기같이 가볍고 사소한 것도 성경의 증거만큼의 강한 확신을 주는 확증이 될 수 있다.

(…)

위험한 억측은 그 본성이 독약과 같아서, 처음에는 싫은 맛이 안 나지만, 혈기에 조금만 자극을 주면 온몸이 유황광산처럼 불타오른다.

『오셀로』 3막 3장 326-333행

그리스신화의 사랑의 신 에로스(Eros)는 태어난 뒤 아무리 나이를 먹어도 자라지 않다가, 사랑의 상대(안테로스: ant-eros)인 프시케(Psyche)를 만난 뒤에야 성장하기 시작하였다고 한다. 사랑은 사랑의 상대가 있어야지 혼자서(예컨대 짝사랑)는 아무리 세월이 흘러도 성장과 결실이 맺어지지 않는다는 뜻이다.

에로스는 아름다운 프시케('마음', '영혼'이라는 뜻)를 보고 사랑에 빠져, 프시케를 깊은 산속의 궁전에 오게 하여 결혼하였다. 그런데 신랑은 한밤중 캄캄한 속에서 들어왔다가 날이 밝기 전에 나가버린다. 프시케는 신랑을 한 번도 보지 못하고 산속의 궁전에서 신혼을 보냈다. 프시케는 신랑에게 모습을 보여 달라고 간청하였으나 신랑은 "그대의 사랑만 바랄뿐이라"면서 그 모습을 드러내지 않는다. 프시케의 언니가 신랑은 괴물일지도 모른다고 그녀의 가슴에 의혹의 불길을 지핀다. 프시케는 결국 의심과 호기심 때문에 촛불을 켜고 아름다운 에로스의 잠든 모습을 본다. 그러나 그 순간 에로스는 잠이 깨고 창문으로 날아가 버렸다. "어리석은 프시케여, 가슴에 의심을 담아서 불쌍한 신세가 되는구나. 사랑('에로스')은 의심하는 마음('프시케')에는 깃들지 못 하느니라!"하고 에로스는 탄식하고 날아가 버렸다.

에로스가 날아가 버린 후 화려하던 궁전도 없어지고 그녀는 황야의 맨땅에 홀로앉아 있었다. 프시케는 통곡하면서 자신의 어리석음을 탓하였으나 이미 때는 늦었다. 의심은 의심하는 사람의 마음에 고통을 주고 다른 사람도 곤궁에 빠뜨리는 폐를 끼침으로써 인간관계를 망친다. 확실히 알지도 못하면서 남을 믿지 못하고 의심한다는 것은 나쁜 일이다.

의심은 항상 죄지은 마음에 따라다니는 것이다. "도둑은 숲이 흔들리는 소리만 들어도 경찰로 알고 놀라기 일쑤이고, 끈끈이 덫에 걸린

적이 있는 새는 날갯짓을 할 때 모든 숲을 의심한다."(『헨리 6세 3부』 5막 6장) 죄를 지은 자는 그 죄의식 때문에 모든 것을 의심하게 되고, 해를 당한 경험이 있는 사람도 언제나 의심하는 마음이 생긴다. 전과자의 설움은 한번 지은 죄 때문에 사람들의 의심을 떨칠 수 없는데서 생긴다.

의심에는 긍정적인 측면도 있다. "평화를 해치는 것은 안심, 지나친 안심이다. 조심성 있는 의심은 현명한 사람의 횃불이요, 최악의 밑바닥을 탐색하는 치료용 헝겊마개이다."(『트로일러스와 크레시다』 2막 2장) 의심은 안일한 자세에 대하여 경각심을 불러일으킬 수 있다. 때로는 조심스러운 의구심을 가지고 사태를 면밀히 탐색할 필요성을 제기한다.

위의 신화에서 볼 수 있듯이 의심이 사랑과 연결되면 비극적인 결과를 초래한다. 고결한 마음을 지닌 사람이 진실한 사랑의 맹세를 할 때, 의심을 품는 것은 비겁한 일이다. 사랑하는 사람에게 의심을 품기 시작하면 의심을 완전히 제거하기 어렵다. 사랑하는 사람에게 크게 우려할 이유가 없는데도 의심을 하면 결과는 크나큰 슬픔을 낳는다.

『오셀로』 3막 3장에서 아내에 대한 오셀로의 의심은 그럴 만한 이유가 있어서 의심하는 것이 아니라 괜히 의심하기 때문에 의심한다. 의심은 저절로 생기고 태어나는 것이다. "의심은 의심하는 사람의 마음을 잡아먹고 마음대로 농락하는 푸른 눈을 한 괴물이다."(3막 3장 170-171) 의심은 눈에서 푸른빛을 내뿜는 히드라(Hydra)와 같은 괴물로 묘사된다. 히드라는 죽이려고 머리를 자르면 그 벤 자리에서 두 개가 돋아 나오는 괴물이다. 의심은 한 가지 의심을 없애면 그 자리에서 두 가지의 더 큰 의심이 생겨난다.

위의 인용문은 사랑하는 사람에 대한 의심과 질투를 주제로 한 비극 『오셀로』에 나오는 대목이다. 무어인 장군 오셀로는 아름답고 정숙한 데스데모나의 사랑을 얻어 그녀의 부친의 반대에도 불구하고 결혼한다. 그러나 간교한 부하 이아고의 간계로 아내에 대한 의심과 질투의 괴물에 사로잡혀 순진무구한 데스데모나를 목 졸라 죽이고 마침내 자신의 잘못을 깨닫고는 자살하는 비극이다. 간교한 이아고가 치밀하고 교묘한 모략으로 무장 오셀로로 하여금 한걸음한걸음 순결한 데스데모나를 의심하도록 이끌어 가는 극의 전개는 매우 자연스럽다. 데스데모나는 순진무구하고 남편에 대한 사랑이 넘치기 때문에 도리어 비극의 희생자가 되는 가련한 여인이다.

이아고가 "아내의 부정을 알면서도 아내에게 빠져 의심하면서도 역시 사랑하지 않을 수 없는 남자는 참 불쌍한 사람이다"라면서 의심에 대한 경계의 말을 하자, 오셀로는 사랑 때문에 자기를 선택한 데스데모나를, 부덕이 높은 정숙한 데스데모나를, 의심하는 마음 같은 것은 절대로 품고 있지 않다, 의심이 생기면 증거를 보자하고 증거가 나타나면 사랑을 버리든지 아내에 대한 의심을 버리든지 둘 중의 하나를 택한다고 자신 있게 말한다. 이아고는 의심의 사악한 점을 부각시킴으로써 역으로 아내를 의심하는 마음이 생기도록 단순한 성격의 무장 오셀로의 심리상태를 교묘하게 조종한다.

이아고는 오셀로에게 부관 카시오와 데스데모나 사이에 불륜의 기미가 보인다면서 두 사람 사이를 주의해 보라고 넌지시 데스데모나를 의심하도록 유도한다. 위의 인용문은 결국 데스데모나를 의심하기 시작하는 오셀로의 모습을 보고 이아고가 혼자 하는 말이다. 마음에 의심의 싹이 돋기 시작한 사람에게는 아무리 하찮고 사소한 사실도 누구나 믿고 있는 성경말씀만큼 강한 확신을 주는 증거가 될 수 있다. 아주 하찮은 손수건 한 장이 오셀로의 의심을 불러일으키는 무서운 소도구가 된다. 이아고는 오셀로가 데스데모나에게 선물로 준 손수건을 훔쳐 카시오의 방에 몰래 떨어뜨리고 그것을 부정(不貞)의 증거로 오셀로의 눈에 띄게 함으로써 오셀로의 의심에 확신을 심는다.

손수건 한 장이란 누구나 가질 수 있고 볼 수 있는 참으로 하찮은 물건 아닌가. 하찮은 증거물이지만 의심의 괴물은 의심하는 마음과 억측이 자아내는 유황지옥 같은 고통의 구렁텅이에 빠뜨린다. 간교한 이아고는 의심, 억측, 질투 등의 푸른 괴물에 사로잡힌 사람의 심리상태를 너무나 잘 꿰뚫고 있다. 사랑하는 사람에 대한 의심은 불륜의 사랑을 상상하게 하고 그것은 바로 히드라 같은 괴물의 포로가 되게 한다. 순수한 사랑은 그 의심의 괴물에게 쉽게 짓밟히고 만다.

사랑의 신 에로스가 프시케에게 사랑(Eros)은 의심하는 마음(Psyche)에는 깃들지 못한다고 한 것은 바로 이러한 것을 경계한 신화이다. 오셀로의 말처럼 조금이라도 의심의 기미가 보이면 사랑하지 말 것이며, 사랑하면 의심하지 말아야 한다. '사랑'의 신 에로스와 '마음'인 프시케의 관계에서 알 수 있듯이 사랑과 의심은 양립할 수 없기 때문이다. 그러한 사랑과 영혼이 결혼하여야 기쁨이 생긴다. 에로스와 프시케가 결혼하여 '기쁨'이라는 뜻의 '볼룹타(Volupta)'를 낳는 것에서 알 수 있다.

인용원문

Trifles light as air
Are to the jealous, confirmations strong
As proofs of holy writ.(...)
Dangerous conceits are in their natures poisons
Which at the first are scare found to distaste. But, with a little act upon the blood,
But like the mines of sulphur.

[*Othello*, III. iii. 326-333]

the jealous the doubtful: 의심하는 사람
holy writ holy Bible: 성경
conceits extravagant imagination: 억측
distaste cause disgust: 싫어하다
blood passion: 격정, 혈기

14
실용적 필요와 사치

오, 필요성을 논하지 마라! 지극히 비천한 거지가 아무리 가진 것이 없어도 빠듯한 생존에도 필요한 것 이상의 것은 가지고 있는 법이다. 자연이 필요한 이상의 것을 인간에게 허용하지 않는다면 인간의 삶은 짐승의 그것만큼이나 보잘 것 없는 것이 된다. 너는 귀부인이지만, 단지 따뜻하게 입는 것이 사치스러운 것과 같다면 너에게 사치스러운 의상은 당연히 필요하지 않을 것이다. 사치스러운 옷이 너를 따뜻하게 해주지 않으니까.

『리어 왕』 2막 4장 263-269행

인간에게는 누구나 의복은 절대 필요불가결하다. 의복은 몸의 보온이나 품위유지를 위하여 필요하다. 의복을 입지 않으면 사회는 혼란에 빠지고 인간은 짐승의 수준으로 전락하고 말 것이다. 그러나 영국의 사상가 토마스 칼라일(Thomas Carlyle: 1795-1881)은 그의 『의상철학』(*Sartor Resartus*: 1833-4)에서 인간이 최초에 옷을 입게 된 목적은 우리의 예상과는 달리 이런 실용적 필요성 때문이 아니라 '장식(ornament, decoration)'을 목적으로 하였다고 한다. 배고픔이 충족되면 그 다음에 추구하는 것은 '편안함'보다는 '장식'이라고 한다. 원시시대에도 체온유지는 짐승을 쫓는 작업이나 마른 나뭇잎 속, 동굴 등에서 얻을 수 있으니 장식을 위해서 의복이 필요했다는 주장이다.(『의상철학』 5장)

칼라일은 의복이 실용적으로 없어서는 안 되는 필수품이기보다 사치로 흐르는 것에 더 관심을 받게 되는 원인을 통찰하고 있다. 옷은 "벗기 위하여 입는다"라는 말이 있다. 이 말에는 남의 눈길을 의식해야 하는 곳에서는 보다 화려한 의상차림을 위하여, 남이 보지 않는 내밀한 곳에서는 보다 농익은 섹스 분위기를 위하여 옷을 품위 있게 벗는다는 뜻이 함축되어 있다. 분수에 넘치게 옷차림을 하는 것이 가장 눈에 잘 뜨이는 사치의 예일 것이다. 의복을 호사스럽게 차려 입고 남이 칭찬하는 말을 들으면 우쭐한 기분에 그 옷의 실용성과 자신에게 어울리지 않음은 놓친다. 이렇게 의식(意識)이 겉모양에만 관심을 두면 생활이 헛된 사치에 흐르기 쉽다.

그런데 대개의 사치품들은 생존에 필요 불가결한 물건들이 아니다. 사치품은 사치스럽게 꾸미지 않으면 사치다운 빛이 나지 않는다. 사치스러운 의복은 남의 눈에 자신을 과시하고자 하는 욕망, 사치 그 자체일 뿐이다. 사치는 사치하는 사람에게 도움이 되기보다 오히려 적극적인 방해가 되는 때가 많다. 금으로 사치스럽게 장식한 말이 보기에는 훌륭하게 보일지는 모르지만 짐을 나르는 실용적 필요성으로 볼 때 튼튼한 짐수레를 단 말이 훨씬 낫다. 사치는 실용적 필요성과는 거리가 멀다.

그렇다고 해서 모든 것을 실용적 필요성의 측면만을 논할 수는 없는 것이 인간의 일이다. 사람은 때로는 필요 없는 것을 지닐 수 있다. 의복이 꼭 보온과 품위유지만을 위한 것이 아니다. 실용적 목적과 더불어 겉모양을 내는 데도 이용한다. 겉모양은 자신의 인품과 취향을 알리는 데 필요한 것이다. 사람은 누구나 생존과 생활에 꼭 필요한 필수품 외에도 다른 물건도 지니고 있는 것이다.

위의 인용문은 셰익스피어의 비극 중에서도 가장 장렬, 비통하고 규모가 큰 『리어 왕』에 나오는 대사이다. 노령의 리어왕은 국토를 세 딸에게 나누어 주고 은퇴하여 여생을 편안하게 보내려 하였다. 위의 두 딸 거너릴과 리건은 온갖 감언이설을 동원하여 효도를 다하여 봉양할 것을 다짐하는 말을 하였지만, 왕이 특히 귀여워하는 막내딸 코델리어는 아첨하지 않고 솔직한 말로 아버지를 사랑한다는 말만 하였지만, 오히려 부왕의 노여움을 사고 영토도 상속받지 못한다.

그러나 영토를 양분하여 상속받은 뒤 두 딸은 본색을 드러내어 부왕을 학대한다. 노왕은 실망과 분노로 마침내 반미치광이가 되어 폭풍우 속의 황야를 방황하는 신세가 된다. 프랑스 왕과 결혼한 코델리어는 이를 알고 군사를 이끌고 아버지를 구원하러 왔으나, 오히려 포로가 되어 죽음을 당하고 노왕 리어도 비통한 가운데 죽음을 맞는다. 리어왕의 어리석은 오판이 자신의 비극의 출발점이 된다. 늙은 리어왕의 격렬한 감정과 비통은 폭풍우 장면과 병행을 이루면서 극작가로서의 셰익스피어의 정서와 상상력을 잘 나타낸 매우 웅장한 비극작품이다.

위의 인용문은 두 딸이 영토를 상속받은 후 아버지를 홀대하면서 자기네 하인들 몇 명으로 노왕을 돌보게 하면 왕자신의 시종들은 필요 없기 때문에 백여 명에 달하는 시종들을 없애겠다고 하자 노한 리어왕이 하는 말이다. 아무리 가난한 거지라도 생존에 꼭 필요한 것 외에 인간이면 지니는 최소한의 소지품은 있다. 그런 것이 없으면 인간은 비참해질 수밖에 없고 그 삶은 동물적 수준에 머무르게 된다.

인간이 의복을 입게 된 목적은 실용적 필요성 때문이 아니라 '장식'을 목적으로 하였다는 칼라일의 말처럼, 보온이라는 실용적 필요성만 따진다면 여인에게 사치스러운 의상은 필요하지 않을 것이다. 마찬가지로 왕이라면 왕의 위엄을 지녀야 한다. 왕의 위엄을 보여주는데 없어서는 안 되는 시종은 왕에게 시중드는 필요성의 이치로만 따질 수 없다는 것을 강조하고 있다.

인간은 내용적으로 필요한 실용적인 것만 아니라 인간으로서의 존엄성을 보여주는 외적인 형식이 필요하다. 자연이 생존에 필요한 것 이상을 인간에게 허용하지 않는다면 인간본성의 우수성은 보이지 않고 인간의 삶은 비천한 짐승의 수준과 다를 바가 없다. 그것은 '자연의 질서'에 위배되는 것이라는 뜻이다.

인간의 일은 자연의 운행 안에서 이루어지기 때문에 인간사에는 자연의 질서가 배제될 수 없다(극 중에서 폭풍우 치는 황야를 비롯하여 '자연'이 늘 제자리에서 묘사되는 것도 이런 의미가 함축되어 있다). 인간으로서의 정체성과 존엄성이 훼손되어서는 안 된다는 말이다. 하물며 왕으로서의 권위의 추락은 말할 필요도 없다. 권위의 추락은 자연의 질서에 위배되는 것이고 그렇기 때문에 실망과 비탄에 빠진 왕의 분노는 광증으로 진행되고 폭풍우 쏟아지는 황야를 헤매게 된다.

무엇이든 필요 이상으로 분수에 지나치는 경우는 사치가 된다. 그러나 인간은 실용적 필요성에 꼭 들어맞는 것만 지니는 것은 거의 불가능하다. 대표적인 실례로 의복은 실용적 필요성 때문에만 입는 것은 드물다. "의복은 지갑이 허락하는 데까지 돈을 들이되 사치하지 마라. 화려해 보이지만 야해서는 안 된다. 의복은 그 사람의 사람됨을 나타내니까." 『햄릿』 1막 3장에서 중신 폴로니우스가 파리로 유학 떠나는 아들에게 교훈으로 들려주는 이 말에서 볼 수 있듯이, 의복은 입는 사람의 정체성과 인품을 드러내주기 때문이다. 일상에서 사치와 실용적 필요성이 서로 훼손되지 않는 모습은 그 사람의 교양과 세련된 감각의 산물이다. 분수에 넘치면 사치스럽다는 비난을 받을 것이고 실용적 필요성에 너무 치우치면 세련미와 인품의 풍요함에 흠결이 생길 것이기 때문이다.

인용원문

O, reason not the need! Our basest beggars
Are in the poorest thing super-fluous:
Allow not nature more than nature needs,
Man's life is cheap as beast's. Thou art a lady;
If only to go warm were gorgeous,
Why, nature needs not what thou gorgeous wear'st,
Which scarcely keeps thee warm.

[*King Lear,* II. iv. 263-269]

[주]

Are(…)super-fluous have, however little they possess, something above what is necessary for bare existence: 아무리 가진 것이 없을지라도 초라한 생존에 필요한 것 이상의 것은 가지고 있다

If(…)gorgeous If it were gorgeous merely to be warm: 단지 따뜻하게 입는 것이 사치스러운 것이라면

15
모르는 것이 약이다

내 판단, 내 추측이 적중했군, 얼마나 다행인가! 아, 그러나 차라리 몰랐더라면! 이럴 때는 다행이 불행이 된다. 거미가 빠진 술잔이라도 마시고 모르는 채 자리를 뜨면 독이 되지 않는다. 그러나 그 징그러운 것을 눈으로 보게 되고 어떻게 마셨는지 알게 되면 심한 구역질로 목이 갈라지고 옆구리가 터지는 것 같이 되는 것. 나는 술을 마시고나서 그놈의 거미를 보아 버렸구나.

『겨울이야기』 2막 1장 37-45행

아는 것이 힘이라는 말은 꼭 무슨 고차원적인 지식이나 진리에 대한 앎만을 이르는 것은 아니다. 요즘 같이 열린 세상에 우리는 일상생활에서 일어나는 많은 일에서도 아는 것이 힘이다. 이때의 아는 것은 '정보'라는 말로 잘 쓰인다. 일을 처리할 때는 알고 처리하고 몸을 움직일 때도 알고 처신하면 탈이 없다. 무엇이라도 아는 것, 정보에 밝은 것은 좋은 일이다. 컴퓨터, 휴대전화를 비롯한 정보기기의 발달로 사회에서의 삶의 관계가 여포창날같이 날카로운 예각적인 시대에 정보에 어두우면 바보 되기 십상이고 불이익 받을 때가 많다.

그러나 동전에 앞뒷면이 있듯이 세상사에는 양면이 있기 마련. 아는 것이 꼭 이익을 가져다주는 힘이 되는 것이라고 일률적으로 규정할 수는 없다. 증권가를 비롯한 이익추구세계에는 여러 가지 정보가 난무한다. 그러나 정보 가운데는 허위 정보가 떠다닐 때도 많다. 자칫 허위정보성 루머에 자기 나름의 낙관적 추측에 귀가 열리면 큰 불이익을 당할 수가 있다. 그런 정확하지 못한 정보는 아는 것보다 모르는 것이 좋을 것이다. 나중에야 엉터리임이 밝혀지는 정보를 처음부터 몰랐으면 그냥 넘어갔을 텐데 알았기 때문에 그런 허위정보에 의존하여 일을 처리하였다가 낭패를 본 것일 게다.

사람이 살아가는 동안에는 여러 가지 사건과 사태가 발생하기 마련이다. 그럴 때마다 우리는 당연히 일어난 사건이나 벌어진 사태에 대한 진상을 정확하게 알고 싶어 한다. 진실을 아는 것은 사태 해결에 중요한 단초를 제공해주기 때문이기도 하지만, 인간은 태어나면서부터 무엇이라도 알고 싶어 하는 호기심의 본능을 타고난다. 진실이라고 해서 언제나 밝혀도 되는 것도 아니다. 안다는 것이 큰 상처를 입힐 수도 있다. 쓰라린 진실도 진실이라고 해서 그것에 외곬으로 매달리는 것은 바람직하지 않을 경우도 있다. 사건의 진실을 알면 알수록 더욱 미궁에 빠지거나 의혹에 휩싸이게 되는 사안도 있다. 알기 전보다 더욱 갈증에 시달리게 되고 마음은 아프게 되는 수도 있다. 『겨울이야기』에 나오는 위의 대목은 이러한 경우의 좋은 예이다.

이 극은 시실리어의 왕 리온티즈는 정숙한 아내 허마이어니와 손님으로 방문 중인 보헤미어의 왕인 친구 폴릭서니즈 사이를 터무니없이 의심하는데서 시작한다. 폴릭서니즈는 생명의 위협을 느끼고 자기나라로 탈출하자 리온티즈는 아내를 처단하고 갓 태어난 딸을 내다버리게 한다. 어린 왕자는 어머니의 죽음을 슬퍼하다 죽는다. 아들의 죽음을 보고 리온티즈는 자신의 잘못을 깨닫고 속죄의 삶을 산다. 그런지 16년이 되었을 때 뜻밖에도 아름답게 장성한 딸 퍼디타와 상봉하게 된다. 또한 죽은 것처럼 보이기만 해서 내내 죽은 줄 알았던 아내 허마이어니와 재회한다. 그의 딸 퍼디타와 폴릭서니즈의 아들 플로리젤과의 결혼이 이루어지는 등 재회와 화해와 관용의 해피엔딩으로 끝나는 것이 이 극의 대강의 줄거리다.

위의 대목은 친구 폴릭서니즈와 자기 아내 허마이어니 사이를 의심하고 있던 차, 자기 신하 캐밀로가 일을 꾸며 폴릭서니즈와 캐밀로가 함께 시실리어를 탈출했다는 사실을 알게 된 리온티즈 왕이 자기의 충성스런 신하 캐밀로의 배신을 차라리 몰랐더라면 좋았을 것이라면서 한탄하는 말이다. 충성스러운 자의 배신은 예측하기 어려운 일인데, 자기가 예측한 대로 되었다는 것은 얼른 보기에는 자신의 선견지명을 돋보이게 하는 것 같다. 그러나 배신당했다는 고통은 마음을 너무 아프게 찌르기 때문에 차라리 몰랐더라면 그런 고통은 면할 수 있었던 것이 아닌가 하는 것이다.

마신 술잔에 흉한 거미가 빠져 있었더라도 모르고 마시면 보통 때처럼 넘어갈 수 있는데, 그것을 눈으로 보고 알게 되면 그냥 심상하게 지나칠 수 없다. 마치 거미에 묻은 독이 온몸에 퍼지기라도 한 것 같은 생각 때문에 고통에 빠지게 되는 것과 같다. 리온티즈는 자기를 죽이고 왕관을 탈취하려는 음모가 있으리라 짐작했는데 그런 의심이 모두 들어맞았으며, 이제 자기는 바보 취급 받을 것이고 마음대로 주무를 수 있는 장난감이 되었다고 터무니없는 생각을 하면서 후유증에 시달린다. 폴릭서니즈와 캐밀로가 시실리어를 탈출했다는 사실은 그가 모르더라도 그 사실은 변하지 않으며 그들이 그를 죽이고 왕위를 찬탈하거나 그를 마음대로 주무를 수도 없을 것이다. 사실을 몰랐다면 의심의 고통에서 오는 후유증에는 시달리지 않았을 것이라는 관점에서는 모르는 것이 약일 수 있다. 아는 것이 동티가 되어 "구역질로 목이 갈라지고 옆구리가 터지는 듯"한, 아주 심한 고통은 면할 수 있는 일이 아닌가.

사람들은 남의 일에 대하여 별 관심이 없다가도 그것이 불륜관계라면 호기심이 동하여 귀를 쫑긋 세우고 그 내용을 알고 싶어 한다. 특히 자기가 아는 사람일 경우는 사태의 추이와 결과에 대하여 더욱 촉각을 곤두세운다. 섹스와 관련된 것은 흥미진진한 볼거리와 들을 거리를 제공해주기 때문일 것이다. 사람들은 그것들과 연관된 온갖 것을 상상하기 마련이다. 상상에서 나와 짜깁기된 추측은 그 순간부터 그를 속박하고 걷잡을 수 없이 불량한 쪽으로 생각이 흘러가게 한다. 그것은 실체적 사실을 뒤덮는 지경까지 간다. 그래서 불륜사실이 알려지면 큰 파문이 일게 되는 것이다.

남녀의 불륜관계 이야기야말로 모르는 것이 약이라고『실수 연발』의 다음 대목에서 일러주고 있는데 웃음을 자아내면서 희화화하고 있다. 이 극은 주인 쌍둥이형제와 각각이 데리고 있는 하인 쌍둥이 형제들이 벌이는 여러 가지 착오와 실수 이야기로 끝에는 모든 착오가 바로 잡아지고 헤어졌던 가족이 재회하는 것으로 막을 내리는 익살희극이다. 쌍둥이형제의 한쪽의 아내인 아드리아나의 여동생 루시아

너는 자기의 형부가 어떤 여인과 사귀고 있다는 이야기를 듣고 바람을 피워도 아내 모르게 하고 바람을 피울수록 아내를 더욱 다정하게 대하는 지혜를 가지라고 다음과 같이 말한다. "자기의 불륜을 자기 입으로 나발 불지 말아요; 바람을 피울 때는 아내에게 상냥한 표정을 짓고 다정하게 말하세요; 악덕에게 미덕을 예고하는 옷을 입히고, 속마음은 타락했어도 맑은 얼굴을 하세요; 죄악에 성인의 태도를 가르치고, 허위를 감추세요; 아내가 알 필요가 어디 있나요? 자기의 도둑질을 자랑하는 도둑처럼 어리석은 자가 어디 있어요?"(『실수 연발』 3막 2장)

루시아너는 남편의 불륜은 모르는 것이 아내를 위하여 약이 된다고 이야기하고 있다. 속마음은 불륜이라는 죄로 더럽혀졌지만 맑은 얼굴, 상냥한 표정, 다정한 말씨 등으로 미덕을 갖춘 성자의 자세를 취하여 감쪽같이 감추라는 것. 도둑질한 것을 자랑하다가 스스로 도둑놈임을 밝히게 되는 것과 같은 어리석은 짓은 하지 말라는 것이다. 자신의 불륜을 모르게 함으로서 아내는 사랑받고 있다는 사실만이라도 믿게 해달라고 한다. 아는 것이 힘이 아니고 모르는 것이 약이라는 말이다. 심지어는 모르게 하기 위한 약간의 거짓말은 신성한 유희라고 말하기도 한다. 약간의 거짓말은 많은 쓰라린 진실에 대한 구차한 설명의 필요성을 없애준다. 진실이 추하면 거짓말이 오히려 아름다운 것이 되는 경우도 있다.

또한 『오셀로』 3막 3장에서 이아고의 간계에 의하여 아내 데스데모나에 대한 의심이 생기기 시작하자 오셀로는 이아고에게 "도둑맞은 사람이 도둑맞은 물건이 없어도 지낼 수 있으면, 알리지 않는 것이 좋다. 모르면 전혀 도둑맞은 것이 아니니까"라면서 아내의 부정에 대하여 자기에게 알리지 말라고 한다.

인생은 모든 것을 다 알고 살 필요가 없다. 또 그럴 수도 없다. 모르는 것은 모르는 것으로 치부하고 사는 것. 쓰라린 진실은 증오를 낳는 속성을 지니고 있기에(Veritas odium parit.=Truth begets hatred.) 맞닥뜨리면 고통을 안긴다. 모르는 것의 목록에 치부해두는 것이 고통을 피하는 길이라는 것을 알기 때문이다. 아내의 부정에 대하여 알면 고통스러울 것이고 모르는 것이 약이라는 것을 이렇게 비유적으로 말하고 있다. 도둑맞아 없어진 물건은 소용이 없으면 도둑맞은 사실을 모른다. 도둑맞은 사실을 알면 아까운 생각이 들어 마음이 불편해진다. 아는 것은 아프고 모르는 것은 약이다. 위 인용문들은 아는 것은 힘이다 보다는 모르는 것이 약이라는 동전의 뒷면에 무게중심을 두고 진실을 알리는 것은 세련된 지혜를 동원하여 결정해야 한다는 것이다. 나쁜 것을 좋은 것으로 바꾸는 기지를 발휘할 줄 모르는 사람은 지혜가 부족한 사람이기 때문이다.

인용원문

How blest am I
In my just censure, in my true opinion!
Alack, for lesser knowledge! How accurs'd
In being so blest!
There may be in the cup
A spider steep'd, and one may drink, depart,
And yet partake no venom, for his knowledge
Is not infected; but if one present
The abhorr'd ingredient to his eye, make known
How he hath drunk, he cracks his gorge, his sides,
With violent hefts. I have drunk, and seen the spider.

[*The Winter's Tale*, II. i. 37-45]

censure judgement: 판단

heft retching: 구역질

16
기도하는 마음

아, 나의 죄는 추하여 그 악취가 하늘을 찌르는 구나. 인류 최초의 저주, 형제를 죽인 죄 — 기도조차 드릴 수 없구나. 기도하고 싶은 생각은 의지만큼 간절하지만, 죄가 더 강성하여 기도의지를 꺾는구나. (…) 형의 피로 두껍게 굳어버린 이 저주받을 손을 눈처럼 희게 씻어줄 단비는 하늘에 없을까? 죄지은 인간의 얼굴에 내리지 않는 자비는 무엇에 소용인가? 죄에 빠지기 전에 미리 막아주거나 죄지은 뒤 용서해주는 두 가지 효과가 없다면 기도는 무슨 소용인가?

(…) 나의 죄과는 이미 지나간 것. 하지만, 아, 어떤 형식의 기도가 내 죄에 알맞을까? '내 사악한 살인죄를 용서해 줍소서!'

『햄릿』 3막 3장 37-52행

우리나라 인구는 4800만쯤인데 통계상으로 종교를 믿는 사람은 5000만이 넘는다고 한다. 각 종교단체가 신자수를 부풀린 결과겠지만 단순히 그렇지만은 않을 것이다. 이 통계대로라면 사람마다 종교를 가지고 있고 어떤 사람은 종교가 하나 이상이라는 말이 된다. 예로부터 우리는 종교적 성향이 짙은 민족이다. 이렇게 종교를 가진 사람이 많다는 것은 삶이 고단해서일까 아니면 보다 높은 무엇을 지향하는 고답적인 성향이 있기 때문일까. 현세의 삶보다는 내세를 더 생각하는 까닭일까. 종교마다 신의 탄생일이 되면 온 나라 안이 축제분위기가 된다. 기독교의 부활절 행사나 불교의 호국행사 등에서 국태민안을 비는 기도행사가 많은 신자들과 종교지도자들에 의하여 행해지는 모습을 자주 본다. 그런데 나라와 국민의 행복을 기도하는 이런 종교행사가 많이 있고, 종교를 믿는 사람이 이렇게 많아도 나라 안은 언제나 사악한 자들이 들끓고 사회는 늘 어지럽다. 종교를 가진 사람은 해야 할 의무와 모든 도리를 신의 소명으로 받아들이고 그 모든 소명은 도덕적인 범주를 벗어나지 않는데도….

종교를 가진 사람은 초월적 절대자인 신(神)을 우러러 받들고 믿고 의지함으로써 마음의 평안과 행복을 얻고자한다. 종교에서 자기가 믿고 의지하는 절대자인 신에게 바라는 바가 이루어지기를 비는 종교적 행동의 중요한 형식이 '기도'일 것이다. 기도는 아름다운 것, 조화로운 것, 성스러운 것, 자비를 구하여 기도드리고, 기도 그것은 바로 자비의 선업(善業)을 쌓도록 가르쳐주는 것(『베니스의 상인』 1막 3장)으로 축복 받을 인간애의 발로이다.

2009년 2월 23일자 「타임」지 커버스토리는 자신의 처지를 탓하지 않고 감사하는 마음으로 하는 기도가 건강한 삶에 긍정적 영향을 미친다는 연구 사례를 열거하고 있다. 일상에 젖어 살아가는 평범한 보통사람들의 마음은 늘 욕망이나 노여움 등이 가져오는 망념(妄念)과

번뇌에 시달리기 때문에 건전하지 못하다. 누구나 크고 작은 죄업을 짓게 마련이고 죄의식에 시달리게 된다. 그런 죄의식의 괴로움을 벗어나고 싶어서 기도에 의존하는 것이 효험이 있다는 것이다.

우리는 누구에게나 소망이 있다. 그런데 소망은 이루어지기 힘든 때가 많다. 이러한 경우 사람들은 전지전능하신 절대자에게 의지하여 마음의 괴로움에서 벗어나고자 하면서 소망을 이루고자 하는 기도를 드리게 된다. 그도 저도 아닐지라도 세상과 불우한 이웃을 위하여 기도하기도 한다. 기쁘면 기쁨의 기도를 드린다. 바라던 일이 이루지면 감사의 기도를 드리기도 한다. 어떤 때 기도를 드리는지 꼭 집어서 말할 수는 없지만, 종교를 가진 사람은 누구나 그 종교 나름의 형식에 따른 기도를 드리고 기도드리는 것에서 언제나 마음의 안정과 위안을 얻을 수 있기 때문에 마음이 평안해진다.

위의 인용부분은 『햄릿』에서 형님인 선왕을 독살한 클로디어스 왕이 햄릿의 연출에 의한 선왕독살장면의 연극을 관람중 양심의 가책과 죄의식 때문에 괴로워한다. 마음의 평안을 찾기 위하여 기도하지만 죄가 하늘에 닿아 있고 카인이 아벨을 죽인 인류 최초의 (형제)살인에까지 연결되는, 기도조차 용납되지 않는 사악한 죄라는 것을 느낀다. 하느님에게 기도드리는 사람에게는 죄를 짓지 않도록 미리 막아주거나 죄를 지었으면 죄를 씻어주는 자비와 용서가 내려져야지 그렇지 않다면 기도가 무슨 소용이냐고 불평한다.

죄지은 자는 기도에 의지하지만 기도는 과연 어떤 효과가 있는가 하고 회의하면서 괴로워할 때가 많다. 하지만 죄를 지은 자는 죄의식의 괴로움에서 벗어나려는 노력에서 기도에 의지한다. 기도하는 노력의 대가로 마음의 평안이라는 반대급부를 얻으려는 것이다. 인간세상에서는 지은 죄는 황금으로 가리거나 법을 매수하는 부정한 방법으로 사람들을 속일 수 있지만 하늘에는 숨길 수가 없다. 오직 천사에게 매달리면서 기도를 계속할 수밖에 다른 방법이 없다. 그러나 말로만 참회하고 좋은 말로 기도한다고 죄가 가벼워지거나 천당이나 극락 가는 것이 아니다. 클로디어스 왕은 "말은 하늘로 날아가지만 마음은 땅에 남는구나. 마음이 따르지 않는 말은 천국에 갈 수 없는 것[3장 97행]"이라는 것을 알기 때문에 마음의 평안을 얻지 못하고 실망스럽게 기도를 중단한다.

이때 어머니의 부름을 받고 가다가 기도하고 있는 왕을 본 햄릿은 지금이 왕을 베어 원수를 갚을 수 있는 절호의 기회라고 죽이려 하지만 기도중이기 때문에 죽이지 않고 뒤로 미룬다. 기도를 하면 죄지은 영혼은 말끔히 씻기기 때문에 천당으로 보내주는, 원수 갚기가 아니라 오히려 자비를 베푸는 것이 된다면서 칼을 거둔다. 술 취해서 곤드라져 있을 때나, 분노로 떨고 있을 때나, 음란한 잠자리에서 욕정을 탐할 때나, 노름, 악담, 그 밖의 구원의 여지가 없는 악행에 빠져 있을 그런 때 처치하여 그 영혼이 지옥에 떨어져 저주받게 하겠다는 것이다. 기도는 아름다운 것, 조화로운 것, 성스러운 것이기 때문에 진심어린 기도라면 기도 중에 죽으면 천당으로 갈 것이다. 그러나 클로디어스처럼 대가를 바라고 하는 기도는 아무런 의미가 없다는 것을 햄릿은 알고 있다.

기도는 어떤 목적을 의식한 수단이 되어서는 안 된다. 기도 그 자체가 목적이 되어야 한다. 요행이나 기적이 행해지기를 바라고 하는 기도가 아니라 마음을 다하여 정성을 쏟는 것이 진실 된 기도이다. 죄지은 자는 그러한 진실 된 기도로 참회하면 죄과는 하늘로부터 용서되고 마음에 평안을 얻지만, 요행이나 기적을 바라는 "너의 그 기도는 필경 네 고통을 연장할 뿐"[96행]으로 처음의 고통으로 되돌아가고 만다.

하느님이나 부처님의 전당인 교회나 절에 다니는 사람은 죄 사함을 기도하여 마음의 평안을 도모하거나, 소망 또는 복을 비는 일종의 기복(祈福)적 기도를 하면서 다니는 두 가지 경우가 대부분이라고 한다.

복을 비는 전제로 먼저 죄를 고백하고 그 사함의 기도를 드리는 경우가 많다. 기복적 신앙형태는 일반적으로 여성에게서 더 많이 볼 수 있다. 여성이 더 종교적인 성향을 지닌 까닭일까? 아마도 예로부터 우리 어머니나 할머니들은 정성을 다하여 꼭두새벽에 아무도 손대지 않은 정화수 떠놓고 천지신명께 자식들의 복 빌고 치성 드리는 일을 일과 중의 하나로 해 오셨던 것에서 나온 것은 아닌지. 그럴 때의 그녀들의 모습은 경건하기 이를 데 없다. 입시철이 되면 교회나 절에서는 입시 기도를 따로 치를 수 있게 배려한다. 이들이 바치는 기도의 정성도 정성이려니와 기도의 효과를 조금이라도 높이려는 마음에서 하느님이나 부처님 제단에 헌금이나 불전 또한 경건한 마음으로 바친다.

그러나 오늘 날 교회나 사찰이 배금사상에 물들어 세속화되었다는 비판이 많다. 그리고 종교는 힘이 커질수록 타락하기 쉽다 하였다. 타락하면 그 힘은 더욱 바람직하지 못한 방향으로 행사된다. 일부 교회는 엄청나게 크고 화려하다. 일부 사찰 또한 너무 호화롭다. 돈 많이 바치는 것에 비례하여 복을 받는다고 생각하는 것 같다. 이는 모두 이러한 기복신앙의 결과가 아닌지. 금전만능과 결탁하여 자연스러운 신도들의 소망을 속물적으로 이용하는 종교는 오히려 무신교보다 훨씬 해악스럽다. 기도는 어떤 목적을 의식한 수단이 되어서는 안 된다. 강한 세속적 욕망의 지배를 받으면 절대로 진실 된 기도를 드릴 수 없기 때문이다.

나라를 위한 기도, 불우한 사람을 위한 기도는 더욱 아름답고, 조화롭고, 성스러운 것이기 때문에 진심어린 기도라 할 수 있다. "저주가 숨 쉬는 것과 같아서 밖으로 뱉어낸 사람의 입으로 도로 빨려 들어갈"(『헨리 6세 제2부』 3막 2장) 진대, 정성으로 가득 찬 기도는 더욱 그러할 것이다. 그런 기도의 말은 우주를 한 바퀴 돌면서 더 부풀려진 은혜를 싣고 반사되는 햇빛과도 같이 되튀어 그 모든 힘이 기도자와 피기도자에게 돌아오지 않을까.

인용원문

O, my offence is rank, it smells to heaven;
It hath the primal eldest curse upon it--
A brother's murder!
Pray can I not,
Though inclination be as sharp as will
My stronger guilt defeats my strong intent,
(...)
What if this cursed hand
Were thicker than itself with brother's blood,
Is there not rain enough in the sweet heavens
To wash it white as snow? Whereto serves mercy
But to confront the visage of offence?
And what's in prayer but this twofold force,
To be forestalled ere we come to fall,
Or pardon'd being down? (...)
My fault is past. But, O, what form of prayer
Can serve my turn? 'Forgive me my foul murder'!

[*Hamlet*, III. iii. 37-52]

[주]

rank of offensively strong smell: 더러운 냄새가 나는

primal eldest curse 카인이 동생 아벨을 죽여서 받은 저주

17
「운수 좋은 날」

악마의 앞잡이들은 우리 인간에게 가하는 위해를 속이려고 진실을 말하는 때가 종종 있다. 특히 치명적인 결과를 초래할 때는 우리 인간을 꼬드겨서 속이기 위하여 사소한 것은 바른 말을 해서 우리를 오도한다.

『맥베스』 1막 3장 123-126행

우리는 일상에서 합리적인 생각으로 생활하려는 것이 대부분이지만, 때때로 비합리적인 징조나 행운에는 무력한 모습을 드러내는 것 또한 인간의 모습이다. 연약한 인간이기에 요행을 바라는 마음은 어쩔 수 없을 것이다. 그러나 운명의 여신은 인간에게 대가없는 행운을 내리지 않는다. 때로는 행운을 바라는 인간에게 행운은커녕 그런 인간을 골탕 먹이는 것이 운명의 장난이다.

경제적 어려움이 계속되자 오히려 로또복권에 운명을 거는 사람이 대폭 늘어났다고 한다. 로또복권에 당첨될 확률이 얼마나 희박한지를 모르는 사람은 없지만, 대박의 행운을 바라고 계속 복권을 사고 계속 실망한다. 벼락 맞기보다 어렵다는 로또대박에 요행히 당첨된 사람들의 무용담은 비극으로 결말난 이야기들이 대부분이다. 내 친한 친구의 사촌형은 어느 날밤 대통령이 소금부대를 지고 들어와 거실바닥에 쏟아 붓는 바람에 소금무더기에 파묻혀 허우적거리다가 깨어보니 꿈이었단다. 그는 행운의 징조라 여기고 늘 하던 대로 로또를 샀더니 과연 대박을 맞았다. 그는 그런대로 운영되던 페인트가게를 당장 정리한다. 그 후 그 사람은 그 엄청난 돈으로 이러저러하게 호사스런 생활을 누리면서 잘 살더라는 소문이 들려야 상식에 맞는 결말일 것이다. 그러나 그런 예상과는 달리 그는 엄청난 대박 때문에 오히려 엄청나게 불행해지고 말았다.

돈이 많아진 그는 이미 옛날의 그가 아니었다. 거드름을 피우며 자못 오만해져 있었다. 주어도주어도 끝없이 내미는 친척들의 손을 거만하게 뿌리치는 바람에 그들과 원수지간이 되었고, 강도가 들어 많은 돈을 주고서야 죽을 고비를 넘기기도 했으며, 바람난 아내와는 많은 위자료를 지불하고 이혼하였고, 자식들도 큰돈을 우려 제 갈 길로 가버렸는가 하면 페인트가게 운영 외에는 사업 한번 해본 적이 없는 사람이 번듯한 사업을 해본답시고 리조트사업에 올인 하였다가 몽땅 사기를 당하여 알거지가 되고 말았다. 돈 있을 때 그의 주변을 맴돌던 친구들은 물론이고 친척들도 누구 하나 그를 돌아보는 사람 없이 달랑 혼자 몸이 되어 종적을 감추었단다.

로또복권에 당첨되지 않았더라면 단란한 가정을 꾸려가면서 평범하고 평탄한 일생을 보냈을 텐데, 복권당첨의 행운이 그를 비참한 상황으로 몰아넣고 불행에 빠뜨린 것이다. 이렇게 되면 행운의 복권당첨은 행운과 행복의 티켓이기는커녕 엄청난 불행을 가져다준 빌미가 되어버린다. 인간의 운명을 손아귀에 쥔 운명의 여신은 결코 양손에 떡을 쥐어주는 법이 없다. 대가 없는 공짜 점심을 제공해주지 않는다. 오히려 연약한 인간이기에 갖게 되는 공짜심리를 부추겨 로또복권대박이라는 탐나는 행운을 미끼로 뒤에 올 엄청난 불행을 눈가림하는 장난을 하고 있는 것이다.

현진건의 단편 「운수 좋은 날」의 가난한 인력거꾼 김 첨지에게 어느 비오는 날은 엄청 운수 좋은 날이었다. 아내는 약은커녕 조밥도 못 얻어먹고 자리보전하고 있는 형편이다. 이날은 이상하게도 승객이 줄을 잇는다. 번갈아 이어지는 손님들을 태운 김 첨지의 다리는 가뿐하고 인력거바퀴도 잘 굴러가서 나는 듯하였다. 운수 좋게 손에 쥐어진 3원의 돈은 그에게는 엄청 큰돈이어서 졸부나 된 듯 기뻤다. 오늘은 운수가 괴상하게도 좋으니 행운이 자기를 돕고 있다는 믿음을 갖게 된다. 큰 벌이를 하였다는 기쁨을 오래 지니고 싶어서 일을 마치고나서 동네 주막에서 거드름을 피우며 친구와 막걸리를 곁들여 주린 배를 채우고 거나해진 김 첨지는 호기를 부렸다. “오늘은 참 운수가 좋았느니” 하면서 먹고 싶어 소원하던 병든 아내에게 줄 설렁탕을 사가지고 집에 다다랐다. 그러나 아내는 이미 숨을 거둔 것을 발견한다. “설렁탕을 사왔는데 왜 먹지를 못하니, 왜 먹지를 못하니. 괴상하게도 오늘은 운수가 좋더니만….”하고 울부짖는다. 운명의 여신은 인력거 타는 손님들이 연이어, 좋은 벌이라는 작은 행운을 미끼로 아내의 죽음이라는 큰 불행을 눈가림하는 장난을 한 것이다. "운명의 여신은 가난뱅이에게는 식욕을 일으켜주면서 음식을 주지 않거나, 부자는 잔칫상처럼 먹을 것이 많은데 식욕을 빼앗아가 그것을 즐기지 못하게 한다."(『헨리 4세 제 2부』 4막 4장)

비극 『맥베스』에서 주인공 맥베스는 반란군을 진압하고 돌아오는 도중, 마녀들에게서 코더의 영주가 되고 멀지 않아 국왕이 되리라는 예언을 듣는다. 마녀들의 예언이 끝나자마자 왕의 사자가 와서 코더의 영주가 되었음을 알린다. 이를 본 맥베스는 자신이 곧 왕이 될 운명이라 여긴다. 운명에게서 버림받아 가장 비천한 곳에 처한 자도 희망을 가지고 불안에 떨지 않는데, 하물며 운명이 자기편임에랴. 오만해진 맥베스는 왕이 될 야망을 품고 덩컨 왕을 시해, 왕위를 찬탈한다. 그러나 그는 권력유지를 위해 죄 없는 사람을 죽이는 폭군으로 전락한다. 죄의식에 사로잡혀 고뇌하다가 영국으로 망명 갔다, 영국군의 도움을 얻어 쳐들어온 맥더프의 칼을 맞고 죽는다. 왕위는 다시 정통 왕위 계승자 맬컴 왕자에게 이어지고 나라의 질서는 제자리를 찾는다.

위에 인용한 대사는 맥베스가 코더의 영주가 되리라는 마녀들의 예언이 곧바로 이루어지는 것을 지켜본 그의 동료 장군 뱅코우가 하는 말이다. 뱅코우는 맥베스가 왕관을 탐하다가 마침내 큰 불행에 빠지리라는 것을 예감한다. 악한 운명의 앞잡이인 마녀들은 맥베스의 그런 야망이 야기할 엄청난 불행을 눈치 채지 못하게 하기 위하여 코더의 영주라는 작은 행운을 미끼로 예언해줌으로써 맥베스가 자신들의 예언을 믿게 하는 술책이라는 것을 뱅코우는 안다. 운명의 여신이 가진 최고의 계교는 자신의 정체를 감추는 것이다. 인간은 정체를 숨기고 자기를 불행에 빠뜨리려고 호시탐탐 노리는 운명의 여신이 내미는 조그마한 행운에 눈이 멀어, 도덕적 계율을 망각하고 그 미끼에 쉽게 유혹당하고 큰 불행의 구렁텅이에 빠진다.

중국 한나라 사람 양웅(揚雄)은 "길할 사람은 길한 것도 흉한 것이 될 수 있다고 여기고, 흉할 사람은 흉한 것도 길할 것으로 착각한다(吉人凶其吉, 兇人吉其凶)"라 하였다. 전쟁에서 승리하고 바로 작위를 부여받고 오만해진 맥베스는 긴장이 늦추어져서, 길한 것도 흉한 것이 될 수 있다는 사실, 즉 모든 것은 역으로 해석되어질 수 있다는 사실을 깨닫지 못하였다. 사람은 세상에 태어나면서부터 긴장에 구속된다. 조금이라도 조심하지 않으면 곧장 화가 닥친다.

살아가는 동안 전혀 가능성이 없어 보이는 어려운 일이 아무런 이유 없이 우연히 잘 풀리는 행운이 있을 때도 있을 것이다. 행운을 얻은 사람은 오만해지고 오만은 긴장을 늦추게 한다. 운명의 여신은 이런 이완된 틈을 파고들어, 우리가 의도하는 바와 상반되게 달린다. 우리의 계획은 언제나 뒤집어지고, 끝은 우리의 의도대로 되지 않는다. 셰익스피어는 운명의 여신은 연약한 인간들의 마음속 한 구석에 잠복하고 있다가 행운 때문에 오만해진 인간이 이런 틈을 보이면 유혹하여 스스로 그 희생자가 된다는 것을 암시한다.

어떤 사람이 과도한 성공과 행운을 얻게 되면 '오만(그리스어로 휴브리스: hubris라 한다)'에 빠지게 되고, 오만 때문에 행운은 오히려 무서운 응보를 불러온다. 설령 어떤 행운이 아무 탈 없이 이루어진다 해도, 늘 긴장을 늦추지 말고 두려운 마음으로 조신한 처신을 잃지 않는 것이 그 행운에 합당한 대가를 치르는 것이 된다. "공짜 치즈는 쥐덫에만 놓여있다"는 러시아 속담에서 알 수 있듯이, 세상에는 아무런 인과관계 없이 주어지는 요행수는 없다. 성취에는 반드시 그에 상응하는 대가가 따르기 마련이다. 길흉이 따로 없다, 방심하면 모든 것이 끝장나는 법이다.

인용원문

Oftentimes, to win us our harm,
The instruments of darkness tell us truths,
Win us with honest trifles, to betray us
In deepest consequence.

[*Macbeth*: I. iii. 123-126]

[주]

win deceive: 속이다

instrument agent: 앞잡이

betray mislead: 오도하다

18
음악과 신뢰

그러한 화음은 불멸의 인간 영혼 속에도 있어요. 그러나 진흙 같이 더러운 육신의 옷이 천하게 그 영혼을 둘러싸고 있는 동안, 우리는 그 소리를 들을 수가 없는 것이에요.

(…)

혈기왕성한 사나운 송아지 떼나, 길들이지 않은 망아지들은 어쩌다 나팔소리나 무슨 음악소리라도 그들의 귓전을 스치면 모두 멈춰서고 사나운 눈길은 부드러운 눈빛으로 변하는 것을 보게 될 것이요.

(…)

(…)오르페우스가 나무, 돌, 시냇물조차 끌어들였다지요. 이 세상엔 음악소리를 듣고서도 잠깐 동안이나마 그 천성을 바꾸지 않을 만큼 냉혹하고 무정하며 사나운 사람은 없으니까요. 스스로에게 음악이 없는 자나 아름다운 소리의 조화를 듣고서도 감동되지 않는 자는 배신, 음모, 약탈에 들어맞는 자에요. 그런 자의 정신의 움직임은 밤처럼 음산하고 그의 감정은 저승의 암흑세계처럼 캄캄하지요. 그런 자는 믿을 수 없어요. 자, 음악을 들어보오.

『베니스의 상인』 5막 1장 63-65/71-88행

친구 P군의 부인 K씨는 주부노래교실에 다니고부터 사람이 많이 달라졌다는 것이 친구부인들의 중평이다. 그 전에는 K씨의 얼굴에는 늘 어둡고 우울한 기색이 드리워져 있었다. 남편 P군이 담배는 골초요, 술을 자주 마시는 데다 늘 귀가시간이 늦고 집안일에는 별무관심, 가끔씩 정체불명의 낯선 여인들로부터 집에까지 전화가 걸려오고 밖으로만 떠도니 자연 남편과의 사이가 돈독할 수가 없었다. K부인의 심기는 불편하고 스트레스는 쌓여갔다. 그녀의 친구들이 보기에도 가랑비에 옷 젖 듯 스트레스가 점점 쌓여 우울증에 가까운 증세를 보이는 것 같았다. 한 친구가 그녀의 이런 모습을 보고 주부노래교실에 가보자고 권하였다. 노래교실에서 노래로 소리를 신나게 지르고 나면 속이 시원해진다면서 강권하다시피 하여 노래교실에 등록을 시켰다.

그녀는 음에 대한 감각이 둔하여 가락이나 음의 높낮이 등을 분별하지 못하고 박자도 맞추지 못하는 음치(音癡)에 가까웠다. 그러다 노래를 배우는 동안 노래하는 곡조와 아름다운 선율이 흐르는 분위기에 휩쓸리곤 하니 그녀의 친구 말처럼 마음이 후련해지고 기분이 맑아지던 것이었다. 음치를 면하려고 노래연습장에 가서 열심히 노래 불렀단다. 상당한 기간 동안 그렇게 노래에 시간을 들이다 보니 어느새 음치를 면한 정도가 아니라 노래를 썩 잘 불러 주위에서 주부노래자랑에 나가보라는 권유까지 받았다. 얼굴에는 어둡고 우울해보이던 기색은 가셔지고 이제는 매우 밝고 명랑한 여인으로 표변하였다.

미국에 잔혹한 노예제도가 존속하던 때 노예주들의 자살률이 노예들의 자살률보다 오히려 훨씬 높았단다. 노예들과는 달리 백인 노예주들에게는 우울에 대처할 방법이 없었기 때문이라고 한다. 노예들은 4분의 4박자로 된 애조 띤 블루스 곡조를 연주하고 노래함으로써 자살을 부르는 우울증을 물리칠 수 있었다는 것이다.(커트 보네거트, 『나라 없는 사람』) 음악의 힘은 그렇게 대단한 것이라는 말은 새삼 거론할 필요도 없이 수없이 언급되어 왔다.

그리스신화에 이러한 음악의 위대성에 대한 전설이 없을 리 없다. 신화속의 오르페우스는 전설적인 음악가이다. 그가 가지고 다니는 리라를 켜면서 노래를 부르면 사나운 짐승들은 그 거친 성질을 눅이고 가까이 와서 귀를 기울였고, 새떼가 머리 위에 모여들고, 물고기가 물밖으로 나와 하늘로 치솟았으며, 나무는 음악소리 나는 쪽으로 가지를 휘고 바위까지도 말랑말랑해진다 하였다. 어느 날 그의 아내 에우리디케가 독사에 물려 죽었다. 그는 저승에서 아내를 찾아오기 위하여 리라의 반주에 맞추어 슬픈 노래를 부르며 나아가니 그 험한 저승길도 열리는 것이었다. 명계의 왕 하데스도 그의 슬픈 노래에 감동한 나머지 에우리디케를 되돌려 주었다. 다만 이승으로 돌아가는 도중에 무슨 일이 있어도 뒤돌아보자 말라는 다짐을 하였다.

에우리디케를 뒤따르게 하고 이승으로 돌아오는 도중 그는 무서운 불안감에 휩싸이고 하데스가 자기를 속이지나 않을까 하고 하데스에 대한 신뢰를 져버리고 마침내 뒤를 돌아보고 말았다. 그 순간 에우리디케는 악 소리를 지르며 다시 저승으로 되돌아가고 말았다. 이 신화는 이렇게 대단한 음악의 힘도 음악을 들려주는 사람과 그 음악을 듣는 사람사이에 신뢰하는 마음이 없이 의혹과 불안의 요소가 있으면 음악의 아름다움은 단절 된다는 것을 보여주고 있다.

음악의 대단한 힘은 어디서 나오는 것인가? 그것은 조화에서 나온다고 한다. K부인이 노래를 듣고 부르고 하는 동안 어둡고 우울한 부분은 씻어지고 밝고 명랑한 모습으로 변한 것은 음악에 내재하는 조화의 작용 때문이다. 셰익스피어의 작품에도 음악에 대한 이러한 내용이 『베니스의 상인』에서 묘사되고 있다. 위에서 인용한 대사에서 의혹이나 불안과 같은 것이 끼어 깨끗하지 못한 마음에는 음악의 조화의 힘이 깃들지 못한다는 것을 말하고 있다.

고리대금업자 유태인 샤일록의 외동딸 제시카는 아버지의 집에서 도망 나와 사랑하는 로렌조와 함께 포오셔의 집에 머문다. 포오셔가 돌아오는 날 밤, 교교히 흐르는 달빛 속에서 단둘이 앉아 사랑을 속삭이면서 두 사람의 사랑을 확인하는 매우 낭만적인 장면을 연출한다. 둘이서 아름다운 밤하늘의 달과 별빛 아래서 포오셔를 환영하기 위한 음악을 악사들에게 연주하게 한다. 악사들이 연주하는 음악 소리는 천사들의 아름다운 노래 소리처럼 들리는 것 같다면서 음악에 대하여 로렌조가 하는 말이다.

베토벤은 음악은 지혜나 철학으로는 알 수 없는 어떤 신비로운 조화를 불러일으키는 힘이 있다고 하였다. 음악이 우리 마음에 아름다움과 감동을 주는 것은 음악에 내재하는 조화를 이루기 위하여 부조화를 몰아내고 가락이나 선율 등 악음(樂音)의 소리가 마음과 화합을 이루어내기 때문이라고 한다. 인간이 하는 모든 일에는 조화를 이룰 때 천국의 경지에 가까워진다. 조화는 완전성의 토대에서 나오고 완전성은 우리 인간이 가장 이상으로 여기는 경지이다. 음악은 사람의 마음을 고양시켜 기쁘고 편안하게 해주며, 그런 마음은 더욱 덕을 쌓게 한다. 음악은 본질적으로 사람을 선하고 아름다운 마음과 조화로운 마음을 가지게 하는 힘이 있다. 그래서 음악은 사회적 유대감을 강화하는 작용—신경과학에서는 이를 '이중해리(二重解離: double dissociation)'라 부른다—을 하고 거기에서 신뢰가 형성된다고 한다.

인간에게는 상상의 세계를 볼 수 있는 마음의 눈(mind's eyes)이 있다. 아름다운 고전음악은 마음의 눈을 넓혀서 상상력을 키운다고 한다. 상상력은 창의력을 배태한다. 창의력은 능력의 다양성을 기른다.

음악의 힘과 의미를 아는 사람은 어려운 상황에 빠져 있어도 심리적인 안정과 위안을 얻을 수 있다. 음악의 종장은 진미의 끝 맛과 같이 늘 아름답고 오래 기억에 남기 때문이다. 세계대전을 일으키고 수많은 유태인을 학살한 잔인하기 그지없는 히틀러가 바그너를 존경하고 고전음악을 좋아했다는 극히 이례적인 예외가 있지만, 세상이 아무리 비정하고 부패와 탐욕이 판을 쳐도 음악은 사람들의 상처받은 마음에 위로와 감동으로 남을 것이다.

인용원문

Such harmony is in immortal souls,
But whilst this muddy vesture of decay
Doth grossly close it in, we cannot hear it.
(…)
For do but note a wild and wanton herd
Or race of youthful and unhandled colts
(…)
If they but hear perchance a trumpet sound,
Or any air of music touch their ears,
You shall perceive them make mutual stand,
Their savage eyes turn'd to a modest gaze,
By the sweet power of music: (…)
(…)Orpheus drew trees, stones, and floods,
Since naught so stockish, hard, and full of rage,
The man that hath no music in himself,
Nor is not mov'd with concord of sweet sounds,
Is fit for treasons, stratagems, and spoil;
The motions of his spirit are dull as night,
And his affections dark as Erebus.
Let no such man be trusted: —mark the music.

[*The Merchant of Venice*, V. i. 63-65/ 71-88]

[주]

vesture applied to the human body: 인간의 육신에 비유됨

stockish unfeeling: 무정한

stratagem deed of great violence, trick: 함정에 빠뜨리는 계략, 책략

spoil plundering: 약탈

Erebus place of darkness, hell: 암흑계

19
늙어 죽는다는 것

사람을 사로잡아 더러워지고도 의기양양해 하는 죽음이여, 내 아들 탤버트의 용기를 보니 그대 죽음을 조소할 수 있겠구나. (…)
이승에서 우리를 조롱하고 비웃는 고약한 죽음이여, 우리를 모욕하는 그대의 무자비한 횡포에서 벗어나 영원과 결합하여 그대를 무시하고 노글노글한 하늘로 훨훨 날아 필멸을 벗어나겠노라.

『헨리 6세 제1부』 4막 7장 18-22행

프랑스 루이 14세 때 어느 유명한 광대가 궁중 공연 중 실수로 왕의 노여움을 사 사형을 당할 처지에 놓였다. 왕은 지금까지의 그의 공로를 생각하여 자비를 베풀겠다면서 편안하게 죽는 방법을 택하면 그대로 죽게 해주겠다고 생색을 낸다. 그러자 광대는 칼로 목을 자르면 너무 아플 것 같고 목을 매달면 너무 답답할 것 같으니 늙어 죽게 해달라 하였다. 폭군인 왕도 기왕에 한 약속을 어쩔 수 없어 집에 가서 늙어 죽으라는 은총을 내렸고 그 광대는 당장의 죽음을 면하여 늙어 죽었다는 이야기가 있다.

우리는 일생을 살다가 죽을 때는 각각 여러 가지 다른 모습의 죽음을 맞게 된다. 그중에서 대부분의 사람들이 부러워하는 복 받은 죽음은 천수를 누리고 자식들이 지켜보는 가운데 와석종신(臥席終身)하는 자연사일 것이다. 나이가 듦에 따라 신체가 점점 쇠약해지고 생리적 기능이 더 이상 삶을 유지할 수 없을 정도로 퇴행하여 생명이 저절로 사그라지는 모습, 마치 연탄불이 다 타서 불꽃이 점점 사위어지고 오롯이 연탄재의 형해(形骸)만 남는 것과 같은, 그야말로 생명의 불꽃이 조용히 잦아드는 모습, 그것이 늙어 죽는 것일 게다.

사십대 중반이 되면 어느 날 글을 읽다가 갑자기 글의 행간이 흐트러지면서 눈이 침침해지고 글자가 흐릿해 보이는 때가 있다. 안과에 가 보면 '노안(老眼)', 늙은이의 눈이라는 진단이 내린다. 안과의사가 돋보기를 맞추어 쓰라는 처방을 내리면 충격이 크다. 노안은 노년에 접어들기 시작하는 첫 단계의 징조여서 바로 코앞에 다가온 노년에 누구나 심적 충격을 피할 수 없다고 한다.

사람은 태어날 때 많은 재능의 인자들을 지니고 태어나 자라면서 재능의 인자들이 개발되면서 여러 가지 능력과 기능을 갖추게 된다. 그러다가 노년기에 이르면 육체적 정신적 기능은 하나씩 상실되어 간다. 그 기능이 다 빠져나가는 날 생명의 불꽃은 꺼질 것이다. 신체의 기능이 점차적으로 상실되어 가다가 종내는 그 기능이 완전히 사라진다는 것은 뒤집어 생각해보면 그 속에 나름대로의 자연의 한 가지 베풂이 함축되어 있는 것은 아닐까. 신체의 모든 기능을 단번에 끊는 것은 갑자기 죽는다는 것을 의미한다. 사람들은 그것을 '횡사(橫死)'라고 한다. 세상과의 인연을 이렇게 단번에 갑자기 끊는 것은 인간에게 너무나 가혹한 비극적 현상이라 아니 할 수 없다.

노년에 접어들어 세월이 갈수록 무엇이 쌓이는 것이 아니라 반대로 차츰 하나씩 잃어가는 것, 눈이 어두워지고 귀가 멀어지고 손에 쥔 물건을 잘 떨어뜨리고 젊은이들이 가까이 하지 않으려 하고… 이렇게 세상인연과 차츰 멀어져가는 단계적 이별의 연습을 하다가 종당에는 생명의 골수가 다 빠져나가는 죽음에 이르게 되는 것. 그때는 이미 죽음에 순치(馴致)되어 충격이 줄어들어 조용히 눈 감을 수 있으리라.

우리는 태어날 때는 두 주먹을 꽉 쥐고 태어나지만 죽을 때는 두 손 활짝 펴고 죽는다. 꽉 쥔 주먹은 움켜쥐는 욕망을, 주먹을 펴는 것은 욕망의 놓음을 뜻하는 것이다. 꽉 쥐었던 주먹은 나이 들수록 점점 펴지고 손을 놓아가는 지혜를 익혀간다. 사람의 일생은 다른 말로하면 태어날 때 꽉 쥔 주먹을 펴가는 과정, 즉 욕심과 탐욕과 집착을 하나씩 버리고 종내는 빈 손, 빈 마음이 되어 세상과 이별하는 과정이라 할 수 있다.

우리가 물건을 소유하게 되면 그 물건의 주인이 아니라 오히려 물건의 객체가 되어 물건에 소유당하기 쉽다. 소유물에 소유 당한다는 말은 소유물에 집착하기 때문에 마음과 행동이 구속받고 자유가 제한된다는 말이다. 사물을 소유할지언정 사물에 소유당해서야 인간본성의 우수성과 품위가 유지되겠는가. 버려야 할 때 움켜쥐려는 집착과 탐욕은 순리를 어기는 것이고, 순리를 어기면 자연의 질서에 거스르는 것이 되어 무리가 생기고 비극적인 결과가 나타난다.

우리는 삶에 부대낄 때 자기의 인생에 대하여 진지하고 철저하게 생각하는 철학자가 된다. "죽음이 생명의 족쇄를 부드럽게 풀어줄 것인데, 헛된 희망이 고뇌와 죽음의 공포를 최후의 순간까지 지연시킬 뿐"(『리처드 2세』 2막 2장)이라는 삶과 죽음—노년이 되면 젊은 시절 두려워하던 죽음—을 어느 정도 초연하게 대할 수 있는 지혜를 터득한다. 삶이라는 것, 세상과 자연, 천지우주의 이치를 조금이나마 깨닫게 된다.

셰익스피어의 작품에서는 죽음은 잠드는 것 정도로(햄릿의 독백 등) 죽음을 달관하는 것을 많이 볼 수 있다. 위의 인용문은 셰익스피어의 『헨리 6세 제1부』 4막 7장에 나오는 대사이다. 셰익스피어의 영국사극의 주제는 랭커스터 가(家)와 요크 가(家) 사이의 왕위 쟁탈전인 '장미전쟁(1455-85)'이라고 볼 수 있다. 리처드 2세의 왕위를 찬탈한 헨리 4세의 아들 헨리 5세는 백년전쟁의 계속 중 프랑스에 진격하여 복속시키는 영명한 군왕이었다. 그가 죽고 어린 아들이 등극, 헨리 6세가 되지만 백년전쟁은 계속되고 국내에서는 장미전쟁이 일어나 나라는 더욱 혼란에 빠진다. 결국 헨리 6세는 글로스터 공작(훗날 리처드 3세)에 의하여 런던탑에서 살해된다는 것이 『헨리 6세』 1, 2, 3부의 사실적(史實的) 내용이다.

『헨리 6세 제1부』는 헨리 6세는 어린 몸으로 등극하였기 때문에 왕의 권위를 지탱하기에는 너무 유약하고 밖으로 프랑스와의 전쟁, 안으로 장미전쟁의 발단 등으로 나라 사정은 온통 무질서와 혼란의 도가니 속에 처해있는 것을 내용으로 하는 역사극이다. 셰익스피어는 이 극에서 프랑스지역의 영국영토 상실과 그 치욕을 특히 강조한다. 등장인물들 중 돋보이는 인물은 탤버트와 유명한 잔 다르크이다. 탤버트 부자는 둘 다 전사하고 잔 다르크는 마녀로 몰려 화형 당한다.

위의 인용문은 용장 탤버트 경이 후퇴하라는 말을 듣지 않고 용감히 싸우다가 프랑스 군에게 전사한 아들 존의 시체를 놓고 탄식하는 대목이다. 이 대사는 이미 죽음에 대하여 달관하고 있는 용자의 말이다. 그는 인간이 죽음에 정복당하기보다는 오히려 흉포한 죽음을 비웃고 있다. 죽음을 맞게 되면 영원한 대우주의 흐름에 합류하여 육신의 고통과 삶의 어려움을 벗어나 낙원 같은 하늘로 훨훨 날아가는 불멸의 영생을 새롭게 얻을 것이니 죽음이 오히려 축복이 된다고 죽음을 달관한다. 다만 사람들이 죽음을 두려워하는 것은 죽음 그 자체보다 죽음에 대한 공포 때문이며 죽은 뒤의 불안, 그 어느 나그네도 돌아온 적이 없는 미지의 세계에 대한 불안(햄릿의 독백)과 그 공포가 더 고통스럽고 죽을 때까지 계속되기 때문이다. 『줄리어스 시저』에서 시저를 암살한 다음 브루터스가 죽음에 대한 걱정은 언제 죽느냐 라고 하자 캐시어스는 생명을 20년 단축하는 것은 20년간 죽음에 대한 공포를 단축하는 것이라면서 일찍 죽으면 그만큼 빨리 죽음의 공포에서 벗어나는 것이니 죽음은 일종의 은혜라고(3막 1장) 한다.

죽음은 삶과 밀접하게 연관되어 있기 때문에 인생살이에서 늘 중요한 문제로 다가온다. 셰익스피어의 동시대 시인 존 단(John Donne)은 죽음을 다음과 같이 관조하고 있다. "죽음이여, 뽐내지 마라. 사람들은 그대를 강하고 무섭다 하지만 그대는 비운과 불의의 사고와 폭군과 절망자들의 노예일 뿐이니 무서울 것이 없다. 그대와 꼭 닮은 잠에서 많은 안락함이 흘러나오는 것을 보면 그대에게선 더 많은 안락함이 흘러나오리라. 가장 착한 자가 먼저 그대를 따라가지만 그것은 육체의 안식이요 영혼의 구원, 짧은 한잠 지나 우리 영원히 깨면 더 이상 죽음은 없는 것. 그러니 죽음 그대가 죽는 것이다."("죽음이여, 뽐내지 마라"에서) 이 시인이 묘사하는 것처럼 잠이 이렇게 편하고 좋은데 잠의 원형인 죽음은 오죽이나 편안할까. 그야 말로 영원한 안식 아니겠는가. 죽는 그 순간만 지나면 그토록 고통스러웠던 고해(苦海)는 다 지나가고 영원한 안식이 도래하는 것이라고 오히려 '죽음에 죽음'이라며 죽음의 위력을 부인한다.

불의의 사고나 병에 걸리지 않고 죽음에 대한 공포심을 느끼지 않는 자연사를 맞는다면 그것은 천수를 다하고 대자연에 동화하는 것이며 천연심(天然心)으로 돌아가는 적멸(寂滅)이 될 것이다. 이 모두를 자연의 이치려니 생각하고 세상사에 너무 집착하지 않는 지혜를 기른다면 인생살이는 더욱 아름다운 것이 되지 않을까.

자연의 흐름의 법칙에는 에누리 없는 '시간의 낫(Time's Scythe)'에 베이지 않는 것은 아무 것도 없다. 사람이나 사물이나 모두 생(生)하면 멸(滅)하는 것. 죽음에 임하여 치르는 장례의식은 단순히 죽은 이의 부재를 알리는 형식이나 절차만이 아닐 것이다. 엮어온 삶을 마무리하고 알 수 없는 우주의 흐름 속으로 떠나보내는 살아남은 자의 마지막 이별의식이라 생각하면 옷깃이 저절로 여며진다. 죽음에 대한 이러한 관조는 루이 14세 때의 궁중광대가 말하는 "늙어 죽는 것"이 될 것이고, 그것은 아무렇지도 않는, 뿌리로 돌아가는 나뭇잎처럼 그냥 원래의 자기 자리로 돌아가는 것이 될 것이다.

인용원문

Triumphant death, smear'd with captivity,
Young Talbot's valour makes me smile at thee.
(...)
Thou antic Death, which laugh'st us here to scorn,
Anon, from thy insulting tyranny,
Coupled in bonds of perpetuity,
We winged through the lithe sky,
In thy despite shall scape mortality.

[*1King Henry VI,* IV. vii. 3-4; 18-22]

captivity 죽음에 잡힘
antic grotesque: 고약한
lithe flexible, supple: 유연한

20
충고자의 행실

남에게 가파른 가시밭길을 천국 가는 길이라고 하면서, 자기는 분별없는 개망나니처럼 환락의 꽃밭에서 빈둥거리고, 자기가 한 설교에는 아랑곳하지 않는 고약한 목사처럼 이야기하지 말아요.

『햄릿』 1막 3장 47-51행

좋은 일을 실천하는 것이 그것을 아는 것만큼 쉽다면, 작은 예배당은 큰 교회당이 될 것이고, 가난한 사람들의 오두막은 황후의 궁전이 될 것이다. 자신의 설교에 따를 수 있는 사람은 훌륭한 목사이다. 내가 가르친 좋은 일을 따르는 20명 중의 한 사람이 되는 것보다 그 20명을 가르치는 것이 더 쉽다.

(…)

뜨거운 혈기는 냉정한 명령을 뛰어넘어 버린다. 젊음의 광기는 산토끼 같아서, 찢어진 그물 같은 좋은 충고를 빠져나간다.

『베니스의 상인』 1막 2장 11-20행

가끔 같이 등산하는 동창친구 K군은 평소 때 여러 친구들에게서 별로 호감을 받지 못한다. 호감은커녕 가까이 다가가기가 꺼려지는 인격의 소유자라는 것이 친구들의 중평이다. 여러 친구들과 술좌석이라도 이루어지면 될 수 있는 대로 그 친구 옆자리에 가까이 앉으려 하지 않는다. 학교 다닐 때 공부를 잘 했다거나 책을 가까이 하여 독서의 분량이 많다거나 한 것이 아니라는 것을 친구들은 잘 기억한다. 그런 K군은 자기 딴에는 고상하다고 생각하는 좋은 말들을 많이 떠벌리니 속이 훤히 보일 수밖에. 말이 많은데 비하여 귀 기울여 들을 만한 말은 별로 없다는 게 문제다. "그의 말 속에는 이치에 닿는 소리는 왕겨 두 말 속에 섞여있는 밀알 두 알 정도밖엔 없다. 찾는데 하루 종일 걸리고, 찾아봤자 찾는 수고 값도 되지 않는다."(『베니스의 상인』 1막 1장) 그런데도 K군은 남이 들으면 '왕겨'에 지나지 않을 '좋은 말'을 많이 하려고 무척 애를 쓴다.

그가 하는 '좋은 말'은 대개 인터넷이나 잡지 등에서 떠도는 매우 상식적으로 인용되는, 그야말로 신선도 제로에 가까운 '좋은 말'들이다. 그는 그런 좋은 말들을 대단한 어떤 진리인 양 엄숙한 표정을 지어가며 늘어놓는다. 그리고 좋은 말을 단순히 전해주거나 그 '좋은 말' 자체에 대한 가치판단을 내리는 것으로 그치는 것이 아니다. 그 자리에 없는 어떤 친구의 행실에 대하여 언급하면서 그 좋은 말을 적용하여 그 친구의 사람됨에 대한 가치판단을 내리는 것이다. K군을 잘 아는 친구들은 그가 '좋은 말'을 늘어놓을 때면 면박을 주기가 주저하여 힘없는 맞장구를 쳐주거나 헛 칭찬을 해주거나 한다. 그런데 이 친구는 비난하는 말 같지만 끝은 칭찬으로 귀결되는 것도 있고, 겉보기에는 칭찬이지만 그 이면에는 비난이 실려 있는 칭찬도 있다는 것을 전혀 알지 못하다. 친구들은 그저 마주보고 서로 알만한 미소를 지을 뿐이다. 미소 뒤에 조소가 감추어져 있음조차도 눈치 채지 못한다. 동물원의 사자가 조련사보다 힘이 세다는 것은 구경꾼들이 알고 조련사도 알지만 정작 사자 자신이 그 사실을 모른다는 데에 사자의 비극이 있는 것 아닌가.

K군의 사람됨에 비추어볼 때 그런 '좋은 말'을 입에 담을 '깜'이 못 된다는 뜻이다. 그의 평소 때의 행동과 처신은 그가 말하는 '좋은 말'과는 거리가 멀어도 한참 멀기 때문이다. 좋은 말과 좋은 행동은 일치시키는 것이 좋다 하였으니, 그런 좋은 말을 남에게 들려주기보다 자신의 행동지침으로 삼으면 참 좋으련만! 남에게 설교나 충고를 하는 것은 쉽지만 자신을 아는 것은 참으로 어렵다는 말이 K군에게 딱 들어맞는 말이다.

K군은 좋은 말들을 쉽게 주워들을 수 있어서 그런지 쉽게 들려줄 수는 있으나 그에 상응하는 행동은 남에게 보여줄 수 없는 것 같다. 원래 말을 행동으로 옮기는 것은 한참 어려운 법이니까. K군은 '좋은 말'을 많이 알고 있을지는 몰라도 그것들은 실행하지는 않고 의복과 신체외부에 붙이고 다니는 장식품이나 액세서리 같은 것에 불과하다. 그의 품격 있는 처신에는 아무 효과를 발휘할 수 없는 무용지물이다. "행동은 입보다 크게 말한다(Action speaks louder than mouth.)"라는 영국 속담처럼, 좋은 말에는 실제적인 행동이 있어야 그 뜻이 부연되고 살아있기 때문이다. 그가 쉽게 얻어 들은 값싼 말이라 자신이 절실하게 받아들이지 못하는 좋은 말들이 듣는 사람에게 그 말에 담겨 있는 진정성이 느껴질 리 없다.

위의 첫 번째 인용대사는 여동생 오필리어를 왕자인 햄릿이 사랑하게 되면 왕자이기 때문에 어려운 일이 생길 수 있다면서 오필리어의 오빠 레어티즈가 파리로 유학을 떠나면서 햄릿을 경계하고 청춘의 어려운 길을 조심하라고 충고를 하자, 오필리어가 대답하는 말이다. 두 번째 대사는 중용의 삶을 사는 것이 행복하다는 하녀 네리서의 말에

동의하면서 말보다 실천이 어렵다는 포오셔의 말이다. 남에게 덕성을 지키는 고된 생활을 하라는 좋은 충고나 설교는 하기 쉬우나, 그러한 설교를 하는 사람은 그런 좋은 설교나 충고대로 행동하기는 어렵다. 좋은 일을 실천하는 것 또한 말이나 설교보다 어렵다는 것이다. 특히 뜨거운 혈기가 넘치는 젊은이들에게는 이성적인 설교는 찢어진 그물 같은 것에 지나지 않아 지키기 어렵다.

진리나 인간의 도리에 대한 좋은 말을 알고 있는 것과 그에 걸맞게 처신하는 것은 다르다. 어떤 좋은 말이나 충고, 설교, 가르침 등은 말 그 자체에 담겨있는 진정성뿐만 아니라, 그런 말들을 행동으로 옮기려고 처신하는 사람에게서 진정성이 배어있는 권위가 느껴져야 한다. 그런 목사들의 설교는 신도들에게 감명을 줄 수 있다. 그러나 "남(신도들)에게 천국 가는 길은 가파른 가시밭길이라고 하면서, 자기는 분별없는 망나니처럼 환락의 꽃밭에서 빈둥거리고, 자기의 설교에는 아랑곳하지 않는 고약한 목사"들이 보도되는 것을 많이 본다. 그러면서도 다른 사람의 생각을 자기가 의도한 바대로 바꿀 수 있다고 자만하는 그런 목사는 사람들에게 진정성 있는 권위가 느껴질 리 없다. 우리는 때로 인격과 명성을 동일시하고 혼동하기 쉽다. K군은 사람들에게 '좋은 말'을 많이 들려주면 자기를 유식하다 하여 높이 평가할 것이고, 좋은 평판을 얻는다는 것은 좋은 인상을 얻고 그 만큼 높은 인격의 소유자로 여겨질 것이라고 생각한 것 같다.

인격은 말이나 행동 등에 나타나는 그 사람이 갖춘 마음의 자태이고, 명성은 그 사람에 대한 인상을 다른 사람이 나름대로 평판하는 남의 의견이기 때문에, '좋은 말'을 많이 하는 사람이라는 명성이 곧 K군의 인격을 고양시켜주는 것은 아닐 것이다. "봄 꿩이 제 울음에 죽는다"는 속담이 있다. 어리석은 꿩이 가만있으면 아무 탈 없을 것을 봄이 왔으니 제 딴에는 아름답다고 생각하는 소리를 자랑하는 바람에 자기 있는 곳을 알려 매에게 잡혀 죽는다는 말로, 공연한 일을 하여 화를 자초한다는 뜻이다. K군은 가만있으면 중간정도의 평은 들을 것을 자신을 자랑하느라고 '좋은 말'을 늘어놓다가 대인관계를 그르치고 오히려 자신의 품격을 떨어뜨린다.

일반적으로 사람들은 충고나 설교 따위는 자기의 의도와 일치할 때만 귀담아 들으려 하는 경향이 있다. 햇빛이 잘 비치고 비가 적당히 내린다고 아름다운 꽃이 피는 것은 아니다. 토양도 알맞아야 한다. 충고나 좋은 말을 할 때는 듣는 상대방의 속마음을 살핀 다음 '좋은 말'의 효과가 날만 하다고 생각할 때 시작해야 하는 것. K군은 좀 더 수양을 쌓고 좋은 말과 좋은 충고에 걸 맞는 인격의 토양이 갖추어져야 할 것 같다. 자기가 늘어놓는 '좋은 말'을 자신에게 적용하여 자기의 잘못된 행실에 대하여 스스로 충고하는 사람은 훌륭한 사람이라 했는데, 그의 좋은 말과 좋은 충고는 언제 겉돌지 않고 제구실을 할고!

인용원문

Do not, as some ungracious pastors do,
Show me the steep and thorny way to heaven,
Whiles, like a puff'd and reckless libertine,
Himself the primrose path of dalliance treads
And recks not his own rede.

[*Hamlet*, I. iii. 47-51]

If to do were as easy as to know what were good to do, chapels had been churches, and poor men's cottages princes' palaces. It is a good divine that follows his own instruction; I can easier teach twenty what were good to be done than to be one of the twenty to follow mine teaching.(...)

a hot temper leaps o'er a cold decree; such a bare is madness the youth, to skip o'er the meshes of good counsel the cripple.

[*The Merchant of Venice*, I. ii. 11-20]

[주]

puff'd proud, vain: 분별없는

dalliance idle pleasure: 환락

reck care for: 유의하다

rede advice, counsel: 충고, 설교

divine clergyman, priest: 목사

hot temper an excess of blood: 젊은 혈기

21
유전무죄, 무전유죄

누더기 옷을 통하여서는 작은 죄라도 보이지만, 건사한 예복이나 모피 옷은 모든 죄를 다 감춘다. 죄를 황금으로 도금하면 정의의 창이 상처도 못 내고 부러지지만, 누더기로 무장하면 난쟁이의 지푸라기로도 뚫을 수 있다.

『리어 왕』 4막 6장 164-167행

사회의 지도층 인사들이 저지르는 소위 화이트칼라 범죄가 근절되지 않고 있다. 무슨 국경일이 되면 교도소 내에서 '범털'이라는 은어로 불리는 그들이 집권자의 불공정하고 부조리한 사면의 은총을 입고 교도소문을 나서는 경우를 자주 보아왔다. 이런 사면제도가 남발되거나 오용된다면 법의 정의는 그 칼날이 무디어져 화이트칼라 범죄가 더 많이 유발되고 사회정의는 무너진다. 법의 권위가 무너지면 사회가 어지러워진다는 것은 늘 목격되는 사실이다.

권력과 재력 있는 자에게 법의 그물은 너무나 성글다. 높은 지위와 권세 있는 자 위에는 언제나 수백만의 눈이 쏘아보고 있다는 사실을, 그리고 그 눈들은 하나같이 미심쩍어 하는 눈길이라는 사실을(『법에는 법으로』 4막 1장), 그러니 처신은 늘 투명하게 해야 한다는 사실을, 왜 모르는 걸까. 그런데도 나라와 국민에게 죄를 짓는 자가 계속 생기고 또 부당한 사면의 은총까지 받고 교도소 문을 나서는 뻔뻔한 장면이 너무 자주 목격된다.

88올림픽이 끝난 지 얼마 되지 않은 1988년 10월 어느 토요일 오후 영등포교도소에서 공주교도소로 이감도중 재소자 12명이 호송버스에서 탈주하는 사건이 발생했다. 그중 8명은 곧 검거되었지만 절도전과자 지강헌 등 4명은 마지막까지 잡히지 않고 돌아다니며 강도행각을 하다가 일주일쯤 후 경찰에 포위되자, 서울 남가좌동 어느 가정집에 침입하여 일가족을 인질로 잡고 버틴다. 경찰과 탈옥수들이 대치중인 현장이 생생히 TV로 중계되는 가운데, 두목격인 지강헌이 TV카메라 앞에서 "유전무죄, 무전유죄"를 외친 뒤 비지스의 "홀리데이"라는 노래를 들려달라고 요구, 노래가 울려 퍼지면서 경찰특공대가 투입되자 지강헌이 수많은 사람들이 지켜보는 가운데 지니고 있던 권총으로 자살하는 끔찍한 사건이었다.

지강헌은 상습절도범으로 500만원 상당을 훔친 죄로 징역 7년, 보호감호 10년, 도합 17년의 징역형을 받고 복역 중, 전직 고위층의 동생이 600억 원을 횡령한 죄로 7년의 징역형을 받았다는 사실을 뉴스에서 접한다. 자기에 비해 1만 배가 넘는 금액을 도둑질한 사람인데도 자기는 17년형인데 고작 7년형이라니! 재력과 권력 있는 사람들이 솜방망이 같은 땜질식 처벌만 받고, 더하여 사면이다 특별사면이다 등 각종 구실을 붙여 얼마 복역하지도 않고 풀려나는 것을 뉴스에서 자주 목격해왔다.

사람은 자기 탓이 아닌 죄나 잘못에 대해서는 크게 분개하면서도 자신이 저지른 죄나 잘못에 대하여서는 눈을 감는 경향이 있다. 악한도 자기 목적을 위하여서는 성경말씀을 인용할 줄 안다.(『베니스의 상인』 1막 3장) 자기 합리화는 겉으로는 언제나 그럴 듯한 법이다. 지강헌의 경우 여기에 해당되는 파렴치범으로 입이 열 개라도 할 말이 없을 것이지만, 지강헌 본인은 자신의 죄 값으로 받은 형벌이 그들의 것에 비하여 지나치고 억울하다는 생각이 들었고, 사회는 약자에게 너무 부당하다 여겼을 것이다. 억울한 심정은 부조리한 사회에 앙심을 품게 했을 것이다.

유전무죄(有錢無罪), 무전유죄(無錢有罪)가 무슨 말인가. 돈이 있으면 죄가 없고, 돈이 없으면 죄가 있다. 죄가 있어도 돈으로 해결하여 무죄가 되지만, 죄가 없어도 돈이 없으면 죄를 받는다는 말 아닌가. 또는 같은 죄를 지었는데도 돈 있는 자는 무죄가 되고 가난한 자신은 유죄가 된다는 뜻 아닌가.

셰익스피어가 『리어 왕』에서 등장시킨 위의 대사는 우리 사회의 일면을 은유하는 것 같고, 지강헌이 인용한 말과 들어맞는 말이다. 이 비극은 리어왕이 영토를 나누어준 두 딸에게 배신당하여 정신이상의 상태에서 폭풍우 몰아치는 황야를 헤매다가 죽음을 맞는다는 원 줄거리(main plot)와 글로스터 백작이 자기 서자에게 속아 친아들을 내치고 장님이 되어 양자에게 배신당하고 비극을 맞는 곁 줄거리(sub plot)가 병행을 이루고 있다. 위의 대사는 리어 왕이 정신이상의 상태에서 장님이 된 글로스터 백작과 그를 인도하는 그의 친아들 에드가를 만났을 때 인간들의 위선과 사회정의구현의 부조리한 면을 비난하면서 하는 말이다. 한 사회의 지도층이나 고위층은 높은 사회적 신분에 따르는 특권을 향유한다. 한마디로 보통 서민들보다 잘 먹고 잘 산다.

그들이 호사스런 삶을 누리는 동안 보통 서민들에게는 알게 모르게 그 만큼의 희생이 있기 마련이다. 서민들의 그런 상실감을 조금이라도 보충한다는 의미에서 그들에게 그 신분에 상응하는 도덕적 의무와 책임이 따른다. 그것이 '노블레스 오블리주(Noblesse Oblige)'이다. 평상시에는 처신을 조신하게 하여 타의 모범이 되고, 일단 유사시에는 누구보다 먼저 나라를 구하는 일에 생명을 던져야 한다. 영국이 아르헨티나와 싸웠던 포틀랜드 전쟁 당시 왕자의 신분인데도 앤드류 왕자는 솔선하여 헬기 조종사로 참전하였다. 그의 역할은 전함 주위에 떠 있으면서 전함으로 날아드는 미사일을 대신 맞는 것이다. 영국의 보통 병사들을 대신해 자신이 죽겠다는 노블레스 오블리주의 의미를 함축한 것이다.

우리나라의 사회지도층과 고위직 인사들이 자녀의 병역을 기피하기 위하여 저지른 부정과 비리는 대통령 선거를 비롯한 각종 선거철이나 고위직 임명 때마다 터져 나온다. 조선시대의 양반계층은 온갖 핑계를 다 붙여 군역을 면하여 왔다. 나라의 방비가 될 리 만무하고 어찌 나라가 망하지 않으랴. 다른 나라의 침략을 받을 때마다 참담한 패배와 재앙을 맞다가 급기야는 조선 말기에 와서는 일본에 나라를 빼앗기는 수모를 당하지 않았던가. 상류계층이 나라의 위급 시 병역의무 등 노블레스 오블리주를 피하고자 하는 행태는 오늘날에도 변함없이 많이 목격된다. 법 앞에 만인이 평등하다는 법언(法諺)은 그냥 그렇게 존재하는 말일뿐 아무도 믿지 않게 되었다.

조선시대에서 오늘에 이르기까지 부와 명예와 온갖 영화를 누리는 사회지도층이 국민의 본이 되기는커녕 서민에게 이런 좌절감과 분노를 맛보게 한다. 오늘날 이 대명천지에 재력과 권력 있는 자의 "건사한 예복이나 모피 옷이 죄를 다 감추게" 할 수는 없지 않은가. 지금쯤은 그들이 지은 "죄를 황금으로 도금한다고 정의의 창이 상처도 못 내고 부러지게" 할 수는 없지 않은가. 이제는 사회의 지도층 인사들이 저지르는 소위 화이트칼라 범죄가 근절될 때가 되었다. 더 이상 유전무죄, 무전유죄라는 한 맺힌 절규는 나오지 않아야 한다. 늦었지만 이제라도 사회지도층이 노블레스 오블리주의 정신을 구현하는 아름다운 모습을 볼 수 있으면 좋으련만.

인용원문

Through tatter'd clothes small vices do appear;
Robes and furr'd gowns hide all. Plate sin with gold,
And the strong lance of justice hurtless break;
Arm it in rags, a pigmy's straw does pierce it.

[*King Lear*, IV, vi. 164-167]

appear appear great: 크게 보이다

plate plate-armour: 무장하다

22

생명의 촛불, 그 위대함이여!

그대 불타는 촛불이여, 너는 껐다가도 뉘우치면 다시 켤 수 있지만, 온갖 솜씨를 다 하여 만든 자연 자신보다 훌륭한 자연의 작품, 그대 생명의 촛불은 한번 꺼뜨리면 다시 생명의 빛을 일으킬 수 있는 그 프로메티어스의 불은 어디에서 찾을지 알 수 없구나. (…) *[키스한 뒤]* 오, 향기로운 입김, 정의의 신도 칼을 부러뜨리게 하겠구나. (…) 죽어도 이대로 있어다오, 죽여 놓고도 사랑할 수 있게.

『오셀로』 5막 2장 8-19행

생명을 유지하려는 것은 인간이 지닌 양도할 수 없는 천부의 권리이고 누구에게나 고유한 성질의 것이다. 생명은 그 무엇보다도 고귀한, 아니 가치를 논하는 것 자체를 초월하는 것. 풀 한 포기 나무 한 그루에도 그 존재 의미가 있다. 하물며 만물의 영장이라는 인간은 누구나 존재의 정당성이 확보되는 특별한 존재이다. 그 존재의 생명은 신성하며 생명의 거룩함을 잴 수 있는 잣대는 아무것도 없다. 생명을 짓밟는 것은 가장 잔인하고 가장 큰 죄악이다.

생명을 고귀하게 여기는 것은 가장 첫째가는 미덕인데도, 근래에 와서 생명을 경시하는 경향이 너무나 자주 일어난다. 케이블TV를 비롯한 대중영상매체들에서 이미 일상화 된 폭력과 살인 장면들은 이러한 경향을 더욱 부추긴다. 사람을 잔인하게 죽이는 과정이 담긴 영상 70여 편을 보고 여리 디 여린 초등여학생 둘을 유괴하여 TV 등의 가상세계에서 본대로 실행한 범인이 있는가 하면, 28명의 생목숨을 살해한 극악무도한 흉한(兇漢) 등 입에 담기조차 무참한 일들이 자주 일어난다. 중국속담에 사람의 생명은 바람 속의 촛불과도 같다는 말이 있지만, 사람이 생명을 너무 쉽게 끊을 수 있다는, 하찮고 연약한 것으로 치부되는 것은 가슴 아픈 일이다.

'생명의 촛불'이란 말은 그러나 그렇게 연약한 것만은 아니다. 셰익스피어의 작품에는 바람 앞의 촛불처럼 하늘거리는 생명이지만 그에 내재된 위대성은 죽음과 대비한 구조로 풀어내는 때가 많다.

『법에는 법으로』(*Measure for Measure*)에서 비엔나총독 빈첸쇼 공작이 사제로 변장하여 결혼 전 사통한 죄로 체포되어 죽음을 두려워하고 있는 사형수 클로디오에게 생명에 대한 철학적 언급을 하면서 인간의 생명이 얼마나 연약한지를 이야기하는 대목이 있다.

생명은 한 숨의 숨결에 지나지 않는 것. 환경의 영향에 굴할 수밖에 없고, 시시각각으로 고민이 기어드는 일시적인 숙소이며, 죽음의 농락물이어서 아무리 죽음을 피해 도망치려해도 여전히 죽음을 향하여 줄달음치고 있을 뿐이다. 생명은 고상하지도 못한 것이 생명의 즐거움은 천한 것에서 나온다. 용감하지도 못한 것이 하찮은 뱀의 연약한 두 갈래 혀를 겁낸다. 생명의 가장 좋은 안식은 잠이라 잠을 자려고 애쓰면서도, 잠에 불과한 죽음은 굉장히 두려워하고 있지 않은가.

생명은 자신의 힘으로 살 수가 없는 것이 흙에서 나온 수천의 곡식 낟알에 의존하고 있다. 생명이 늘 불만스러운 것은 없는 것은 얻으려고 악전고투하고 손에 넣은 것은 쉽게 잊어버린다. 생명은 부유한 자라도 가난한 것이 금 덩어리로 등이 휜 나귀처럼 무거운 재물을 지고 인생의 여정을 터벅터벅 걸어가다가 죽어서야 겨우 그 짐을 풀어놓게 되는 것. 자식들은 아비에게 빨리 죽게 하는 병이 오지 않는다고 원망한다.

생명은 점심 후의 낮잠 속 꿈에 지나지 않는 것. 훌륭한 젊은이도 모두 늙게 되고, 부유하게 될 때는 이미 열정도, 애정도, 아름다움도 다 없어지고 질병과 노령으로 고통 받게 되어 가진 재물조차 즐길 수 없게 된다. 이런 것에 생명이라는 이름표를 붙일 수 있을까? 이 밖에도 수천 가지 죽을 고생이 우리의 생명 속에 숨어있지만, 그래도 사람들은 죽음을 겁낸다. 죽음이 모든 것을 평등하게 해주는데도.(『법에는 법으로』 3막 1장)

생명의 하찮음을 논하는 이 대목은 그러나 죽음과의 대비를 보여줄 뿐 죽음의 철학을 내비치는 것은 아니다. 생명의 환희에 대한 부정적인 성질을 강조하지만, 죽음이 아니라 고통을 극복하면서 사랑과 희망의 삶, 죽음을 완강히 거부하는 삶에 논의의 초점을 맞춤으로써 사형수 클로디오를 안심시킨다. 클로디오가 두려워하는 것은 죽음이 끝낼 수 있는 생명의 덧없는 겉모습과 허망하게 흩어져버리는 삶의 하찮은 즐거움이다. 그런 생명의 죽음은 죽음이 아니다. 이 말은 내면의 보다 중요한 생의 환희와 넓고 높은 꿈과 희망과 사랑은 죽음이 손댈 수 없는 일종의 생명이라는 뜻임을 알고 클로디오는 위안을 받는다.

생명에 대한 묘사를 그늘진 면에 초점을 맞추고 생명의 환희에 대한 부정적인 면을 나열함으로써, 면할 수 없는 세상의 회초리로 고통의 쓴맛을 먼저 알게 하면 그것이 그 다음에 어루만지는 손길이 강한 구원의 효과로 느껴질 것이라는 역설적인 취지이다.

셰익스피어의 극에서는 생명의 연약함은 또한 꺼지기 쉬운 촛불에 비유되기도 한다. 『맥베스』의 5막 5장에서 레이디 맥베스가 죽었다는 소식을 듣고 맥베스가 쏟아놓는 독백 중, "꺼져라, 꺼져라 짧은 촛불이여! 인생은 지나가는 그림자에 지나지 않는 것"은 곧 꺼질 것 같이 타서 줄어드는 촛불 같은 생명의 연약함과 무상함을 절묘하게 표현하고 있다.

위에 인용한 대목은 오셀로가 부하 기수(旗手)인 이아고의 간계에 의하여 부관 카시오와의 부정에 대한 의심과 질투심에서 마침내 아내 데스데모나를 목 졸라 죽이기로 작정하고 그녀를 죽이기 직전 그녀의 잠든 모습을 내려다보면서 하는 독백이다. 무어출신 장군 오셀로의 우악스런 손에 아름답고 섬약(纖弱)한 데스데모나의 생명의 촛불은 꺼지고 만다. 인간에게 꺼진 생명의 불을 다시 당겨줄 프로메테우스의 불은 찾을 길 없다. 불타는 '생명의 촛불'은 극의 공연 중 조명을 위하여 무대 양쪽에 켜놓은 현실의 촛불에서 추상적인 생명의 불이 하늘하늘 생명이 나부끼는 것 같은 모습으로 눈앞에서 춤추는 것을 바로 느낄 수 있게 된다.

생명의 촛불은 이렇게 연약한 모습으로 쉽게 꺼지지만 그 아름다움은 간과할 수 없다. 생명의 촛불은 꺼뜨리기엔 너무나 아름다운, "백설보다 희고 눈을 뿌린 것 같은 흰빛의 대리석(alabaster)보다 매끄러운 그녀의 살결에 차마 피 흘리게 하거나 상처자국 내는 것”(5막 2장) 조차 두려울 지경이다. 정의의 신도 그녀의 부정을 바로잡는 것을 잊게 할 향기로운 그녀의 입김, 죽어서도 사랑하지 않을 수 없게 하는 생명의 아름다움은 최고의 찬사를 아낄 수가 없다.

『햄릿』에서 햄릿이 실성한 이유를 알기 위하여 숙부 클로디어스 왕이 보낸 친구들을 보고 햄릿은 천지자연과 인간이 아주 훌륭한데도 세상만사가 귀찮다고 말하면서도 인간에 대한 예찬이 그려지고 있다. “인간은 참으로 훌륭한 작품이로다! 이성은 얼마나 고결하며, 능력은 얼마나 무한하며, 모습은 얼마나 완벽하게 짜여있으며, 거동은 얼마나 가상한가! 행동거지는 천사 같고, 지혜는 신과 같으며, 세상의 아름다움이요, 동물의 영장이로다!” 이 인간 예찬에 앞서 수려한 산천, 찬란한 하늘, 황금빛 별들이 수놓인 장엄한 밤하늘도 보인다.

그러나 아버지의 죽음에 대한 복수의 일념에 우울할 수밖에 없는 햄릿은 천지자연의 아름다움을 예찬할 수밖에 없는 인간의 면모가 더욱 가슴에 와 닿지만 그저 황망하게 느껴질 뿐이다.(『햄릿』 2막 2장) 인간이 훌륭한 모습의 생명을 지녔기에 찬란한 천지자연의 아름다움을 누릴 수 있음을 우울한 햄릿의 입을 통하여 역설적으로 강조하고 있다. 예찬 받아 마땅한 인간은 마지막 순간에는 천박함을 남기지 않기 때문에 감동을 준다. 인간은 마음에 우울함과 비참함이 깃들어 있을 때라도 고결한 기품은 배어나는 법이기 때문이다.

위 대목의 ‘프로메테우스의 불’은 프로메테우스가 사랑하는 인간을 위하여 제우스의 분노와 코커서스 산정에서의 수천 년의 고통을 각오하고 제우스신의 번갯불에서 불씨를 훔쳐 인간에게 생명의 불빛을 내렸다는 그리스신화에서 인용한 것이다. 인간의 생명의 촛불은 인간에게 붙여준 작은 불길이지만 인간의 삶에 문명과 문화의 세계를 열게 하여 위대한 인간이 되게 하였다. 제우스신은 프로메테우스가 인간에게 가져다 준 생명의 촛불이 시초가 되어 인간들의 문명과 문화는 무한히 발전하여 종당에는 신의 경지에 이르게 되고 신을 소탕할 것이라 경고하였다. 프로메테우스가 당긴 인간 생명의 촛불은 연약해 보이지만 이렇게 위대한 문명의 불길로 번져왔다.

생명의 촛불이 바람 앞에 하늘거리는 꺼지기 쉬운 죽음에 휘둘리는 면모만 지닌 것이 아니다. 아름다운 생명의 촛불은 무어인 오셀로의 우악한 손길이나 거센 바람에 꺼진다 해도, 그렇게 맥없이 꺼지기만 하는 것으로 끝나지는 않는다. 그리스 신화에서 죽음이후의 세계를 상정하는 인간은 이승과 저승의 경계의 강 스틱스(Styx)와 망각의 강 레테(Lethe)를 만들어 삶과 죽음사이에 단절을 만들고 있지만, 인간으로서 살아온 고양된 삶과 생명의 불꽃이 꺼진 후에 안개처럼 일어나는 그리움을 뒷자락에 남기기 때문에 더욱 생명의 특별함이 나타나는 것. 그래서 꺼지는 불꽃의 위대함을 격 높게 맞이한다. 연약한 생명의 촛불, 그것은 희망의 길을 밝힐 수 있기에 그 위대함이 더욱 빛난다.

인용원문

If I quench thee, thou flaming minister,
I can again thy former light restore,
Should I repent me; but once put out thy light,
Thou cunningest pattern of excelling nature,
I know not where is that Promethean heat
That can thy light relume.
(...)
O balmy breath, that dost almost persuade
Justice to break her sword!...
Be thus when thou art dead, and I will kill thee,
And love thee after.

[*Othello*, V. ii. 8-19]

[주]

cunning wrought with skill: 기술을 들여 만든

pattern product of particular excellence: 특히 훌륭한 생산물

excelling excellent: 훌륭한

relume rekindle: 다시 불을 밝히다

23
낯익은 보물

우리는 소유물을 지니고 있는 동안에는 그 값어치를 중히 여기지 못하다가 없어지거나 잃어버리면 마냥 가치를 치켜 올려서 가지고 있는 동안에 그 소유가 보여주지 못하던 좋은 점을 발견한다. (…) 그녀가 죽었다고 들으면 그녀의 생전 모습이 그의 생각 속에 곱게 스며들고, 생전의 아름다웠던 이목구비가 살아 있을 때보다 더욱 귀한 기품에 싸여서 그의 마음이나 생각에 훨씬 더 우아하고 생기에 찬 모습으로 비치게 되어 그는 애도하게 될 것이다.

『헛소동』 4막 1장 218-230행

국보 제1호 남대문이 화마에 휩싸였다는 소식을 듣고 추위에도 아랑곳하지 않고 현장에 나온 시민들은 발을 동동 구르며 안타까워했다. 눈물을 글썽이는 사람들도 많았다. 그들의 표정은 흔히 재미있다는 불구경하러 나온 사람의 것과는 달랐다. 비장하기까지 한 안타까운 모습들이 TV화면을 채운 것을 생생하게 기억할 것이다. 그러나 평소 때 우리 국민은 바다건너 일본인들에 비하여 조상들이 힘들여 지어 물려준 문화재에 대한 관심이 적다고 한다.

세상의 모든 것은 가치를 부여받을 때 귀하고 중한 것이 되는데 조상의 얼이 담긴 빛나는 문화유산이 일본인들에 비하여 그 귀중한 가치를 인정받지 못해왔다니! 고귀한 문화재 옆을 지날 때도 구두쇠 거지 옆 지나가듯 눈길도 주지 않고 무관심하게 지나친다. 정물로 제자리에 의연히 서 있었지만 소실된 뒤에야 그 남대문이 마치 더불어 살아왔던 한 존재가 사라져 버린 것 같은 상실감에 비로소 그 귀중함을 모두가 실감한다. 무엇을 잃기 전까지는 그 잃어버린 것의 소중함을 모르는 것이 일반적이다.

"우리는 분별없는 태만 때문에 가진 보물을 하찮게 다루고, 그 보물이 무덤 속에 들어간 후에야 그 진가를 알게 된다. (…) 잃어버린 것을 칭찬하면 그것에 대한 추억은 더 간절한 느낌을 갖게 한다"(『끝이 좋으면 다 좋다』 5막 3장)고 한다. 자기 수중에 있는 소유물은 귀한 보물도 그 진가를 절감하지 못하다가 막상 없어졌을 때에는 더욱 아쉬워한다. 버텨온 세월에 비해 너무나 허무하게 오유(烏有)로 변해버린 남대문! 귀한 보물이라도 너무 쉽게 손에 넣으면 소중히 여기지 않는 것과는 반대로 귀중한 것을 너무 쉽게 잃으면 그 가치는 더 커 보이고 애석한 마음이 너무 큰 법이다. 몰지각한 한 방화범의 저주스런 손길에 희생되자 비로소 고고한 여인네의 자태 같은 그 아름다움에 대한 관심과 찬사는 끝없이 이어졌다.

불타는 남대문을 보고 애석해하는 사람들의 모습은 우리나라가 문화재를 대단히 애호하는 국민이라는 생각이 들게 하였다. 새삼 문화재에 대한 관심을 이야기하느라 야단법석이었다. 문화재의 귀중함을 인식하고 보존하는데 정성을 다하는 마음을 가지게 하는 대가로 귀중한 국보1호를 희생한 것은 너무 비싼 대가가 아닌가. 이렇게 귀중한 보물을 "아무렇지도 않고 예쁠 것도 없는" 것인 양 그저 평범한 옛 건축물로만 치부하고 보존에 태만히 하였다.

사람들의 이러한 경향은 위에 인용한 대목에서 잘 나타나 있다. 우리는 향유하고 있는 소유물이 소유 그 자체가 주는 만족감에 젖어 그 물건의 속성이 지니고 있는 귀중한 가치는 자칫 간과하기 쉽다. 그러다가 그것이 없어지고 나면 그 귀중함이 더욱 돋보이고 아깝기 그지없다. 그것은 사람의 경우도 마찬가지다. 늘 곁에 있는 사람에게서는 그 사람의 진가를 발견하지 못하다가 그 사람이 죽거나 곁을 떠나 없어지고 나서야 새삼 그 사람의 존재가치가 생각나고 빈자리가 더욱 커 보인다.

위에 인용한 대목은 『헛소동』의 한 장면에 나오는 대사이다. 클로디오를 시기한 애러곤 영주의 동생이 부하들을 시켜 신부 히어로가 부정하다고 덮어씌워 두 사람의 결혼을 파탄 내려다가 두 사람의 결혼식장에서 음모가 발각되어 히어로의 순결함이 밝혀진다. 주례사제의 제안에 따라 히어로가 충격 때문에 죽은 것으로 소문낸다(나중에 진상을 알게 된 클로디오는 자신의 과오를 사죄하고 둘은 결혼하게 되지만).

히어로의 부정을 공개리에 말하고 식장을 떠난 신랑 클로디오에게 그녀가 죽었다는 소식을 들으면 죽은 그녀를 더욱 애석해할 것이라고 사제가 하는 말이다. 부재하기 때문에 아름답고 기품 있는 그녀의 생전모습이 마음속에 스며들어 그녀가 더욱 그리워지게 된다는 것이다.

사제는 사랑하는 사람을 잘못 대하는 자세를 소유물과 관계되는 속성을 예로 들어 비유적으로 설명하고 있다. 소유와 관계되는 일에는 이러한 속성이 내재되어 있는 것이다.

날렵한 모습의 남대문은 오늘도 당연히 제자리에 올연히 서 있어야 하는 것 아닌가. 영롱한 무지개도 아름다운 모습이지만 15분쯤 계속해서 하늘에 걸려있으면 사람들은 더 이상 쳐다보지 않는다 하였다. 낯이 익거나 늘 곁에 있어서 일상화된 것은 아무렇지 않게 대하기 쉽지만, 그럼에도 불구하고 우리는 어떤 사물이든 우리에게 낯익은 것을 볼 때 말없는 위안을 느낀다. 그 어떤 존재라도 그 존재가 더 이상 필요하지 않을 지라도 있다가 없어지면 마음 한 구석이 텅 비는 것 같은 서운함을 느끼게 된다. 낯익은 제자리에서 눈에 들어온 남대문의 형해(形骸)는 너무나 낯선 모습으로 허무감을 자아낸다. 늘 지녀왔던 귀한 그 무엇이 없어진 것 같은 상실감이 다가옴을 느낄 것이다.

낯이 익어 소유와 무관해 보이던 광경과 상실의 무덤이 만들어진 후 소유를 절감케 하는 낯선 광경 사이에는 형언할 수 없는 괴리감이 느껴진다. "갑자기 눈이 보이지 않게 된 사람은 잃어버린 시각(視覺)이 기억하는 값진 보물을 잊을 수가 없는"(『로미오와 줄리엣』 1막 1장) 것과 같기 때문이다. 일상에 젖어 국보1호 같은 문화재는 나의 소유와는 무관하다고 생각해왔지만, 소유의 본능은 인간 본성의 기본 기재(機才)이기 때문에 불에 타 사라지는 남대문의 모습에서 소유의 본능이 작동한다. 역설적이게도 남대문은 불타 없어지는 속에서 오히려 너와 나 우리 모두의 소유물로 육화(肉化)된다.

"부자는 감추어둔 자기 소유의 보물을 시간마다 살펴보지 않는다. 오랜 세월을 두고 가끔씩 봄으로써 진귀한 보물에서 내뿜는 장엄한 즐거움을 무디게 하지 않으려는 것이다."(「소네트」 52) 원래 '숭례문(崇

禮門)'이었던 것이 '남대문(南大門)'이란 대중적인 친숙한 이름으로 불리어지고 수많은 대화와 담론 속에 자주 오르내리는 이름일지라도 이제는 더 이상 제자리에 그냥 "아무렇지 않은" 것으로 서있는 존재는 아닐 것이다. 새롭게 생명을 얻어 그 우아한 모습이 대명천지에 오롯이 서 있다 해도 보는 이는 속으로는 "감추어둔 진귀한 보물"을 보는 것처럼 장엄한 즐거움을 느낄 것이다. 소유되는 것은 제자리에 있어야 한다.

인용원문

What we have we prize not to the worth
Whiles we enjoy it, but being lack'd and lost,
Why, then we rack the value, then we find
The virtue that possession would not show us
Whiles it was ours.
(...)
When he shall hear she died, (...)
The idea of her life shall sweetly creep
Into his study of imagination,
And every lovely organ of her life
Shall come apparell'd in more precious habit,
More moving, delicate, and full of life,
Into the eye and prospect of his soul,
Than when she lived indeed. Then shall he mourn.

[*Much Ado about Nothing*, IV. i. 218-230]

[주]

prize value: 중히 여기다
enjoy have the possession of : 가지고 있다
rack stretch beyond the normal extent: 본래 가치 이상으로 과장하다
virtue good quality, merit: 장점, 좋은 점
his study of imagination his imaginative contemplation: 생각; 고심

24
형식이 본질을 가리다

그 여자 헬렌은 우리가 보호하는데 들인 비용만큼의 가치가 없어.

(…)

가치는 특정한 개인의 욕망으로만 결정되는 것은 아니다. 칭찬하는 사람이 인정할 만큼 그 자체가 값어치가 있으니까 가치와 품격이 유지된다. 신(神)자체보다 신을 모시는 의식(儀式)을 더 크게 봉헌하는 것은 미친 우상숭배이다. 그 자체에는 이렇다 할 가치가 없는 데도 지나치게 열광하여 귀중한 것이라 여기는 것은 미친 짓이다.

『트로일러스와 크레시다』 2막 2장 51-60행

얼마 전에 상영된 바 있는 『트로이』라는 영화는 대단한 인기를 끌었다. 고대 그리스의 시인 호머의 대서사시 『일리어드』와 그리스신화에 바탕을 둔 트로이전쟁을 배경으로 엄청난 제작비를 들여 대 스펙터클을 연출하는 웅대한 전쟁담을 영화화한 것이다. 서구의 문학과 문화를 이해하기 위하여서는 그 원류인 그리스-로마 신화를 아는 것이 중요하다. 이 영화가 인기가 있었던 이유 중의 하나는 얼마 전부터 그리스-로마신화를 읽는 것이 유행하였던 것이 그 토대라 할 수 있다. 그리스-로마신화는 알게 모르게 우리의 일상과 지적 생활에 많이 침윤되어 있는 것이 사실이다. 그런 이유로 이 영화가 인기를 얻었고 글로벌 시대에 접어든 이 시대의 경향과 일치하는 일일 것이다.

트로이전쟁의 발발의 원인과 그에 따르는 이야기는 신들과 인간영웅들이 얽혀 벌이는 긴 서사시다. 트로이의 왕자 패리스는 스파르타의 왕 메넬라우스의 부인 헬렌을 유혹하여 트로이로 데려 온다. 메넬라우스는 그의 형 미케네의 왕 아가멤논에게 호소하여 아내 헬렌을 찾기 위하여 그리스 도시국가들의 연합군을 이끌고 트로이로 쳐들어가니 이것이 '트로이전쟁'이다. 전쟁은 일진일퇴하면서 10년을 끈다.

총사령관 아가멤논이 아킬레스의 여포로 브리세이스를 가로채는 일이 발생하고, 자존심을 손상당한 아킬레스는 분노하여 전장에 나가지 않는다. 그리스장수들 중 가장 용맹한 아킬레스가 빠진 그리스군은 트로이의 용맹한 장군 헥터에게 연전연패한다. 뒤늦게 후회한 아가멤논이 브리세이스와 많은 전리품을 돌려주어도 아킬레스는 꿈쩍 않다가 사랑하는 친구 패트로클로스가 헥터에게 죽음을 당하자 분노가 극에 달하여 비로소 전투에 나간다. 그는 헥터를 죽이고 그의 시체를 자기 전차 꼬리에 매달아 트로이 성문 앞을 시위하여 패트로클로스의 죽음에 복수한다. 이를 본 트로이의 노왕 프라이엄은 많은 보물을 가지고 가서 아킬레스를 설득하여 헥터의 시체를 찾아오면서 휴전하고 장례를 치르는 것으로 서사시 『일리어드』는 끝난다. 그러나 그 후의 트로이의 운명은 율리시즈의 지혜로 '트로이의 목마'를 만들어 트로이 성 안으로 끌어들이게 하여 목마 안에 매복해 있던 병사들이 성문을 열고 쳐들어온 그리스 연합군에게 트로이는 멸망한다.

셰익스피어의 작품은 그리스-로마신화에서 많은 소재를 끌어오기 때문에 신화를 알지 못하고는 그의 작품을 충분히 이해할 수 없다. 『트로일러스와 크레시다』는 트로이전쟁을 배경으로 하고 있다. 그리스 신화, 트로이전쟁 이야기, 트로이전쟁에서 언급되는 그리스와 트로이의 여러 인물들이 등장한다. 셰익스피어시대의 일반 대중들은 그리스-로마의 고전에 대하여 잘 알고 있었기 때문에 고전을 배경으로 한 그의 작품을 잘 이해하였다. 이 극의 제목에서 알 수 있듯이 작품의 배경이 되는 호머의 서사시와 신화를 관객들이 이미 알고 관극할 것이라는 전제하에서 극이 진행된다.

이 극에서는 사랑과 전쟁이라는 두 가지 테마가 생생하게 펼쳐진다. 관객은 제목 "트로일러스와 크레시다"에서 트로이전쟁이 극의 배경이며, 두 남녀의 사랑이야기라는 두 가지 사실을 이미 염두에 두고 관극한다.

극이 시작되면 트로이의 프라이엄 왕의 막내 트로일러스 왕자는 이미 크레시다와 사랑에 빠져있다. 그녀는 그에 대한 영원한 사랑을 맹세하지만 포로교환으로 그리스 군에게 넘겨진다. 그리스군 진영으로 간 크레시다는 그녀를 데리러 왔던 그리스장군 다이오미디즈의 유혹에 넘어가 트로일러스와의 사랑을 팽개친다. 트로일러스는 사랑의 증표로 크레시다에게 준 팔 토시를 다이오미디즈에게 넘겨주는 것을 목격하고 사랑의 배신을 느낀다. 다이오미디즈와 복수의 혈전을 하고자

하지만 두 사람은 조우하지 못한다. 이 극의 제목은 그러나 극 전체 서사를 아우르고 있지 않다.

프라이엄 왕의 장남이며 트로이군의 총사령관 헥터는 그리스군을 대표하는 장수와 단독 대결을 하자고 도전장을 낸다. 병사들의 희생을 막기 위하여 두 장수의 승부로 전쟁의 승부를 끝내자는 제안이다. 그리스 군에는 헥터와 대결할 수 있을 정도로 용맹한 장수는 아킬레스뿐이다. 그러나 아킬레스는 오만한 태도로 나가려 하지 않다가 그가 사랑하는 친구 패트로클러스가 헥터에게 죽임을 당하자 분기탱천하여 전장으로 나간다. 아킬레스는 헥터가 갑옷과 투구를 벗고 잠시 휴식을 취하고 있는 틈을 타 헥터를 죽인다. 헥터가 아킬레스에게 죽음을 당한 뒤 사기가 꺾인 트로이 군이지만 트로일러스는 그리스 군, 특히 다이오미디즈와 복수의 대적을 하겠다고 맹세하는 것으로 결말난다.

이 극에서 사랑과 전쟁은 둘 다 신랄한 고통을 잉태한다. 그것은 크레시다의 배신과 헥터의 죽음에서 생생하게 드러난다. 영원한 사랑을 맹세한지 하루 만에 적장과 사랑을 나누고 연인에게서 받은 사랑의 증표를 스스럼없이 내어주는 크레시다의 신의 없는 모습을 목격하는 트로일러스는 크나큰 사랑의 고통에 괴로워한다. 훌륭한 영웅 헥터가 비열한 아킬레스에게 덧없이 죽음을 당하고 그 시체가 아킬레스의 말꼬리에 매달려 트로이 성 앞을 먼지를 일으키면서 끌려 다니는 것을 보는 노왕 프라이엄과 헥터의 아내 안드로마키의 비통함은 바로 전쟁의 고통이다. 이극의 결말을 미완으로 끝맺는 것은 트로이의 멸망이나 아킬레스와 트로일러스의 죽음, 크레시다의 타락과 최후의 운명 등은 앞서 이야기한 대로 엘리자베스시대의 일반관객들이 이미 다 알고 있기 때문이다.

트로이의 장군 헥터는 중세 기사도정신의 전형으로 그려져 있다. 그는 남의 아내를 탐하여 전쟁을 불러일으킨 철부지 동생 패리스의 행동을 비난하지만 결국 어쩔 수 없는 일로 받아들이고, 조국의 안위와 부모형제, 가족, 이 모두를 지키려고 자신의 생명조차도 아끼지 않는 의리와 정의와 가족애로 점철된 영웅으로 그려진다.

위의 인용문은 패리스가 유혹해온 헬렌을 그리스 군에게 돌려주면 전쟁을 끝내고 철수하겠다는 그리스군의 제안에 대하여 논의하는 과정에서 나온 헥터의 말이다. 트로일러스와 패리스는 트로이의 명예가 달려있다며 그 제안에 반대한다. 그러나 헥터는 헬렌을 트로이에 잡아두는 것은 자연스럽지도 못하고 정의롭지도 못하기 때문에 큰 희생을 치르고 지킬 가치가 있는 여자가 아니라면서 그 제안을 받아들이자고 한다.

반듯하고 정의로운 영웅 헥터가 가정을 버리고 조국과 남편을 배신한 그런 여인 헬렌을 지키기 위하여 수많은 인명과 물자를 희생하는 비참한 전쟁을 찬성하지 않는 것은 당연한 일이다. 헬렌 때문에 이미 많은 희생을 치렀고, 가치는 개인적인 욕망에 의하여 결정되어서는 안 된다는 것이다. 그 자체가 지닌 본질적인 가치가 높아야 가치와 품격이 인정받고 유지되는 것이지 사람들이 가치를 부여해주기 때문에 그런 것은 아니다. 이렇다 할 가치도 없는 대상에 열광하고 귀중한 것으로 생각하여 덮어놓고 숭상하는 것은 미친 짓이다. 그것은 스스로 존귀한 지고의 신을 섬기면서 본질적인 가치인 신 자체는 간데없고 신을 모시는 의식만을 크게 봉헌하는 것이 미친 우상숭배인 것과 같다고 한다. 그러나 그는 트로이의 명예와 아버지 프라이엄 왕의 자존심이라는, 신에 대한 봉헌의식을 더 중요시하여 전쟁을 계속하자고 요구하는 동생들의 의견에 동조한다. 그의 아내 안드로마키가 말리고 여동생인 예언자 카산드라가 전쟁을 계속하면 트로이는 멸망한다면서 출전을 막는데도 그는 전쟁에 나간다. 본질보다 우상숭배에 지나지 않은 의식(儀式)과 형식을 따르다 그 결과로 그와 트로이인들은 죽음을 당하고 트로이는 멸망한다.

우리 사회에는 아직도 본질을 외면하고 형식과 외면적인 겉치레에 치중하는 것을 많이 볼 수 있다. 형식이 내용과 본질을 지배하는 경우가 많다. 본말이 전도된 부조리한 일이 도처에서 발견된다. 종교의 경우 위 인용문에서 언급되듯이 절대자 신 자체에 대한 신앙적 믿음보다는 기복(祈福)사상에 젖어 복만 내려주십사고 비는 이기적 신앙심이 팽배해 있다. 그렇지 않고서야 하느님이나 부처님 섬기는 의식이 어찌 그리 화려할 수 있으랴. 교회나 사찰에 헌금하는 액수가 많으면 그에 따른 복도 커진다고 생각하는 듯 마구 갖다 바치는 세태, 그렇지 않으면 교회나 사찰에 어떻게 그렇게 많은 재물이 몰려들 수 있으랴. 그럼에도 종교를 믿는 인구가 가장 많은 우리나라에서 범죄가 나날이 늘어만 가는 것을 어떻게 설명할 수 있을 것인가.

형식주의자(Formalist)들의 주장대로 현대는 내용보다 형식이 중요하게 된 측면이 있다. "곰탕뚝배기에 냉면을 담아오면 그것은 냉면이 아니다. 그것은 잘못 만들어진 곰탕일 뿐이다."(김윤식, "새롭지 않은 새로움": 김언수, 『캐비닛』의 심사평 중; 문학동네, 2006. p.358)라는 형식주의자들의 주장에서 볼 수 있듯이 곰탕뚝배기 안에 담긴 내용물이 냉면이든 국수든 곰탕이든 상관없이 곰탕 뚝배기라는 그릇에 담긴 것은 곰탕뚝배기라는 형식 때문에 그 내용물은 곰탕일 뿐이다. 형식이 내용을 규정할 수 있고 그것이 옳을 때도 있다. 그러나 오랫동안 그래 왔듯이 형식 때문에 내용과 본질이 왜곡될 수는 없다. 뚝배기보다 장맛이라 하였다. 신에 대한 의식이 본질인 신을 압도하거나 신을 규정해서 안 되는 것과 같다. 위의 인용문에서 헥터가 말하는 의식 때문에 트로이가 멸망하듯이, 하느님이나 부처님이라는 성스러운 절대 존재의 본질이 아니라 봉헌의식에 좌우되는 믿음은 타락으로 가득 차게 된다.

인용원문

(…)she(Helen) is not worth what she doth cost
The keeping.
(…)
But value dwells not in particular will:
It holds his estimate and dignity
As well wherein 'tis precious of itself
As in the prizer. 'Tis mad idolatory
To make the service greater than the god.
And the will dotes that is attributive
To what infectiously itself affects.
Without some image of th' affected merit.

[*Troilus and Cressida,* II. ii. 51-61]

estimate value: 가치

prizer one who values a thing: 가치를 인정해주는 사람, 칭찬해 주는 사람

25

잠 못 이루는 사회

맥베스는 잠을, 무해한 잠을 죽였다. 그대 잠은 엉클어진 근심의 실타래를 곱고 바르게 정돈하고, 하루하루의 죽음이며, 괴로운 노고를 씻어주는 욕탕이며, 상처 입은 마음을 진정시켜주는 향유이고, 대자연이 베푸는 훌륭한 식사코스, 인생의 향연에서 중요한 자양분이 되는 것이다.

『맥베스』 2막 2장 36-40행

밤이 낮 같은 세상이 된 지 오래되었다. 조명의 발달로 축구나 야구 등 스포츠 경기에서 볼 수 있듯이 나이터 시설 때문에 대낮같이 밝은 옥외운동장에서 벌어지는 야간경기를 마음껏 즐길 수 있는 등 야간에 활동하는 인구가 극대화되었다. 삶의 기간이 무한정으로 길지 않기 때문에 한정된 삶의 시간을 늘리기 위한 손쉬운 방법으로 잠을 줄이는 것이 일반적인 방법이 되었다. "잠은 짤막한 죽음이요, 죽음은 길고 긴 잠이다."(F. 로가우)라거나, "죽는 것은 잠드는 것, 그 이상은 아니다."(『햄릿』 3막 1장)라는 언급에서 알 수 있듯이, 흔히 죽음은 잠에 비유되고 잠은 죽음에 비유되는, 죽음의 사촌쯤으로 여겨진다. 그래서 사람들은 잠을 죽음처럼 아무 일도 할 수 없는 휴지상태로 여기고 인생은 짧은 것이라면서 잠자는 시간을 아깝게 여긴다. 잠을 줄이면 죽음과 유사한 휴지상태를 줄일 수 있다고 생각한다. 그러나 잠을 줄이는 것이 시간을 절약하여 삶의 활동기간을 늘릴 수 있다는 것은 잘못된 생각이라는 것이 이제는 상식이 되었다.

얼핏 보기에 잠자는 시간만큼 사람의 활동시간은 줄어드는 것 같다. 그러나 수면은 불필요하게 낭비되는 아까운 시간이 아니다. 수면시간은 건강과 밀접한 관련이 있다. 지속적으로 잠이 모자랄 경우, 고혈압, 우울증은 물론 체내 인슐린 생산이 줄어들어 당뇨병 위험도 높아진다고 한다. 수면이 부족하면 일의 능률이 오르지 않는다는 것은 경험으로 안다. 건강과 소위 웰빙을 높은 가치로 여기는 요즘, 잠에 대한 관심이 새삼 고조되고 있다. 삶을 앓는 것에 비유하여 잠을 그 앓음의 고통을 해방시켜주는 일시적인 완화제라 하는 사람도 있다.

잠이 생명자체를 유지하는데 얼마나 필요불가결한 요소인지는 오래 전부터 알려진 사실이며 과학적으로도 확인되었다. 최근에는 수면이 기억력과 치매와 밀접한 관련이 있음이 밝혀졌다. 인지신경과학 잡지에 발표된 논문에 따르면 지식을 자기 것으로 만들려면 지식을 습득한 날 최소한 6시간을 자야한다고 한다. 어떤 수면전문 연구센터는 "수면 중 그날 습득한 지식과 정보는 뇌 측두엽에 저장된다. 밤 12시부터는 뇌세포를 파괴하는 스트레스 호르몬(코티졸)이 많이 분비되므로 이때는 꼭 자는 것이 좋다"고 하였다.

사람은 노년에 들면 잠이 줄어든다는 것이 일반적인 상식이다. 나이가 들면 깊은 잠을 못 자고 일찍 깨어난다. 시인 엘리엇(T. S. Eliot)은 노인을 절벽에 튀어나와 허공에 노출된 바위가 외로이 바람에 시달리며 풍화되는 것처럼 고독과 근심에 시달리는 것에 비유하였다. 노인이 되면 생각이 많아진다. 생각이 많아지면 근심과 외로움이 더해진다. 밤이 깊어지면 노인에게 달라붙는 외로움과 근심은 더욱 깊어진다. 노인들이 잠을 설치는 것은 나이 그 자체 때문이 아니라 나이가 들수록 이런저런 근심과 불안이 많아지기 때문이지, 실제로 나이와 수면과는 별 관계가 없다는 것이 과학자들의 분석이다.

근심과 불안은 잠을 이루지 못하게 하고 잠을 자지 못하는 동안 더욱 많은 근심이 생기고 그것은 다시 부족한 수면으로 이어지는 악순환의 고리가 형성된다. 젊은이들은 건강과 일의 효율을 위하여 충분한 수면을 취해야 되지만 노인도 충분한 수면을 취해야만 근심과 불안에서 야기되는 불면의 고리를 끊고 치매의 우려도 불식시킬 수 있다.

스코틀랜드의 왕위를 찬탈하기 위하여 덩컨 왕을 시해한 맥베스는 자기가 저지른 일에 대한 죄의식과 불안이 너무나 크기 때문에 잠을 못 이룰 것이라면서 위의 독백을 한다. 잠은 삶에 대단히 중요한 자양분을 제공해주는 식사와 같은 것인데 불면을 일으키는 불안과 죄의식이 그 자양분을 빼앗아버려 사람을 크게 괴롭힌다는 것이다.

범죄 혐의로 검찰에 소환 되는 고위층 사람들은 잠을 제대로 잘 수 있을까? 간혹 보이는 초췌한 모습의 범죄혐의자는 양심의 비난 때문에 잠을 못 이루었을 것이라는 느낌이 들지만, 그것은 단지 울화 때문이거나 책략을 꾸미느라고 또는 망신당하고 처벌받는 것만 두렵고 걱정되어서 그런 것이지 맥베스와 같은 죄의식을 마음속에 느끼기나 했을까?

양심은 사람을 겁쟁이로 만든다지만 검찰청 유리문 앞에 포즈를 취하고 있는 뻔뻔스러운 얼굴은 양심은커녕 도덕적 해이가 극에 달한 느낌을 준다. 그들의 양심이 "잠들면 마음의 고뇌와 육신이 지니고 있는 수많은 고통을 끝낼 수 있다고 말할 수 있는 것, 그것은 열렬히 바라마지 않는 생의 극치이고"(『햄릿』 3막 1장), "엉클어진 근심의 실타래를 곱고 바르게 정돈하고, 괴로운 노고를 씻어주는 욕탕이며, 상처 입은 마음을 진정시켜주는 향유이고, 대자연이 베푸는 훌륭한 식사 코스, 인생의 향연에서 중요한 자양분이 되는" 잠을 이루지 못하게 한다면 그들의 비극에는 정화나 구원의 여지가 있을 것이다. 그러나 단지 울화와 책략 때문에 또는 망신당하고 처벌받는 것만 두렵고 걱정되어 잠을 못 이룬 것이라면 그들은 구원의 여지가 없다. 그들의 비극은 정화의 과정조차 기대할 수 없는 비할 데 없이 추할 뿐이다.

탐욕 또한 사람을 잠들지 못하게 한다. 사람들은 흔히 획득할 가망이 없어도 획득할 거래를 해본다. 탐욕은 얻는 것에만 혹하게 만들고 더 많은 것을 얻으려는 욕심 때문에 잠을 못 이룬다. 더 많은 것을 욕심내다가 오히려 손해를 보면 더욱 잠을 못 이루게 된다. 바라는 대로 많이 얻는다 해도 과도한 이득은 과식에 지나지 않아 고통이 지속된다. 이렇게 탐욕의 미혹(迷惑)과 그에서 연원되는 고통은 잠을 앗아간다. 그들이 설령 잠을 이룬다 해도 그 잠은 맥베스가 선망하는 그런 양질의 잠일 수 없다. 생명의 가장 좋은 안식이 잠자는 것이라 해도 그것은 악몽과 비몽사몽간을 갔다왔다하는 불량한 수면이다. 그런 수면은 아무리 잠들어도 잠을 잔 것이 아니며, 그건 "엉클어진 근심의 실타래를 곱고 바르게 정돈하고, 괴로운 노고를 씻어주는 욕탕이며, 상처 입은 마음을 진정시켜주는 향유"가 되는 잠일 수가 없다. 탐욕과 비양심의 죄의식 때문에 잠 못 자는 개인이나 그래서 잠 못 드는 사회는 괴로움의 욕탕이며, 인생의 향연에서 중요한 자양분이 부족하니 모두 불안하고 건강하지 못하다. 잠 못 이루는 사회는 잠 못 이루는 개인처럼 건강하지 못하다.

인용원문

Macbeth doth murder sleep, the innocent sleep,
Sleep that knits up the ravell'd sleave of care,
The death of each day's life, sore labour's bath,
Balm of hurt minds, great nature's second course,
Chief nourisher of life's feast.

[*Macbeth*: II. ii. 36-40]

[주]

knit up the ravell'd sleave arrange the tangled threads: 엉클어진 실타래를 정돈하다

second course the most nourishing course of a meal: 가장 영양가 있는 식사코스

26
'시간의 낫'

그대 마구 먹어치우는 시간이여, 사자의 발톱을 무디게 하여라.
대지로 하여금 제가 낳은 아름다운 자손들을 다 먹어치우게 하여라.
사나운 호랑이의 턱에서 날카로운 이빨을 뽑아라.
영생하는 불사조 피닉스를 그 핏속에서 다시 태워라.
그대 나르듯 지나가면서 기쁜 계절도 슬픈 계절도 있게 하여라.
넓은 세상과 세상의 모든 사라질 아름다운 것들을 향하여,
발 빠른 시간이여, 그대 하고 싶은 대로 다 하여라.
그러나 그대에게 다만 한 가지 가장 해로운 죄만은 금하노라:
오, 내 사랑하는 벗의 아름다운 이마에 그대의 시각(時刻)을 새기지 마라.
그대의 케케묵은 펜으로 그 얼굴에 주름의 선을 긋지 마라.
뒤에 태어나는 사람들에게 아름다움의 본보기가 되도록
그대 시간이 가는 과정에서 그이를 더럽히지 말고 내버려두어라.
그러나 늙어빠진 시간이여, 그대의 최악의 짓을 다 하여라.
그대의 사악한 짓에도 불구하고 내 사랑하는 벗은 내 시 속에서 영원히 젊게 살리리라..

『소네트 19번』

여러 가지 요인이 있겠지만 자녀 양육과 교육의 어려움이 젊은이들의 결혼과 자녀 생산을 주저하게 한다. 남녀가 만나 사랑을 나누고 가정을 이루어 다음 세상을 이어갈 자손을 생산하고 교육하는 것은 인간의 가장 기본적인 업(業)이다. 그리고 워낙 자연스러운 일이다. 어렵고 힘든 일을 싫어하는 세대가 인간사회의 가장 원초적이고 기본적인 과업조차도 회피하게 한다니!

셰익스피어는 『소네트 작품집』에서 결혼하여 자식 낳을 것을 권하고 있다. 그의 소네트 154편중 1번부터 17번까지는 주로 자기가 사랑하는 젊은 미남 친구에게 결혼하여 후손을 생산하기를 권하는 것이 주제로 되어 있다. 그의 권고는 물론 현재 우리사회의 결혼과 출산의 권장과는 그 맥락이 아주 다르다. 셰익스피어가 젊은 친구에게 자식을 생산하라는 이유는 두 가지이다.

첫째는 미남인 젊은 친구의 아름다움을 자식에게 물려주어 미(美)를 영속하게 하는 것이고 ("그 아이의 미가 그대의 유전인 것을 증명하면서…": 소네트 2번), 둘째는 시간의 파괴력을 정복하자는 것이다.("낳은 자식이 없다면 시간이 그대를 베어갈 때/ 아무 것도 '시간의 낫'을 막을 수 없으리": 소네트 12번) 때가 되어 죽음에 이를지라도 자식이 있다면 그 자식 속에 아름다움을 비롯한 자신의 개체적 유전인자는 계속 유지될 것이고 자식 속에 자기는 살아있는 것이니 시간의 파괴력을 극복할 수 있다는 것이다.

셰익스피어는 시(詩)는 영원하리라는 것을 소네트 곳곳에서 말하고 있다. 시가 영원하기 때문에 시 속에 젊은 미남 친구를 아름답게 그려 놓으면 '시간의 낫'에 꺾이지 않고 영원히 살아 있을 것이라 한다: "대리석도, 금빛 찬란한 기념비도, 사람을 감동시키는 시보다 오래 남지 못하리라./(…)/ 전쟁의 급한 불도 그대를 기억하는 이 기록을 태우지 못하리./(…)/ 그대의 예찬은 말세까지 이 지상에 영속할 자자손손의/ 눈 속에, 이 시 속에 살아남으리라." (소네트 55번); "시간의 낫 끝이 베려는 곳에 살아남는 것 없지만,/ 내 시는 시간의 잔인한 손을 물리치고,/ 그대를 찬양하며 다가올 세월에 길이 남으리라." (소네트 60번)

셰익스피어는 그리스신화의 '시간의 신' 크로노스(Cronos)에 묘사되고 있는 시간의 속성을 소네트에 도입하고 있다. 하늘의 신 우라노스와 대지의 여신 가이아의 아들인 크로노스는 가이아의 사주를 받아 그녀가 만들어준 '낫'으로 가이아를 홀대한 우라노스를 거세한다. 그는 아버지를 거세했기 때문에 자기가 낳는 자식들 중에 자기를 거세할 자가 있으리라 생각하고 그런 사태를 미연에 방지하기 위하여 아내가 낳는 자식을 낳는 족족 삼켜버렸다(제우스신을 제외하고).

시간의 신은 자기가 (낳아) 존재하게 한 것을 자기가 도로 삼켜 없애버린 것이다. "그대는 모든 것을 낳고, 또한 모든 존재하는 것을 소멸시킨다."(『루크리스 부인의 강간』 928행) 모든 존재는 어느 시점에서 세상에 존재하기 시작하지만 일정한 시간이 지나면 그 존재는 사라진다. 다시 말하면 시간은 시작이 있는 모든 것을 끝나게 한다. 셰익스피어는 시간의 이러한 속성을 시간의 신 크로노스가 자기 아버지 우라노스를 처치할 때 쓴 '낫'을 인용하여 '시간의 낫(Time's Scythe)'이라 하였다.

소네트(sonnet)라는 시 형식은 영국의 르네상스 시대인 엘리자베스조(셰익스피어 시대라고도 함)에 이태리로부터 수입되어 유행하였다. 소네트는 각 행이 10음절로 되어 있고 모두 14행으로 되어 있는 엄격한 형식의 정형시이다. 셰익스피어의 소네트는 각 4행으로 된 세 분단에서 전개시킨 시상(詩想)이 마지막 2행에서 결론을 맺는다.

위에 인용한 소네트는 시간의 파괴력에 도전하고 사랑하는 벗의 아름다운 모습을 시 속에 그려놓으면 시간의 낫에 꺾이지 않고 시간에 맞설 수 있음을 당당하게 말한다. 대지에서 태어난 모든 것은 시간이 지나가면서 모두 죽어 대지로 돌아가게 하기 때문에 '마구 먹어치우는 시간'이라 하였다. 발 빠른 시간이 지나가면서 세상 만물에게 저지르는 시간의 파괴력을 나열하고, 사랑하는 벗을 늙게 하는 시간의 횡포를 말하면서 그렇게 하지 말라고 경고한다. 그러나 하고 싶은 대로 할 테면 해 보라, 화자인 시인 자기에게도 잔인한 '시간의 낫'을 극복할 수 있는 방법이 있다고 큰소리친다. 자기의 시 속에 후세 남자들의 미의 표본이 될 정도로 미남 벗의 아름다운 모습을 그려놓으면 시간의 낫에 꺾이지 않고 영원히 존재할 것이라고 자신 있게 선언하는 것으로 결론을 맺고 있다.

『소네트 시집』에 묘사되는 '시간'에는 양면성이 있다. 시간은 모든 것을 파멸시키면서 한편으로는 모든 것이 성장하고 발전하는 것도 시간을 통해서라는 것을 말하고 있다. 그는 현재 못지않게 미래도 중요하다고 말한다.

셰익스피어는 아름다운 인간의 모습이 '시간의 낫'에 파괴되는 것이 자기 아버지의 남근까지도 끊어낼 정도로 잔인한 시간의 횡포라 여긴다. 그것을 극복하는 방법으로 후손을 낳아 아름다움을 유전시켜 존속시키는 방법과 그 아름다움을 시 속에 그려놓아 영속시키는 방법을 제시하고 있다. 시는 세월이 가도 그 어떤 기념비적인 공작물보다 더 오래 견딜 수 있지만 후손에게 아름다움을 유전시키는 일은 결혼을 하지 않거나 후손을 생산하지 않으면 이룰 수 없는 일이다. 셰익스피어는 후손을 생산하지 않으리라는 것은 상상하지 못하였던 걸까. 우리 사회의 출산기피 풍조는 상상력의 천재인 셰익스피어조차도 생각하지 못하였던 기상천외한 일이다.

자녀를 양육하는 과정은 크나큰 행복을 안겨준다는 것은 누구나 알고 있는 사실이다. 애완용 강아지를 두는 것도 큰 즐거움을 주는데,

하물며 면면히 이어지는 조상과 자신의 핏줄, 자기를 닮은 자기 분신 같은 2세임에랴. 세상이 이대로 사라지지 않으려면 남녀가 결혼하여 자손을 생산하고 양육하여 인간세상을 이어가야 한다. 이제는 나라가 나서서 결혼과 출산장려정책을 쓰고 있는 시대가 되었다. 셰익스피어의 소네트에 나타나는 결혼(후손생산)의 의미와 오늘날 우리 사회의 그것과는 매우 다르지만 자신의 유전인자를 영속시킨다는 점에서는 같은 맥락이라 할 것이다. 가차 없는 시간의 낫에 저항할 수 있는 방법이다.

인용원문

Devouring Time, blunt thou the lion's paws,
And make the earth devour her own sweet brood;
Pluck the keen teeth from the fierce tiger's jaws,
And burn the long-liv'd phoenix in her blood;
Make glad and sorry seasons as thou fleet'st,
And do whate'er thou wilt, swift-footed Time,
To the wide world and all her fading sweets;
But I forbid thee one most heinous crime:
O, carve not with thy hours my love's fair brow,
Nor draw no lines there with thine antique pen;
Him in thy course untainted do allow
For beauty's pattern to succeeding men.
  Yet, do thy worst, old Time. Despite thy wrong,
  My love shall in my verse ever live young.

[*The Sonnets* 19]

[주]

phoenix (신화에 나오는) 불사조: 이새는 태어난 지 500년이 되면 자신의 피를 태워 그 속에서 다시 태어나는 죽지 않는 새

fleet'st pass quickly: 빨리 지나가다

heinous dreadful: 지독한

thy course the passage of time: 시간이 흘러가는 과정

27
유태인과 인종차별

앤토니오 그놈은 나를 모욕했고 수 없이 나에게 훼방 놓았다. 나의 손해를 보고 비웃고, 이득은 조롱했다. (…) 이유가 무엇이란 말인가? 내가 유태인이니까. 유태인은 눈도, 손도, 오장육부도, 수족도, 감각도, 감정도, 분노도 없단 말인가? 같은 음식을 먹고 살고, 같은 흉기에 찔릴 수 있고, 같은 병에 걸릴 수 있고, 또 같은 처방으로 치료될 수 있다. 같은 겨울, 같은 여름에 따뜻이 해야 하고 시원하게 하지 않는가, 기독교인과 똑같이 말이야? 우리도 바늘에 찔리면 피가 안 나고, 간질이면 웃지 않고, 독을 먹이면 죽지 않는가? 그러니 우리가 모욕당하면 복수하지 않을 것인가? 그 외 다른 모든 것에서 우리가 당신네 기독교인들과 같다면, 복수하는 데서도 당신네들과 꼭 같이 할 것이다.

『베니스의 상인』 3막 1장 46-56행

요즘은 듣기 힘들지만 '새로 만들어진 길'이란 뜻의 '신작로(新作路)'란 말이 있다. 일제 강점기 때 일본사람들이 자기네들의 필요에 의하여 길을 넓히고 트고 하였지만 그 전에는 볼 수 없었던 새로운 개념의 길이었다. 그러나 그 신작로가 생긴 뒤에도 고갯길에는 더 많은 사람들의 슬픈 이야기와 눈물이 뿌려졌다. 주로 고향을 등지는 사람들과 고향에 남는 자들의 눈물어린 이별의 이야기여서 아무리 들어도 늘 슬픈 이야기였다.

그런데 그 신작로 고갯길보다 더 멀고 험한 고갯길은 봄이면 어김없이 찾아오는 배고픈 고개, 보릿고개였다. 찬란하게 긴 봄 햇살은 배고픔을 한층 견디기 힘들게 한다. 6·25 전란이후 1950년대 궁핍의 시절에 굶는 집의 입 하나는 엄청 커 보인다. 식구들을 위하여 입 하나 덜려고 딸아이를 도시로 식모살이 보내면서 신작로 고갯마루에서 흘리는 어머니의 눈물은 보는 사람들의 마음을 애잔하게 하였다.

60년대 후반 산업화가 일어나던 때는 집안 살림에 보탬이 되고자 돈벌이 하러 도시 공장에 취업하기 위하여 넘던 눈물의 신작로 고갯길이었다. "앵두나무 우물가에 동네처녀 바람났네, 말만 들은 서울로 도망가네"라는 유행가에서 보듯이 화려한 도시생활에 대한 허황한 꿈을 안고 도시로 도망 나갈 때도 신작로 고개를 넘는 것이었다. 몇 십 년을 계속 그렇게 떠났으니 시골남자가 장가들 처녀가 남아있을 리 없다. 시골남자들은 늙은 노총각이 되도록 장가들기가 하늘의 별따기였다. 처녀들에게 버림받은 시골총각들은 가만히 앉아서 총각귀신이 될 수는 없었다. 그들은 동남아시아 나라로 눈을 돌려 그 나라의 처녀들과 국제결혼을 하기 시작하였다. 한국의 경제성장으로 이들 여성들뿐만 아니라 이 지역 남성들도 코리안 드림을 안고 불법 밀입국까지 마다 않고 끊임없이 밀려들고 있다.

2000년대에 들어서 이들 지역에서 온 공장노동자, 결혼한 이주여성,

그들에게서 태어난 혼혈아들의 문제가 일각에서 사회문제로 부각되기 시작했다. 우리는 오래전부터 외세에 시달려 와서 그런지 일찍부터 단군의 자손, 백의민족, 배달겨레, 한(韓)민족 등의 이름으로 한 핏줄이라는 민족혈통의 순수성을 강조하는 의식이 유달리 강했다. 한마디로 우리는 단일 민족이라는 것이다. 단일민족이라는 단어자체가 배타적 민족주의의 냄새가 짙다. 우리 민족의 혈통을 지니지 않은 자를 구별하여 차별한다. 우리와 외모가 다르면 핏줄이 다르다며 소외시키고 심지어 우리사람과의 사이에 태어난 혼혈아조차 차별한다. 이런 폐쇄적인 배타성은 필연코 비인도적인 인종차별을 자아낸다. 글로벌 시대에 세계와 열린 관계를 형성하려면 이런 폐쇄적 배타성은 반드시 고쳐져야 한다.

최근의 통계에 의하면 국내 거주 외국인은 100만 명을 넘어섰다. 그 중 이주여성들은 상당한 숫자에 이르고 그 자녀들도 매년 3000명이 넘게 태어나고 학교에 다니는 숫자는 1만 명 이상 된다고 한다. 이들은 지금까지는 드러나지 않은 소외계층을 형성하게 되었다. 그들은 인종적 소수집단으로 소외되었고 한국사회에 적응하는 데 많은 걸림돌과 어려움을 겪고 있다. 특히 이들 이주외국인들이 견디기 힘든 것은 한국인들의 터무니없는 우월감에서 오는 인종차별이라고 한다.

흑과 백의 색깔을 두고 이야기할 때 서구인들의 그릇된 고정관념은 백은 선이요 흑은 선이 아니다 이다. 그들은 백인은 중심에 두고 흑인은 변두리에 위치시키는 의식이 자리 잡고 있다. 백인들이 미국사회에서 자신들과 아프리카계 흑인들 간에 적용시키는 이 고정관념이 우리에게 적용되는 것일 수 없는데도 백의민족(白衣民族)이라 흰색을 숭상하는 전통 때문인지는 모르지만 우리보다 좀 까무잡잡하다고 해서 우리 민족의 피부색이 백인처럼 월등히 흰색에 가까운 우월성이 보이지 않는데도 서구인들의 이분법적 고정관념을 이들에게 적용한다.

서양의 백인과 아프리카계의 흑인과의 뚜렷한 흑백차이에 비하면 그 차이는 크지 않다. 그런데도 그것도 차별할 수 있는 빌미가 되는 것인지 그들을 인종차별적으로 폄하하는 것을 쉽게 볼 수 있다. 미국사회의 인종차별에서 볼 수 있었던 많은 사례들과 소수 집단이 겪는 여러 가지 차별적 서러움을 그대로 볼 수 있다. 특히 자녀들의 문제는 아프리카계 미국인들의 경우에서 볼 수 있는 것보다 더 심하게 그들을 왕따 시키고 놀리고 하여 이들에게 커다란 마음의 상처를 남긴다.

우리가 일제의 식민 지배를 받으면서 그들에게서 차별받던 일이 아직 1세기도 채 지나지 않았다. 외모적으로는 일본인들이 우리보다 오히려 왜소하고 열등해 보이는데 단지 총칼을 앞세운 무력적 지배 때문에 압박과 설움을 견뎌야 했다. 그들은 '조센징' 또는 '센징'이라는 경멸적 호칭으로 우리 백의민족을 멸시하였다. 그들의 지배를 받는 동안 우리는 얼마나 많은 비애를 겪어야 했던가. 그런 우리 민족이 이제는 자기들보다 조금 까무잡잡한 동남아 출신 사람들을, 우리보다 경제적인 면으로 조금 후진국이라는 이유로 그 나라에서 시집온 사람들과 그 자녀들을 인종 차별한다.

얼마 전에 있었던 인종차별에 대한 피맺힌 절규를 들으면 가슴이 서늘해진다. 쩐 타인 란이라는 베트남 출신 결혼이민 여성은 결혼 한 달 만에 자살하였다.(이런 일이 비일비재하여 이제는 뉴스거리도 안 된다.) 그녀는 한 줌의 재로 변해 홀어머니에게 돌아갔다. 딸의 갑작스러운 죽음은 홀어머니에게 청천벽력과 같은 소식이었을 것이다. 딸의 자살을 믿을 수 없었던 란의 어머니는 자살한 이유와 사인이라도 확인하려고 어렵게 한국에 왔지만, 해답을 들을 수 없었단다. 란의 사인이 무엇이든 그녀의 죽음에 대하여 우리 사회는 수치스러움을 피할 수 없고 그 책임 또한 면할 수 없다. "우리는 누구나 다 똑같은 인간이다. 단지 나라만 다를 뿐이다"라는 란의 피맺힌 절규는 우리 사회가 그녀를 어떻게 대해왔으며 어떻게 인종차별을 해왔는지에 대한 경종이 아닐 수 없다.

위의 인용문은 『베니스의 상인』 3막 1장에서 유태인 고리대금업자 샤일록이 유태인이기 때문에 기독교인들에게서 사무치도록 받은 인종차별의 수모에 대하여 복수하고자 하는 샤일록의 마음다짐이다. 샤일록이 앤토니오에게 그의 친구 바사니오의 결혼자금을 빌려주면서 계획적으로 이자 대신 생살 한 파운드를 저당 잡힌 앤토니오의 상선이 파선되었다는 소식을 듣고 복수의 기회가 왔다면서 하는 말이다.

이 극의 배경에는 셰익스피어 시대에 유태인에 대한 차별이 심했던 시대적 문제가 깔려있다. 1594년 엘리자베스 여왕의 궁중 전의(典醫)였던 유태계의 돈 로드리고 로페즈라는 사람이 여왕암살사건에 관련되어 사형에 처해진 일이 있었다. 이 사건으로 인하여 유태인에 대한 차별대우가 시대적 흐름으로 부각되었다. 그러나 셰익스피어는 샤일록을 단순한 악한으로 그리고 있지는 않다. 소수집단으로서 민족적 수난을 받아온 유태인 샤일록이 인간적인 수모에 대하여 원한과 복수심을 갖는 것은 당연하다. 또한 그 속에는 기독교인들의 위선이 풍자되고 있다.

이 극은 희극으로 분류되고 특히 샤일록은 여러 가지 인물로 해석되지만, 샤일록의 관점에서 보면 유태인이기 때문에 인종차별이라는 민족적 수난과 개인적인 수모를 당하고 모든 것을 다 잃는다. "집을 받치고 있는 기둥을 빼어 가버리면 집을 빼앗아가는 것이나 같은 것처럼, 내가 의지하고 살아가는 재산을 빼앗아 가면, 그게 바로 내 생명을 빼앗는 것"(4막 1장)이라는 절규에서 알 수 있듯이 비극적 인물로 그려지고 있다. 이극의 연출자는 샤일록의 이런 내적 갈등과 비극성에 초점을 맞추어 연출해야 극에 활기가 살아난다.

유태인도 기독교인들과 같은 신체, 감각, 분노, 감정들을 가졌고, 같은 음식을 먹고 살고, 상처 나면 똑 같이 붉은 피가 나고, 같은 병에는 같은 처방으로 치료되고, 추위와 더위도 같이 느끼고, 독을 마시면 똑같이 죽는 것. 그 외 다른 모든 면에서 유태인과 기독교인들이 같다면 모욕당하면 복수하는 것도 똑같이 하지 않을 수 없다는 정연한 논리로 자기의 처신을 정당화한다. 인간은 유태인이건, 흑인이건, 황색인이건, 백인이건 모든 면에서 다를 것이 없이 다 똑같다. 위의 인용문에서 볼 수 있듯이 샤일록의 유태인 차별에 대한 원한서린 부르짖음은 인종차별 때문에 자살한 딸을 두고 터뜨린 베트남 여인 쩐 타인 란의 "우리는 누구나 다 똑같은 인간이다. 단지 나라만 다를 뿐이다"라는 피맺힌 절규와 다를 것이 없다.

인종차별의 극단적인 예가 2차 대전 때 게르만민족의 순혈주의에 입각한 히틀러의 유태인 대학살(Holocaust)일 것이다. 인종주의거나 민족순혈주의거나 이렇게 가공할 죄악을 저지를 수 있다. 문화회전속도가 급속히 빨라지고 세계가 하나의 공동시장으로 형성되는 글로벌시대에 국민국가들은 보편적 다수 인종이 소수 인종의 특이성을 인정하고 정치적 의사를 받아들이면서 혈통이 다른 인종들끼리 한 국민으로 어울려 살아가는 공동체로 변해가는 추세이다. 다문화, 다인종이 유입되어 다문화가족이 어울려 사는 시대가 되면서 인종과 민족을 뛰어넘는 세계화 추세는 시민사회로부터 일어나고 있다. 백의민족, 한민족 등 단일민족이라는 의식은 열린 세계를 지향하는 시대정신에 역행하는 폐쇄적 배타성을 상징하는 말이 되었다. 그것은 시대상황에 어긋나는 것으로 배척된다. 그렇게 되면 인종차별은 자연히 해소될 것이고 민주주의가 이상으로 하는 자유, 평등, 평화에 근접하는 고도의 근대사회가 이루어지는 토대가 마련될 것이다. 부당한 인종차별과 같은 비 인권적 처사에 샤일록이 부르짖는 것과 같은 절규는 다시는 보이지 않는 사회가 될 것이다.

인용원문

He[Antonio] disgrac'd me and hindr'd me half a million; laugh'd at my loss, mock'd at my gains. (...) And what's his reason? I am a Jew. Hath not a Jew eyes? Hath not a Jew hands, organs, <u>dimensions</u>, senses, affections, <u>passions</u>, fed with the same food, hurt with the same weapons, subject to the same diseases, healed by the same means, warmed and cooled by the same winter and summer, as a Christian is? If you prick us, do we not bleed? If you poison us, do we not die? And if you wrong us, shall we not revenge? If we are like you in the rest, we will resemble you in that.

[*The Merchant of Venice*, III. i. 46-56]

dimensions bodily parts: 신체의 각 부분

passions violent anger: 분노, 격분

28
부부 클리닉

저는 지금 음탕한 짓을 하고 있어요. 저의 피는 불의의 욕정으로 들끓고 있어요. 왜냐 하면 우리 두 사람은 한 몸이니 당신이 불의의 행위를 하면, 당신의 살 속에 스며든 독소가 저의 몸에 전염되어 저도 매춘부가 되니까요. 그러니 옳은 약속을 지켜, 당신의 참다운 침실과 화목하세요. 당신만 불명예스러운 일을 안 하면 저는 결백해요.

『실수연발』 2막 2장 139-144행

우리는 평생을 살아가는 동안에 수많은 사람들과 만나고 인연을 맺고 같이 교유하며 살다가 또 헤어지고는 한다. 그런 많은 인연 중에서 남녀가 그리워지는 애정으로 서로를 선택하여 드디어는 부부로 서로의 짝이 되는 것은 가장 중요하고 귀중한 만남과 선택이라 할 것이다. 생각해보면 세상에서 두 사람의 짝이 될 수 있는 사람은 밤하늘의 별처럼 수없이 많은데, 그런데 그중에서 그 누구도 아닌 바로 이 몸과 맺어져 부부라는 이름으로 평생을 한 지붕 한 이불 밑에서 살을 붙이고 살아가는 사람, 서로에게 참으로 귀한 인연이라 아니할 수 없다.

그러나 남남인 한 남자와 한 여자가 한 몸이 되게 한 애정도 식어지기 쉬운 것이 사실이다. 아들 딸 낳고 단란하게 살다가도 언제부터인가 둘 사이에 애정이 자리 잡았던 곳에 증오가 도사리기 시작한다. 지혜로운 부부는 이러한 냉전기를 잘 넘기고 이전의 오순도순 한 사이로 복원되지만 그렇지 못하고 이혼이라는 최악의 수순을 밟아 헤어지는 부부도 허다하다.

남녀가 만나 부부가 되어 자녀를 낳아 가정을 이루는 것은 가장 원초적인 혈족관계를 맺어서 사회의 기본적인 구성단위가 된다. 우리나라는 친족 간의 멀고 가까운 관계를 촌수(寸數)라는 제도로 나타낸다. 이는 족보(族譜)의 기초이며 혈족관계를 일목요연하게 보여주는 아주 과학적인 체계이다.(인간의 혈통관계계보를 연구하는 보학(譜學)이라는 학문이 세계에서 가장 체계적으로 발달되어 있는 나라가 바로 우리 한국이다.) 가장 가까운 혈연관계인 부모자식 간은 일촌이고 형제간은 이촌, 부모의 형제와의 촌수는 삼촌 등등, 친족 간의 관계가 멀어질수록 촌수도 멀어진다.

그런데 절묘한 것은 부부간의 촌수이다. 부부간에는 촌수가 없다. 무촌(無寸)이다. 이는 일촌보다 더 가까운 한 치의 틈도 없는 가장 가까운 관계이면서, 동시에 아무런 관계도 아닌 영(零: 제로) 또는 무(無)의 관계이기도 하다. 이 무촌은 다른 친족관계는 아무리 멀리, 또 오래 떨어져 있어도 그 촌수는 그대로 유지되지만 부부관계만은 헤어지면 그만, 아무런 관계도 아닌 것이 된다는 것을 보여주고 있다. 무촌관계인 부부는 두 사람이 하기에 따라서 결혼 본래의 의미가 그대로 유지되어 영원히 사랑하는, 촌수의 틈도 용납하지 않는 가장 가까운 관계로 되거나, 아니면 이혼하여 아무 관계도 아닌 제로관계(no relation)로 무한히 먼 관계가 되는 양극단의 관계로 발전할 수 있다는 것이다.

최근의 통계에 의하면 우리나라는 매년 12만~14만 쌍의 부부가 헤어지고 있다고 한다. 불행히도 하루 평균 342쌍이라는 적지 않은 수의 부부가 이혼을 한다. 이 통계는 한 치의 간격도 없는 무촌의 친족으로 있다가 쉽게 남남이 되는 영(0)의 관계로 전락, 해체되는 가정이 얼마나 많이 늘어나는 지를 잘 보여주는 통계치라 할 것이다. 그 책임이 부부의 어느 쪽이 더 큰지는 여러 가지 경우의 수(數)가 있을 것이다. 불경기인 요즘에는 경제적인 이유로 이혼이 많을 것으로 추정되지만, 놀랍게도 여전히 혼외정사에서 연원되는 배우자의 불륜관계가 이혼의 원인이 되는 경우가 더 많다고 한다.

얼마 전까지 부부관계에서 혼외정사에 관한 남편에게 관대한 반면 부인에게는 매우 엄혹하였었던 불공평한 가부장시대가 있었다. 남녀동등의 시대적 흐름에 따라 여성의 지위가 향상되어 사회적 활동이 많아지고 맞벌이 부부들이 많아졌다. 그런 패러다임의 변화는 이혼을 가볍게 여기고 쉽게 가정을 해체시키는 부작용을 낳았다. 시대의 변화에 민첩하게 대처하는 맞벌이부부는 돈독한 사랑이 깃든 무촌관계를 유지하기 위하여 서로에게 가정생활의 어려움을 가볍게 하고자 집안일을 반반씩 나눠서 하는 지혜를 발휘한다. 빨래와 설거지는 물론 생활비까지도 반반씩 부담한다. 그러나 가사분담과 자녀들의 교육문제 등 현대 가정의 일상생활은 수많은 문제들과 마주치게 한다. 문제해결을 위한 서로의 노력은 많은 의견 상충과 다툼을 야기 시키고 그 결과로 부부관계는 스킨십조차 이루어지지 않게 된다. 그들에게 틈새도 있을 수 없을 정도로 정답던 부부사이에는 증오의 파란 뱀이 똬리를 틀기 시작하고 드디어 서로를 부정하는 제로관계로 다가간다.

싸늘하게 식어버린 애정은 이전의 시각적 후각적 아름다움 등에서 느끼던 매력이 고갈되었음을 알게 할 뿐이다. 자녀들의 양육문제가 걸림돌이 된다고 한들, 교양이니 지성이니 인내심들을 동원하여 인위적인 노력을 기울여본들, 더 이상 사라진 무촌의 돈독한 애정을 되돌려놓을 수는 없다. 여성의 입장에서 본다면 자신들을 옥죄던 억압의 굴레를 벗어던지고 자아에 충실한 성적 본능을 마음껏 펼치게 됐다. 관심의 눈길은 자기도 모르는 사이에 밖으로 돌려지고, 바깥의 조그마한 이끌림에도 취약하게 반응, 혼외정사와 불륜에 쉽게 빠져든다.

셰익스피어시대의 영국은 최고통치자가 여왕이었건만 백성의 가정은 남성중심인 가부장제도의 시대였다. 이 시대는 남편이 바깥에서 가정의 일용할 양식을 위하여 열심히 일할 때, 아내는 순수한 마음가짐과 가정을 지키는 아름다운 모습으로 남편을 즐겁게 해주면 되었었다. 부인들은 바깥활동이 허용되지 않은 채 수동적인 사랑을 받는 것으로 자신들의 역할은 끝나는 것이었다. 오죽하면 연극작품에 등장하는 여성의 역할을 하는 여자 배우조차 존재하지 않을 정도로 여성의 바깥활동이 제한되었겠는가(이 시대의 연극무대에서는 여자의 배역은 변성이 안 된 소년이 맡아하였다).

위의 인용문은 셰익스피어의 첫 희극작품인 『실수연발』에 나오는 대목이다. 어떤 상인 부부가 쌍둥이 아들을 낳고, 같은 시간 같은 여관에서 또 한 쌍의 쌍둥이가 태어난다. 상인은 그들을 자기 쌍둥이 아들들의 하인으로 키우기로 하고 그들을 데리고 배를 타고 떠나지만, 배가 난파하여 뿔뿔이 헤어진다. 시라큐스에 살던 동생은 쌍둥이 형을 찾으러 쌍둥이하인을 데리고 에피서스에 왔다가 자기도 모르게 그의 형과 혼동되어 갖가지 희극을 연출한다. 주인과 하인 두 쌍의 쌍둥이가 상대방을 알지 못한 채 같은 거리에서 만나지만, 형수는 시동생을 남편으로 혼동하고, 주인과 하인은 서로 바뀌어 주인이 다른 하인과 어울려 다니면서 요란한 익살극을 자아낸다. 마침내 수녀원장의 도움으로 피차의 정체를 알게 되는데, 알고 보니 수녀원장은 이 쌍둥이 형제의 친어머니요, 이 자리에서 형장으로 끌려가던 아버지도 만난다. 이 극은 사건이 인물들을 압도하고 논리를 초월하는 유쾌하고 재미있는 희극이다.

위의 대목은 에피서스에서 살고 있는 쌍둥이형의 부인 아드리아나는 남편이 바람을 피우기 때문에 집으로 돌아오지 않는다고 생각하고 남편을 찾아 나섰다가 우연히 길에서 시라큐스에서 온 남편의 쌍둥이 동생을 만나게 된다. 그를 남편으로 착각하고 바람피우는 남편에 대한 불만을 늘어놓는 말이다. 부부는 한 몸이기 때문에 어느 한쪽이 불륜을 저지르면 자칫 전염되기 쉬운 불륜의 독소가 상대방에게 바로 전이 되고, 그것은 불륜을 저지를 수 있는 빌미가 된다는 것. 그 말 속에는 당신이 불륜을 저지르는데 난들 그럴 수 없겠느냐는 일종의 협박이 숨어 있기도 하고, "우리 두 사람은 한 몸"이라는 말은 부부는 한 치의 간격도 없는 무촌의 관계일 수 있지만, "당신이 불륜을 저지르면 나도 바람피울 수 있다"는 말에는 영원히 남남으로 헤어져 제로관계로 전락할 수 있다는 뜻이 함축되어 있다. "옳은 약속을 지켜, 당신의 참다운 침실과 화목하고, 당신만 불명예스러운 일을 안 하시면 저도 결백해요"라는 말은 부부간의 신의를 지키면 한 치의 틈새도 없는 돈독한 무촌의 부부관계가 될 수 있다는 뜻이다.

부부의 애정은 배타적 독점적 성격을 지니기 때문에 서로에게 정절을 지킬 의무를 진다. 부부는 애정의 유무와 강도를 서로에게 정절을 지키는 의무에서 측정하려 한다. 하여 섹스의 문제와 정절의 문제는 서로 배반적일 수밖에 없다. 섹스의 본능에 충실할 때 정절은 지켜지기 어렵고, 정절을 지키려할 때 섹스의 본능은 억제해야 하기 때문이다. 섹스와 정절의 문제는 부부관계를 간격제로의 무촌관계가 되게 하거나 무한간격의 제로관계가 되게 하거나에 주된 변수가 된다.

남녀 간의 애정과 섹스문제를 많이 다룬 영국의 소설가 로렌스(D. H. Lawrence)의 혼외정사 문제를 다룬 소설『채털리 부인의 사랑』(Lady Chatterley's Love)에서 남편 클리포드가 하반신의 불구로 성(性) 장애자이면서도 부인 코니에게 다음과 같은 말로 부부관계를 묶어두고자 한다. "가끔씩 맺는 관계가 무엇이 중요하겠소? 중요한 것은 서로의 습관을 서로에게 익히는 것이오. 습관은 이따금씩 일어나는 성적흥분보다 더 중요하고 생명력 있는 것. 이런 관계를 계속해 간다면 섹스문제는 적당히 조절할 수 있을 것이오. 때때로 갖는 우연한 섹스 같은 것은 오래도록 함께 사는 생에 비하면 아무것도 아니지요. 만일 섹스의 부재가 당신을 방황하게 한다면 밖에 나가서 정사(love affair)를 갖도록 해요."[5장에서]

남편 클리포드는 부부에게 섹스와 그것에서 연원되는 커다란 행복이 얼마나 중차대한 것인지를 간과하고 있다. 그는 무촌의 부부관계에서 한 치에 해당하는 섹스문제가 제로관계로 전락시킬 수 있는 키포인트인 것에 대한 언급을 일부러 회피하고 있다.

얼마 전 보도에 의하면 한 가정주부가 내연의 남자와 짜고 남편을 교통사고로 위장하여 살해한 혐의로 검거된 사건이 있었고, 또 내연의 남자가 있는 간호사인 30대 주부가 남편과의 성적갈등으로 술에 취해 잠든 남편에게 과량의 마취제를 주사해 숨지게 한 혐의로 무기징역형을 선고 받았다는 사건이 있었다.(2009. 3. 25일자 동아일보)

이 두 사건은 남편과 성적 갈등이 있었고 더불어 내연의 남자가 있었다는 것, 그리고 거액의 보험금을 노렸다는 공통점이 있다. 두 여인의 범행은 섹스문제와 금전문제를 일거에 해결하려는 동기에서 비롯된 것이다. 섹스문제가 한 치의 간격도 없는 부부사이에 얼마나 큰 간격을 야기할 수 있는지를 극명하게 보여주는 사건이다. 섹스문제와 금전문제는 가장 원초적인 탐욕의 기재(機才)이며 이는 부부사이에서도 예외일 수 없다.

최근에는 부부로 이어주는 데 방해가 되는 요인으로 경제적인 어려움이 한 몫을 한다. 세계적인 불황은 많은 젊은이들로 하여금 결혼을 미루게 하여 부부인연 맺음을 방해한다고 한다. 그런데 일단 하고 보면 결혼은 독신 때보다 직접 간접으로 훨씬 경제적이라는 연구가 있다. 미국 럿거스 대학 포페노 교수는 "결혼은 그 자체가 부(富)를 창출하는 기관"이라 하였다. 부부의 생활비는 각자의 독신생활비보다 훨씬 절약되고 가사(家事)를 분담함으로써 생산성이 향상되기도 한다는 것이다. 다트머스 대학 플라워 교수에 의하면 결혼의 경제적 가치가 한 해 10만 달러에 달한다고 한다. 이혼한 사람이 결혼한 사람만큼의 행복을 느끼려면 한 해 수입이 10만 달러는 더 늘어나야 한다는 계산이다. 이 계산에는 부부가 함께 살면 혼자 사는 사람보다 수명도 길어진다는 행복요인은 제외되어 있다. 이 학자들에 의하면 부부생활은 이렇게 독신생활보다 물질적으로뿐만 아니라 정신적으로도 훨씬 이익이 된다. 부부생활에 적신호가 오면 부부 클리닉을 받더라도 기어이 극복해야 하는 이유가 여기에 또 있다.

영국 옥스퍼드대학의 수학자 제임스 머레이 교수는 평생 부부생활을 계속하게 될지 아니면 이혼하게 될지의 여부를 예측하는 공식을 개발하였다고 한다. 그는 700쌍의 부부에게 돈과 섹스 등의 논쟁거리에 대해 논의할 때 농담이나 애정이 담긴 말이 나오면 좋은 점수를 주고, 방어적이거나 분노에 찬 발언이 나오면 나쁜 점수를 주는 방법으로 12년에 걸쳐 1~2년 간격을 두고 이들 부부에게 연락해 이혼여부를 확인해본 결과 전자는 부부생활을 계속하였고 후자는 이혼하였다고 한다. 긴장되고 감성적으로 격렬하게 다투고 냉담한 분위기에서 지내거나, 서로에게 감동을 주는 따뜻한 애정의 시간이 연출되는 것, 이런 것이 수학적 모델로 요약될 만큼 쉽고 간단하다는 것이다.

부부라는 주제는 동서고금을 통하여 수많은 문학작품에서 다루어지고 있고 아무리 천착하여도 여전히 탕진되지 않는 복잡다단한 주제이지만, 수학자 머레이 교수의 실험에 의하면 공식화할 정도로 단순하고 간단한 것이다. 일상생활에서 발생하는 문제의 해결을 위하여 부부가 논의를 할 때 애정과 농담이 담긴 말을 쓰느냐 공격적 또는 방어적이거나 분노에 찬 거친 언사를 쓰느냐에 따라 부부생활의 명암이 갈라진다는 것이다. 머레이 교수의 실험결과를 보면 건전한 부부생활의 클리닉은 쉬운 일은 아닐지언정 간단하다: "애정과 농담이 담긴 예의적인 말을 쓰고 공격적 방어적이며 분노에 찬 거친 언사를 쓰지 않는 버릇"을 기르는 것이다.

결국 부부는 결혼 본래의 의미가 그대로 유지되어 영원히 애정 깃든 가장 가까운 무촌관계로 되거나, 아니면 이혼하여 아무런 관계도 아닌 제로관계(no relation)로 무한히 먼 관계가 되는 양극단의 관계로 전락하거나 하는 것은 본인 두 사람의 서로에 대한 마음자세에 달려있다. 부부생활에 적신호가 오면 그것을 고치기 위하여 부부 클리닉에 온 힘을 쏟더라도 기어이 이겨내야 하는 정신적 물질적 당위성은 이렇게 명백하다. 현명한 사람이라면 어느 쪽을 선택할 것인가는 자명하다. 부부는 서로에게 지붕이 되지만 오래 같이 살면 서로에 대한 매력이 새나갈 수도 있을 것이다. 지붕은 오래 되면 비가 새기 마련이니까.

촌수가 가까운 혈족들도 곁을 떠나지만 부부는 늘 함께하고 기쁠 때나 슬플 때나 그 모습이 가장 먼저 떠오르고 가장 나중까지 남아 있을 존재이다. 길을 잃으면 맨 처음 출발했던 곳으로 되돌아와서 다시 길을 더듬어 가면 잃었던 길을 찾을 수 있다. 부부로 맺어질 때의 가슴 떨리는 초심의 경지를 잃지 않는 것이 부부클리닉의 비결이다. 성선택이론(sexual selection theory)에 의하면 사람은 누구나 자신에 대한 배려를 잊지 않는 사람을 선호하기 때문에 서로 배려하기를 습관처럼 하는 부부는 언제나 서로에게 축복이 될 수 있는 사이라고 한다. 셰익스피어의 위의 인용문은 지붕의 비가 새기 전에 다스려야 할 부부클리닉의 단초를 어디에서 찾아야 하는지를 잘 보여주고 있다 할 것이다.

인용원문

I am possess'd with an adulterate blot;
My blood is mingled with the crime of lust;
For if we two be one, and thou play false,
I do digest the poison of thy flesh,
Being strumpeted by thy contagion.
Keep then fair league and truce with thy true bed;
I live dis-stain'd, thou undishonoured.

[*The Comedy of Errors*, II. ii. 139-144]

[주]

adulterate blot debased blemish: 음탕한 짓
strumpet prostitute: 매춘하다
league and truce amity and peace: 화목
dis-stained unblemished: 깨끗한

29
명예의 허상

인간이 가질 수 있는 가장 고귀한 보배는 명예입니다. 그것이 없어지면 인간은 금으로 도금한 양토 흙이나, 채색한 진흙에 지나지 않습니다.

(…)

저의 명예는 저의 생명이며, 둘은 하나입니다. 나에게 명예를 빼앗아 가면 내 생명은 끝나는 것입니다.

(…)

명예 속에 살고 명예를 위하여 죽을 것입니다.

『리처드 2세』 1막 1장 177-185행

명예는 남자에게나 여자에게나 영혼 다음 가는 보물이다. 내 지갑을 훔치는 놈은 쓰레기를 훔치는 거다. 돈은 있는 것이기도 하고 없는 것이기도 하다. 전에는 내 것이던 것이 지금은 그놈 것이고 수 천 명이 쓰던 것이었다. 그러나 내게서 명예를 빼앗아 가는 놈은 자기를 부유하게도 하지 못하면서 나를 빈털터리가 되게 하는 거다.

『오셀로』 3막 3장 159-165행

얼마 전 세상을 떠들썩하게 했던 가짜박사 소동은 진짜 박사학위 소지자들을 공연히 주눅 들게 하였다. 박사들을 주눅 들게 하는 또 다른 명칭의 박사가 있으니 '명박'이라는 줄임말로도 쓰는 '명예박사'이다. 일반적으로 명예박사는 학위연구과정을 밟고 그런 다음 제출하는 학위논문에 관계없이 학문과 문화에 많은 공헌을 하였거나 사회에 기여한 공적이 크다고 인정되는 사람에게, 엄격한 심사를 거친 후에 수여된다.

그런데 근년에는 재정적 압박을 받는 대학들이 대학의 발전기금에 기부하는 사람들에게 명예박사를 남발하는 경향이 많아졌다. 돈은 많지만 그에 걸 맞는 명예가 없는 사람은 돈으로 '명예'를 사고, 대학은 '박사학위'수여로 재정적 도움을 받게 되니 '명예박사'는 서로에게 좋다. 물론 명예박사소지자중 이런 분들은 일부에 지나지 않는다.

모름지기 '명예'자가 붙으면 돈과는 관계가 적은 덕목으로 여겨져 왔다. '명예영사', '명예시민', '명예교수', '명예직' 등. 다른 그 무엇보다 '명예'만 중요시되는 호칭들이다. '명예박사'도 본래의 취지는 금전적 기여와는 관계가 없는 그야말로 '명예로운' 박사였다. 다른 공적 없이 단지 금전(축재의 도의성여부에 관계없는)으로만 기여하고 얻은 명예박사는 이런 관점에서 본다면 '불명예박사'가 될 수 있다는 아이러니가 생긴다.

명예는 도덕적 존엄과 인격의 높음이 사람들에게 승인되고 높은 평가를 받는 것을 이르는 말이다. 명예에는 세상 사람들로부터 높은 평가와 존경받는 영광이 따르지만, 명예자체는 물질적인 이해관계와 별 연관이 없다는 것이 일반적인 인식이다. 시민사회의 형성과 일반 시민생활의 발달과 더불어 명예는 인격의 존엄에 관한 중요한 덕목으로 여기게 되었다. 사회적 평판이 따르는 명예는 개인에게 생명만큼 중요한 가치가 되었다. 명예를 잃어버리면 남는 것은 짐승들에게도 있는 것뿐

(『오셀로』 2막 3장)이라는 부르짖음에서 알 수 있듯이, 모든 사람이 생명을 귀중하게 여기지만 고결한 사람은 생명보다 명예를 더 값진 것으로 생각한다. 명예를 잃는 것은 적극적인 치욕에 해당하는 일로 잃어서는 안 되는 가치이기 때문이다.

셰익스피어는 여러 작품에서 명예의 귀중함을 다양한 등장인물의 입을 통하여 말하고 있다. 위의 첫 번째 인용문은 『리처드 2세』에 나오는 대목이다. 이 극은 리처드 2세의 사촌인 볼링브루크가 왕위를 찬탈하고 헨리 4세가 되는 내용을 극화한 것이다. 리처드 2세는 선량하지만 군왕의 자질이 부족한 유약한 왕이다. 볼링브루크의 부친 곤트의 존이 죽자 왕이 아일랜드와의 전비에 충당한다는 명분으로 그의 재산을 몰수하니 귀양 가있던 볼링브루크가 돌아와 리처드 왕을 구금, 처형하고 자신이 왕위에 올라 헨리 4세가 된다. 훗날 그는 리처드 왕을 죽인 것을 후회하고 성지순례에 나설 것을 맹세하는 것으로 극이 끝난다.

위의 인용대목은 귀양 가기 전 반역자라는 볼링브루크의 비난에 모브레이 공작이 결투를 신청하고 리처드 왕이 결투를 말리자 모브레이가 대답하는 말이다. 명예는 인간에게 가장 중요한 보배이며, 명예를 잃게 되면 모든 것을 잃게 되고, 빈껍데기만 남아 죽은 것이나 같다면서 결투를 하겠다고 대답하는 대목이다.

두 번째 인용 대사에서도 명예에 대하여 같은 맥락으로 이야기하고 있다. 한 사람의 명예에 비하면 그 사람의 재물은 하찮은 것에 지나지 않는다. 명예는 이 세상 어떤 재물보다 가치 있는 것이기 때문에 남의 명예를 손상시키는 자는 재물을 도둑질하는 자보다 더 악질이다. 도둑이 훔쳐간 재물은 보충할 수 있지만 명예를 손상당하면 다시 그 명예를 회복시키기 어렵다. 이 인용대사는 이아고가 오셀로에게 데스데모나와 부관 카시오사이의 의심스러운 관계를 믿게 하기 위하여 이렇게 중요한 자신의 명예까지 들먹이는 대목이다.

명예를 지닌 자가 부를 위하여 명예를 거는 것은 가장 어리석은 일임을 말하고 있다. 남의 명예에 손상을 입히면 성립되는 명예훼손죄가 엄중한 처벌을 받도록 규정하고 있는 이유도 명예가 그만큼 귀중하기 때문이다. 명예와 생명은 서로 배반할 때도 있다. 명예롭지 못한 목숨은 끊으면 명예가 되고, 명예롭지 못한 자가 명예롭게 죽으면 명예는 살 것이다.(『루크리스 부인의 강간』, 1186) 그렇기 때문에 명예가 걸려있으면 비록 지푸라기 한 올만큼의 가치 밖에 안 되는 명예일지라도 그것을 위하여 철저히 싸운다. "명예로운 사람은 아무리 남루한 옷차림을 하였어도 그의 명예로운 품격은 사람들 눈에 드러난다. 그것은 태양이 어두운 구름 사이로도 빛을 내는 것과 같다."(『말괄량이 길들이기』 4막 3장) 명예는 모든 것을 베어버리는 '시간의 낫'에 꺾이지 않고 그 이름을 영원히 남게 해준다.(『사랑의 헛수고』 1막 1장)

세상에 널리 퍼져 평판이 높은 이름을 명성이라 한다. 명성을 얻은 사람이 그 명성에 걸 맞는 교양이 갖추어져있어서 권위가 있지만 거들먹거리지 않고 언행의 품격이 높을 때 사람들은 그의 명성을 존중하여 '영예로운 명성' 곧 '명예로운 인물'로 존경한다. 명성을 잃는 것은 사람들에게 단지 그 이름이 잊히는 것으로 그만일 수 있지만, 타락과 부정 등의 수치스러운 일로 명예를 잃게 되면 심한 치욕을 받게 된다. 비난이 있는 곳에 명예가 설자리는 없다. 명예 그 자체 때문이 아니고 그것이 가져다주는 이익 때문이거나 부정한 일을 하면서 명예를 얻을 수는 없기 때문이다. 영예로운 명성이 있는 사람은 허위와 타락으로 그 명예를 더럽히지 않을 것이다. 그렇게 되면 믿었던 교양과 고결한 인품이 모두 허위로 판명되어 사람들의 믿음을 저버리는 사악한 인간으로 낙인찍힌다.

명예와 자유는 양립할 수 없다. 명예를 얻은 자는 명예를 지키느라 처신에 제약을 받을 수밖에 없다. 명예와 안전 또한 양립할 수 없다.

명예로운 행동에는 보답이 따르지만 그것이 죽음일 수도 있다. 아름다운 명예 속에 살아있는 사람은 종종 명예의 대의명분을 위하여 생명을 그 대가로 지불하기 때문이다.

명예에는 부정적인 면이 드러나기도 한다. 『오셀로』 2막 3장에 명예란 부질없고 믿을 수 없는, 남이 지어주는 것으로, 때로는 공로가 없어도 얻을 수 있지만 벌 받을만한 일을 하지 않아도 잃게 된다는 말이 있다. 명예는 허무하고 부질없는 명패(name plate)에 지나지 않지만 얻기는 어렵고 잃기는 쉬운 허망한 물거품 같은 것이다. 또한 지위만 높고 덕이 없으면 그것은 병으로 부어오른 명예일 뿐이다.

사회적 지위나 가문보다 본인의 덕성에서 우러난 건전한 명예라야 명예의 주인을 존귀하게 해준다. 민족이나 국가를 위한 일이니 하면서 거창한 언동을 일삼는 행위는 기만적인 명예의 외관에 지나지 않는 때가 많다. 외면적인 허식에 지나지 않는 명예를 위하여 전심전력을 다하면 그것은 명예욕에 지나지 않는다. 명예욕은 금전욕과 쾌락욕 등과 같은 유의 탐욕으로 악의 씨를 뿌리는 혐오스러운 죄로 여겨진다.

가짜박사 소동이 났을 때 여러 분야의 박사들 중 종교계 종사자의 박사학위가 석연찮게 취득된 경우가 많다는 조사결과가 있었다. 신을 섬기는 대중은 목자에게 종교경전이나 신학에 대하여 남다른 연구가 있는 것을 좋아할 것이다. 박사라는 명예는 그들에게는 매우 중요한 가치로 작용한다. 그러나 석연찮게 취득된 학위라는 것이 밝혀지면 명예스러웠던 것보다 더 불명예스러워질 것이니 얼마나 수치스러운 일이 되겠는가. 그들에게 박사학위의 "명예는 저의 생명이며, 둘은 하나입니다. 나에게 명예를 빼앗아 가면 내 생명은 끝나는 것일" 것이다. 이와 같이 명예는 양날의 칼이다. 명실상부한 '영예로운 명예'는 크나큰 광영이 될 것이지만, '오염된 명예'는 생명을 끝낼 수도 있다.

인용원문

The purest treasure mortal times afford
Is spotless reputation; that away,
Men are but gilded loam or painted clay.
(...)
Mine honour is my life; both grow in one;
Take honour from me, and my life is done:
(...)
In that I live, and for that will I die.

[*Richard II*, I. i. 177-185]

spotless reputation honour: 명예

Good name in man and woman,
Is the immediate jewel of our souls:
Who steals my purse steals trash; 'tis something, nothing;
'Twas mine, 'tis his, and has been slave to thousands;
But he that filches from me my good name
Robs me of that which not enriches him
And makes me poor indeed.

[*Othello*, III. iii. 159-165]

good name honour: 명예

immediate nearest, next: 아주 가까운, 다음 가는

purse money

filch from steal: 훔치다

30
배반(背反)의 계절

지조를 지키는 사람은 완전한 사람이다! 지조를 그르치는 그 한 가지 과오 때문에 그는 여러 가지 허물을 범하게 되고, 모든 죄 속을 헤매게 된다. 지조가 없으면 일을 시작도 하기 전에 타락한다.

『베로나의 두 신사』 5막 4장 110-113행

사회적 관계 속에서 살아가는 인간에게 타인과의 관계맺음은 필수적이다. 현실적 존재인 우리는 누구나 그 관계맺음에 대한 어떤 기준이 될 만한 준거를 모색하지 않을 수 없다. 그것은 주체의 참되고 올바름에 그 토대를 두어야 한다. 개인의 주체는 그가 속한 공동체나 사회의 시대정신과 밀접한 관련이 있다. 한 인간의 사회와의 관계는 사회적인 지평을 내포할 수밖에 없다.

우리의 진정성은 이념적이거나 철학적이라기보다는 현실적이거나 사회적인 연관성에서 추구되고 진정성 있는 주체는 사회적 관계로부터 주어지는 가치들을 선택한다. 그렇기 때문에 자아실현과정은 자신의 외부에 존재하는 사회적인 힘들과 맺는 관계로부터 시작된다. 이 관계는 여러 단계를 거치게 되고 그런 과정에서 초기에는 이들 힘들과 원만한 관계를 유지할 수 있지만 때로는 주체와 조화롭지 못한 관계에 돌입할 수 있다. 이때 권력과 재력 등 외부의 힘들과 맺는 관계에서 주체의 진정성이 얼마나 어떻게 반영되느냐의 문제가 고려의 대상이 된다.

주체가 외부의 힘에 대립하느냐, 정체성의 변화를 도모하여 굴복하느냐, 거기에서 지조(志操)의 문제가 발생한다. 욕망을 극복하면서 주체의 진정성을 추구하게 해주는 가르침이라 할 수 있는 교양이 갖추어져 있으면 지금까지의 신념을 훼손하지 않고 의연히 버텨낼 것이고, 그렇지 못하고 개인적인 명리(名利)와 탐욕에 젖어들면 그 힘에 굴복하여 신념을 헌신짝처럼 버릴 것이다. 그것은 지조를 버리는 것, 변절이며 배반이다.

선거철이 되면 내로라하는 정치지도자들이 당적을 바꾸는 일이 많아진다. 지도자들이 시류에 따라 정치적 신념을 버리고 앉았던 자리를 이곳저곳 바꾸어 다니는 사태는 어제오늘의 일이 아니다. 한 나라의 최고 지도자가 되겠다는 대선에서만도 한 정당에서 대통령 후보를

했던 사람과 한 정당에 오래도록 몸담아오다 그 당의 정강정책으로 고위직에까지 이르렀던 사람이 탈당하여 정강정책과 정치적 지표가 전혀 다른 반대당의 대통령후보 경선에 참여한 사람 등. 이야기가 국회의원 선거에 이르면 입에 담기조차 싫은 일이 아무렇지도 않게 일어난다.

예전에 많이 쓰이던 '지조'라는 말을 붙이기조차 부끄러울 정도로 이들은 배반과 변절을 손바닥 뒤집듯 한다. 이런 일을 하도 많이 보아왔기 때문에 이제는 그런 일에 사람들은 신물이 나게 싫은 것이다. 지조니 변절이니 등의 말을 들먹이는 것이 오히려 시대에 뒤떨어지는 일이라 할 정도가 되어버렸다.

1960년 시인 조지훈 선생께서 『새벽』이라는 저널에 쓰셨던 〈지조론(志操論)〉은 당시사회 정치지도자들의 지조훼손과 배반을 향한 폐부를 찌르는 충고의 말씀이었다. 그 당시에도 너무나 지당하신 그 말씀이 반세기가 지난 오늘날에도 유효하니 세상은 한 치도 발전하지 못한 것일까. '지조'라는 어휘조차 가물가물 잘 쓰이지 않게 되었다.

선생은 말씀하셨다. 지조가 교양인의 의젓한 모습을 얼마나 값지게 하고, 그것이 국민의 교화에 미치는 힘이 얼마나 큰지를 헤아리는 사람들은 일국의 지도자를 평가하는 기준으로서 먼저 그 사람의 지조를 살핀다. 지조가 없는 지도자는 믿을 수가 없고, 믿을 수 없는 지도자는 따를 수가 없기 때문이다. 자기의 명리(名利)만을 위하여 동지와 지지자를 배신하는 지조 없는 지도자의 무절제와 배반 앞에 우리는 얼마나 많이 실망하였는가. 지조를 지키는 것이 어려운 일이기 때문에 우리는 지조 있는 지도자를 존경하고 변절, 배반하는 지도자를 개탄한다.

당시만 하여도 선생은 지조와 정조는 다 같이 절개에 속한다고 보았다. 지조는 정신적인 것이고 정조는 육체적인 것으로 지조의 변절은 이욕(利慾)에 매수된 것이요, 정조의 부정은 쾌락에 대한 방종에서 비롯된다는 점에서 그 맥락이 같다는 것이다. 오늘의 정치인의 배반과 변절의 무절제를 장사꾼의 이욕과 음란한 여인의 환락에의 탐욕이 합쳐서 놀아난 것이라면 지나친 비난일까.

현대에 와서는 정조를 지키는 것이 어려운 일이 되었듯이 과거 독립지사들에게나 있을 법한 삼엄한 지조를 요구하는 것은 지나친 일이 되었지만, 정당정치가 국리민복을 위한 정치인 이상 국민의 여망을 버리고 개인의 욕심과 명리를 위하여 신념을 버리는 지도자는 규탄되어 마땅하다. 국민이 바라는 지도자는 권모술수에 능한 정치꾼이 아니라 국리민복을 위하여 어려운 길도 마다하지 않는 지조 있는 지도자를 바란다는 등을 간곡한 심정으로 말씀하셨다.

조지훈 선생의 〈지조론〉의 논지는 정권이 바뀔 때마다 정가주변을 얼씬거리는 일부 어용학자들에게도 해당되는 말이다. 정권을 쥔 사람들이 교수를 선호하여 정권에 참여시키는 일이 많아졌는데, 셰익스피어의 다음 말은 그런 일을 경계해야 함을 이르고 있다. "아는 것이 많은 사람이 도리어 바보가 될 수 있다. 지식 속에서 태어난 어리석음이지만 지식의 보증이 붙어있어 학문의 도움을 받는다고 여겨진다. 그리고 유식한 바보를 돋보이게 함에 지혜의 미덕을 이용한다."(『사랑의 헛수고』 5막 2장) 교수는 학문연구를 하는 사람이기 때문에 잘못하는 일도 지식의 보증서가 그 과오를 가려주고, 그를 발탁한 사람의 과오도 훌륭한 업적으로 보이게 하는데 그의 지적 보증서가 이용된다. 실로 보기에 그럴 듯해 보이는 통치 장치인 셈이다.

학문을 현실정치에 적용하는 일은 일면 수긍할 수 있는 일이다. 그러나 일단 권부에 들어가면 자기의 학문연구에서 도출된 자기주장이나 지론과는 달리 국리민복보다는 통치자의 입맛에 맞는 정권의 나팔수 역할을 하는데 자기의 학문을 이용하는 어용학자가 되어

버리는 것이 문제다. 그 폐해는 대단히 크다는 것을 알기 때문에 선생은 특히 선비, 즉 학자출신인 교수의 지조훼손을 추하게 여겨 크게 꾸짖었다.

셰익스피어의 『베로나의 두 신사』에 나오는 위의 인용문은 남자의 지조에 대하여 하는 말이다. 베로나의 지체 있는 가문의 두 젊은이, 발렌타인과 프로튜스는 친구 사이이다. 발렌타인이 견문을 넓히기 위하여 고향 베로나를 떠나 밀라노로 가고, 프로튜스도 세상경험을 하라는 아버지의 강권으로 애인 줄리어를 떠나 밀라노로 간다. 프로튜스는 줄리어와의 굳은 사랑의 맹세로 반지를 교환하고 그녀와 헤어진다. 발렌타인은 밀라노 영주의 딸 실비어와 사랑하게 되지만 영주는 두 사람의 결혼을 반대하고 부유한 수리오와 결혼할 것을 강요한다. 그런데 실비어를 만난 프로튜스도 줄리어와의 사랑의 맹세를 저버리고 실비어를 사랑한다.

그는 영주의 의도를 도와 두 연인의 결혼을 파탄내고 수리오와의 결혼을 성사되도록 하는 듯이 계교를 꾸미지만, 실상은 자신과 실비어와의 결혼을 도모하고 우정과 애정 둘 다를 배반한다. 프로튜스의 굳은 맹세를 믿는 줄리어도 남자로 변장하여 그를 찾아 밀라노로 와서 프로튜스의 하인이 된다. 프로튜스의 모략으로 발렌타인은 영주에게 쫓겨나 밀라노 부근의 숲속에서 산적들에게 잡혔다가 오히려 그들의 두목이 된다. 발렌타인을 찾아 숲속으로 온 실비어와 그녀를 찾아 뒤따라온 영주, 수리오, 프로튜스, 프로튜스의 하인행세를 하는 줄리어, 이들 모두는 발렌타인과 그 부하산적들에게 잡힌다. 등장인물 사이에 오해가 풀리고 산적들은 영주의 용서를 받고 발렌타인과 실비어, 프로튜스와 줄리어, 이들의 결혼을 준비 하는 것으로 끝난다.

위의 인용문은 사랑을 맹세한 프로튜스가 줄리어를 배신하여(그리스신화의 '프로튜스(Proteus)'는 제 모습을 마음대로 바꾸는 힘을 가진 바다의 신이다.) 실비어에게 빠져있다는 것을 아는 줄리어가 프로튜스에게 사랑의 맹세를 한 남자의 마음이 변하는 것에 대하여 비난하자 프로튜스가 하는 말이다.

여기서의 '지조'는 남녀 간의 사랑의 굳음을 의미하는 '정조'의 뜻으로 쓰였지만, 조지훈 선생의 말씀처럼 일반적으로 쓰이는 '지조(constancy)'와 다를 바가 없는 말이다. 지조를 지키는 사람은 완벽한 사람이라 일컬을 수 있을 만큼 지조 지킴이 어렵다는 것이다. 딱 한번 지조를 그르치게 되더라도 그것은 단 한 가지의 과오로 치부되는 것이 아니다. 지조를 잃는 그 과오 하나 때문에 많은 죄를 범하는 자로 치부된다. 그 이후의 모든 일은 배반, 변절 등의 낙인이 이마에 붙어 다니기 때문에 부끄러운 일을 당하고 모든 죄의 굴레를 벗어날 수 없다. 아니 무슨 일을 도모하기도 전에 타락하고 부패한 사람으로 손가락질 받는다. "배반자는 여우 정도밖에 신임을 받지 못한다. 여우는 아무리 길들이고 귀여워해 주고 가두어 두더라도 조상으로부터 이어받은 야비한 잔꾀는 버리지 못(『헨리 4세 제1부』 5막 2장)"하기 때문이다.

"높은 지위와 권세 있는 자여! 그대 위에는 그대를 미심쩍어하는 수백만 백성의 눈이 쏘아보고 있느니. 이 미심쩍어하는 눈길로 해서 그대의 행적에는 수많은 소문이 따르느니라."(『법에는 법으로』 4막 1장) 지도자의 뒤에는 수많은 감시의 눈이 있다. 일시적으로 어려움에 처할지라도 참고 견디며 변절이나 배반하지 않는 자신의 진정성에 맞는 처신을 하는 자만이 사람들의 우러름을 받는다.

배반당한 사람의 찢어지는 가슴은 줄리어스 시저가 브루터스의 칼을 맞고 쓰러지면서 부르짖는 유명한 한 마디에 집약적으로 나타나 있다. "브루터스, 너마저? 그렇다면 끝이다, 시저여!(Et tu, Brute? Then fall, Caesar!)"(『줄리어스 시저』 3막 1장) 가장 믿고 총애하던 브루터스, 그가 내민 배반의 칼날에 시저는 상처 자체보다 더 쓰라린 배반의 고통을 맛보았음이 이 한마디에 핍진하게 표출되고 있다. 개인에게나 국민에게나 배반의 쓴맛은 다르지 않다.

지조 지킴이라는 말을 입에 담으면 오히려 비아냥거림을 받고 그 어휘조차 무게가 빠져 가물거리는 세태가 되었다. 온 사회에 횡행하는 배반의 계절은 언제쯤이면 끝이 날까. 도대체 끝날 가능성은 있는 것일까. 바른 길을 가라는 가르침을 받고 자라는 청소년들의 수백만의 눈길은 어찌할 것인가.

인용원문

Were man
But constant, he were perfect! That one error(inconstancy)
Fills him with faults; makes him run through all the sins:
Inconstancy falls off ere it begins.

[*The Two Gentlemen of Verona*, V. iv. 110-113]

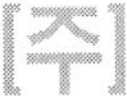

fall off deteriorate: 타락하다

31
남의 슬픔, 나의 아픔

사람은 자기가 느끼지 못하는 슬픔에 대해서는 조언도 위로도 할 수 있다. 그러나 자기가 그 슬픔을 맛보면 전에 분노에 교훈적인 처방을 내리고,

(…)

아픔을 한숨으로, 괴로움을 말로 달래던 조언은 격분으로 변한다. 슬픔의 무게 밑에서 몸부림치는 사람에게 인내하라고 하는 것은 모든 사람이 할 수 있는 일이지만, 막상 같은 처지를 당하면, 참을 수 있을 만큼 덕과 능력과 도덕을 갖춘 사람은 없다.

(…)

아무리 훌륭한 문체로 글을 쓰고, 불행과 고통에 대담하게 맞서던 철학자도 이빨 아픈 것을 꾸준히 참아내지는 못한다.

『헛소동』 5막 1장 21-38행

2007년 안양에서 발생한 초등학교 어린이 이혜진(10), 우예슬(8) 양의 납치, 성폭행, 살해, 시체훼손, 유기라는 끔찍한 사건은 사람들의 마음에 큰 충격을 주었다. 범인의 비인간 됨은 필설로 말할 수 있는 범위를 넘어서니 입에 올릴 인내심이 없다. 뉴스화면에서 보이는 두 어린이 부모의 비통해하는 모습은 보는 사람들의 가슴을 고통스럽게 하였다. 슬픔은 옮는 것이라, 그들의 눈에 서린 고통의 눈물은 보는 이도 슬픔에 젖게 하여 눈물을 흘릴 수밖에 없었다. 눈물은 사랑의 표시라지만, 눈물 또한 전염되는 것이어서 다른 사람의 눈물을 멈추게 할 수 없기 때문이다.

"슬픔은 설사 누그러진다 해도 비어졌기 때문이 아니라 그 무거움 때문에 되튀어 오르는 것, 끝난 것 같아 보여도 끝나지 않는다. 슬픔은 그것이 겨우겨우 견뎌지고 있다는 것이 알려지면 더욱 무겁게 짓누른다. 아무리 고통스러운 슬픔이라도, 그 슬픔을 비웃고 가볍게 생각하는 사람에게는 그리 슬픈 것이 못 되기는 하지만."(『리처드 2세』1막2장) 자식 잃은 비통함은 단장의 슬픔, 창자가 끊어지는 아픔이라는데, 시신까지 훼손되어 흩어진 모습을 보는 부모의 가슴은 어떠하리! 가슴밑바닥에 깔린 찢어지는 듯한 아픔 그 하나하나를 말로는 다 풀어낼 수가 없는 것. 말로 풀어헤칠 수 없는 비탄은 뚜껑 덮인 가마솥처럼, 심장을 재가 될 때까지 태워버린다고 한다.

흔히 비탄의 상처로 고통 받는 이웃의 불행한 사람이 울부짖는 것을 보면 훨훨 털어버리고 진정하라고 쉽게 위로의 말을 건넨다. 하지만 당사자 본인은 슬픔을 그렇게 가볍게 떨칠 수가 없다. "큰 슬픔에 빠진 사람은 어린애같이 유치해지고 곧잘 토라진다. 일단 토라져 고집을 부리면 그 누구와도, 그 무엇과도 사이가 좋아지지 않는다. 깊은 슬픔은 깊은 물결처럼 도도히 흐르기 때문에, 막으면 둑을 넘치고, 조롱당하면 법도 경계선도 모르기"(『루크리스 부인의 강간』, 1094) 때문이다. 비탄에 빠져있는 사람의 귀에는 정직하고 솔직한 말이 가장 잘 들린다지만, 누구나 마음이 무거울 때는 활기찬 말이 나오지 않는다. 큰 슬픔에 빠진 사람은 어린애처럼 잘 삐치고 신중한 판단이 서지 않기 때문에 주고받는 말에 실린 뜻이 제대로 소통될 수 없다. 자칫 말 한마디가 비탄에 빠진 사람에게는 자신에 대한 조롱으로 여겨져서 더 큰 상처를 입힐 수도 있다.

누구나 비탄과 고통을 겪고 있는 사람을 배려하는 마음은 있다고 자부한다. 그러나 그 배려가 상대방의 처지에 얼마나 가까이 다가가 있는지는 생각하지 못한다. 타인과의 관계는 나의 인생관이나 가치관을 헤아려보고 상대방에게서 나와 공유되는 것을 발견해낸 다음 거기서부터 출발하는 관계가 진정성 있는 관계가 될 것이다. 슬픔과 고통을 이야기하면서 그것은 나와 당신뿐만 아니라 어느 누구에게도 일어날 수 있는 흔한 일이라 여기면 위안이 된다고, 그저 겪고 견딜 수밖에 방법이 없다고, 그러니 어떻게든 슬픔과 고통을 견뎌내야 한다고, 그럼에도 인생은 아름다운 것이고 견딜 만하고 겪을 가치와 의미가 있다고, 곡진(曲盡)하게 이야기해 본들 얼마나 위로가 될까. "기쁨은 슬픔의 밑바닥까지 헤쳐보기 때문에 슬픈 사람이 즐거운 사람과 함께 있으면 처참한 생각이 든다. 진정한 슬픔은 슬픔과 함께 어울릴 때 가장 큰 위안을 받고 슬픔의 동정을 받을 때에야 정감 있는 만족을 느낀다."(『루크리스 부인의 강간』, 1109)

위의 인용문은 셰익스피어의 『헛소동』에 나오는 대목이다. 이 작품은 두 가지 플롯으로 된 결혼 이야기로 짜여있다. 메시나의 총독의 딸 히어로-클로디오(애러곤 영주의 부하)와 히어로의 사촌언니 베아트리스-베네디크(클로디오의 동료)의 결혼 이야기이다. 전자의 경우 클로디오를 시기한 애러곤 영주의 동생이 부하들을 시켜 신부 히어로가 부정하다고 덮어씌워 두 사람의 결혼을 파탄 내려 한다. 그러나 음모가 발각되어 히어로의 순결함이 밝혀진다. 결혼주례신부의 제안에 따라 충격 속에 히어로가 죽은 것으로 속인다. 결국 클로디오는 자신의 과오를 사죄하고 둘은 결혼하게 된다. 후자의 경우 남자는 여성혐오자이고 여자는 남성혐오자로 자존심 때문에 서로에 대한 사랑을 인정하지 않고 있다가 주변 사람들이 쳐놓은 책략에 빠져 서로의 사랑을 인정, 결혼하게 된다는 이야기이다.

위의 인용문은 클로디오와의 결혼식장에서 신부 히어로의 아버지 레오나토는 순결하다고 철석같이 믿었던 딸의 부정함이 신랑의 입을 통해 말해지자 큰 슬픔에 빠져 비통해 한다. 이때 그의 동생이 위로하느라고 하는 말에 형 레오나토가 대답하는 말이다.

누구나 자기가 직접 겪지 않은 남의 비탄과 고통은 견딜 수 있다. 아무리 절친한 관계라도 당사자와 똑같이 절절하게 느낄 수 없고 그 심정을 알지 못하기 때문이다. 훌륭한 미덕을 갖춘 사람도 고난의 상처로 고통 받는 불행한 사람이 울부짖는 것을 보면 진정하라고 권하지만, 막상 자기 자신이 그런 고통의 짐을 지게 되면, 같은 정도로 아니 그 이상으로 불평하게 된다. 남의 일에는 얼마든지 좋은 위로나 충고의 말을 늘어놓을 수 있지만, 막상 자기가 그런 처지에 빠지면 남의 불행에 조언했던 좋은 말에서 아무런 의미도 느낄 수 없다. 오히려 형식적인 위로의 말로 치부되면 마음에 상처를 입을 뿐이다. 우리는 대개 자기가 처한 비통한 처지가 가장 고통스럽다고 느끼기 쉽다. 혼자 책상머리에서 세상의 근본원리와 인간의 본질에 대해 전문적으로 탐구하는, 인간적인 고통쯤은 쉽게 무시할 것 같은 강건한 자세를 지닌 철학자조차도 조그마한 치통하나를 대견스럽게 넘기지 못한다. 이와 같이 남의 고난과 딱한 처지를 절실하게 이해하기란 실로 어려운 일이다.

큰 슬픔과 고통을 진실로 위로할 수 있는 진정성 있는 관계라면 인생관이나 가치관이 공유되는 경우가 많다. 비록 남의 슬픔과 고통을 당사자와 꼭 같이 속속들이 느끼지는 못하더라도 그 슬픔과 고통을 어느 정도는 공유할 수 있는 사람은 많다. 누구나 살아가면서 슬픔과 고통을 겪게 마련이니 그것에 대한 사람의 감정이나 느낌은 대동소이하기 때문이니까. 남의 슬픔과 고통에 정성을 다하여 봉사하는 자원봉사자를 많이 볼 수 있는 이유이다. 그들이 공유하는 슬픔과 고통은 고난에 대한 간접경험이라는 값진 선물을 가져다준다는 것도 위안이 될 것이다.

인용원문

Men
Can counsel and speak comfort to that grief
Which they themselves not feel; but, tasting it,
Their counsel turns to passion, which before
Would give preceptial medicine to rage,
(…)
Charm ache with air and agony with words.
'tis all men's office to speak patience
To those that wring under the load of sorrow,
But no man's virtue nor sufficiency
To be so moral when he shall endure
The like himself.
(…)
There was never yet philosopher
That could endure the toothache patiently,
However they have writ the style of gods,
And made a push at chance and sufferance.

[*Much Ado about Nothing*, V. i. 21-38]

[주]

taste experience: 경험하다, 맛보다 **charm** allay: 누그러뜨리다
passion violent angry: 격분, 울화
preceptial consisting of precepts: 교훈적인
air sigh: 한숨 **office** proper function: 당연히 해야 할 일
wring suffer torture: 고통 받다
sufficiency ability, competence: 능력 **chance** bad fortune: 불행

32
꽃 뱀

세상을 속이려면 세상 사람들과 같은 얼굴을 하세요. 당신의 눈이나 손이나 혀는 환영의 뜻을 나타내세요; 순결한 꽃송이처럼 보이세요. 그러나 그 속에 숨은 뱀이 되세요. 그저 명랑한 얼굴을 하세요. 안색을 변하는 것은 마음이 불안하다는 의심을 자아내요. (…) 거짓된 마음이 알고 있는 것은 거짓 얼굴만이 숨길 수 있어요.

『맥베스』 1막 5장 60-69 / 81-82행

근자에 대도시 빌딩들은 겉모양이 아름답고 세련된 모습을 자랑하는 것을 쉽게 볼 수 있다. 전반적으로 사회가 미(美)에 대한 관심이 커지고 미적 감각이 한층 세련되었음을 알 수 있게 한다. 이제는 자치단체마다 도시미관을 배려하고 중요시하여 도시미관 개선에 힘을 쏟고 있다. 이는 도시미관을 좌우하는 빌딩의 외관을 바라보는 시민들의 입장에서 판단하겠다는 것이다.

특히 금융상품을 취급하는 회사나 기관들이 입주해 있는 빌딩들은 더욱 화려하고 세련미를 더하고 있다는 것이 건축 관계자의 지적이다. 다른 상품들은 겉모양이 소비자들의 눈에 보이기 때문에 구입상품을 눈으로 확인하고 나서 구입여부를 결정할 수 있지만, 금융상품은 거액이 거래되는데도 구체적인 겉모습이 없는 상품이기 때문에 상품을 제공하는 회사의 외양이라도 화려하고 세련되게 보임으로써 소비자들의 눈길을 끌어보겠다는 의도가 깔려있다고 한다.

금융상품을 취급하는 회사에서는 금전과 관련된 온갖 상황이 벌어진다. 아름다운 빌딩내부에서 이루어지는 모든 거래는 이익이 발생하는 사안을 중심으로 밀고 당기는 게임이 벌어진다. 서로의 이익에 보탬이 되는 선에서 거래는 마무리된다. 유리한 거래를 위하여 때로는 상대방을 현혹시키는 협잡과 음모와 드러나지 않는 추악한 협상이 이루어지기도 할 것이다. 상품을 파는 사람이나 사는 사람이나 거래에 임하는 사람들은 말쑥하게 차려입고 멋을 부린 신사나, 아름다움을 뽐내며 누구라도 유혹할 수 있을 것 같이 짙은 화장으로 단장한 여인네들은 한결같이 부드럽고 상냥한 얼굴에 아양을 떠는 듯한 미소를 잃지 않는다. 부드럽고 상냥한 표정 아래 비밀한 곳에는 오로지 자기 이익에 대한 독한 집념이 숨겨져 있다.

화려하고 아름다운 빌딩내부의 비까번쩍한 실내 분위기하며 그 속에 아름답고 세련된 신사숙녀하며 모두 고급스럽고 미적 감각의 우아

함에 얼마나 큰 만족감을 채워주는가. 그런데 그 안에서 이루어지는 일이란! 자기 이익에 합당한지를 저울질하고 어떤 형태든 이문과 관련된 것을 두고 소곤거리거나 대화를 나누거나 실랑이를 하거나 한다. 화사한 분위기 속에서 상대방의 달콤하고 감각적인 감언이설에 유혹당하여 한 순간 잘못 결정 내리면 큰 고통이 수반되는 재산적 손해를 입게 된다.

'제비'라는 신조어가 유행하더니 좀 있다가는 '꽃뱀'이라는 신조어가 '제비'와 짝이라도 짓듯 생겨나, 지금까지 사람들 입에 오르내린다. '제비'는 '물 찬 제비'같이 날렵한 외모로 유흥업소 등에서 만난 부유해 보이는 여자를 유혹하여 협박 등으로 큰돈을 '족제비처럼 날렵하게 후려내는' 건달사내를 일컫는 말이고, '꽃뱀'은 '화사한 꽃송이'처럼 예쁜 외모로 뱀처럼 감쪽같이 남자를 유혹하여 큰돈을 우려내는 여자를 일컫는 말이라는 것은 누구나 다 아는 불량기 넘치는 단어들이다. '제비'와 '꽃뱀'의 공통점은 둘 다 말쑥 날렵하고 화려한 외모와 아름답고 세련된 얼굴 모습을 하고 있지만, 그 속에는 상대방의 허점과 약점을 노리며 알짜배기를 후려내려는 독아(毒牙)가 날을 세우고 있는 것이다. 목적달성을 위하여 감각적인 부추김과 말초신경적인 욕망을 자극하고, 온갖 감언이설과 꼬드김으로 상대방을 유혹한다. 일단 유혹에 넘어가면 먹잇감이 된 자는 정신적으로나 금전적으로 큰 피해를 볼 뿐만 아니라 독사에라도 물린 듯 크나큰 고통으로 신음하게 된다.

『맥베스』에서 맥베스는 왕이 될 것이라는 마녀들의 예언을 듣고 왕위를 찬탈할 목적으로 먼저 덩컨 왕을 시해한다. 위에 인용한 대목은 맥베스 부인이 자기네 성에서 하루 밤 묵는 왕을 시해할 마음을 품고 있는 맥베스의 얼굴에 불안한 기색이 스치는 것을 보고 그를 부추기면서 하는 말이다. 그녀는 그의 얼굴에 나타난 불안한 기색 때문에 자기네의 음모를 사람들이 눈치 채고 의심하리라 조바심하면서 태연자약한 자세를 취하라고 충고하는 말이다.

이 대목은 우리 사회의 '꽃뱀'에 대하여 알려진 뜻과 아주 잘 들어맞는 말이다. '꽃뱀'은 아름답고 순결해 보이는 꽃송이 속에 도사리고 있는 독 있는 뱀이다. 겉모습이 좋은 것은 내면의 참 모습을 보지 못하게 한다. "눈에 좌우되는 마음은 타락으로 가득 차 있기 때문이다."(『트로일러스와 크레시다』 5막 2장) 진정성어린 얼굴과 정중한 행동으로 악마의 본심을 사탕발림하는 것은 자주 쓰이는 수법이다. 사람들은 치장한 외관에 속기 쉬운 법, 아름다운 겉모습에 끌려 손대면 독사의 독아(毒牙)에 깨물려 큰 고통을 치러야 한다. 화장술의 솜씨로 곱게 꾸며서 상냥하고 순결한 꽃송이처럼 보이지만 '꽃뱀'의 독아는 칼날보다 더 날카롭고 독성이 강하여 '꽃뱀'의 희생자는 크나큰 피해를 입는다.

'꽃뱀'의 피해는 얕은 욕망에 사로잡힌 몇몇 사내들에 국한되지만, '꽃뱀'의 수법이 정치인들에게 원용되면 수많은 사람들에게 해를 끼친다. 남을 속이는데 능한 인간들은 손은 무슨 짓을 하든지 얼굴만은 진실 된 모습을 한다.(『앤토니와 클레오파트라』 2막 6장) 자신의 이기적인 야망을 채우기 위하여 안으로는 독한 음모를 꾸미고, 혹시 상대방이 음모의 의혹을 언급하더라도, "거짓된 마음이 알고 있는 것은 거짓된 얼굴만이 숨길 수 있기 때문"에 "그저 명랑한 얼굴을 하고, 안색을 그대로 유지하여 마음의 동요를 나타내지" 않는다.

유감스럽게도 '꽃뱀'의 수법이 정치판에서 그 맹위를 떨치고 있다. 공직선거철이 되면 '꽃뱀' 정치인들은 현란한 말재주로 시장바닥을 누비며 온갖 선심성 발언을 남발한다. 역대 대통령입후보자들은 어린이와 함께 찍은 포스터 사진을 애용한다. 웃음 띤 어린이의 해맑게 웃는 모습은 순진무구함, 무한한 가능성과 희망 등이 빛나기 때문에 '꽃뱀'정치인은 어린이의 그런 화사한 꽃 같은 자태 옆에서 사람 좋아 보이는 웃음을 가장하여 꽃뱀처럼 자신의 음흉한 정치적 야망을 감출 수 있다. 순진무구한 어린이들마저 정치선전용 홍보사진을 위한 소도구로 이용하는 대표적인 '꽃뱀'수법이다.

서민들에게 교언영색(巧言令色)하여 사탕발림의 데마고그(민중선동자)적 공약으로 국민을 기망한다. 이렇게 "세상 사람들과 같은 얼굴을 하고, 눈이나 손이나 혀는 환영의 뜻을 나타내고; 순결한 꽃송이처럼 순수하게 보여서" 당선되면 채 일 년이 못가서 '꽃뱀'정치인의 정체가 드러난다. '꽃뱀'에서 나온 독한 입김은 바람을 타고 나라 구석구석에 스며들어 그 적폐가 우심함을 보아왔다. '꽃뱀'정치인은 진정성 있는 정치인이 타락한 것이지만 애국적인 정치인과 '꽃뱀'정치인이 뒤섞여있을 수밖에 없다. 이들 둘의 차이를 분간하기 어렵다는 것이 문제이다.

한 사회의 정치지도자의 수준은 그 사회 구성원의 수준에 비례한다. 그렇고 그런 지도자가 배출되는 것은 구성원들의 수준이 고만고만하기 때문이다. 불량한 지도자가 사회에 해악을 끼치면 그것은 그런 지도자를 선출한 구성원들의 책임이다. 다른 누구도 탓할 수 없다. 꽃송이 속의 독사 같은 '꽃뱀'정치인의 현란한 변설에 기만당하지 않도록 경계해야 한다. 대중들이 정치 지도자로 가장한 그런 파렴치한 사기꾼은 끝까지 잊지 않으면 그 사회에 다시는 발을 붙이지 못할 것이다.

인용원문

To beguile the time,
Look like the time; bear welcome in your eye,
your hand, your tongue; look like the innocent flower,
But be the serpent under it.
(...)
Only look up clear;
To alter favour ever is to fear.
(...)
False face
must hide what the false heart doth know.

[*Macbeth*, I. v. 60-69/ ii. 81-82]

beguile the time deceive the world: 세상 사람들을 속이다

33

오만-휴브리스(Hubris)의 응보

에이잭스 사람은 왜 오만해야 하나요? 어떻게 오만은 점점 더해지는 걸까요? 전 그 오만이 뭔지 모릅니다.

아가멤논 네 마음이 보다 깨끗하고 인품도 훌륭하기 때문이다, 에이잭스. 오만한 자는 자신을 잡아먹는다. 오만은 자신의 거울이요, 나팔이요, 기록이기도 하다. 행동은 하지 않고 자화자찬만 한다면 그 자랑 속에 행동마저 잡아먹힌다.

(…)

에이잭스 두꺼비 알이 싫은 것처럼 오만한 놈은 싫어요.

(…)

아가멤논 오만이 그 자체의 모습을 볼 수 있는 거울은 오만밖에 없다. 비위를 맞추기 위하여 무릎을 꿇는 것은 오만을 키우고 오만한 자의 용돈 구실밖에 못한다.

『트로일러스와 크레시다』 2막 3장 147-154 / 3막 3장 47-49행서양문학의 많은 부분과 인문학 분야는 오이디푸스 신화와 이리저리 연관이 있다는 것이 여러 논자들의 의견이다. 고대그리스 최고의 비극작가 소포클레스는 오이디푸스 신화를 그의 최고걸작인 비극 작품 『오이디푸스 왕』에서 소재로 사용하였다.

선왕인 아버지를 죽이고 어머니와 근친상간을 저지르게 되는 오이디푸스의 죄 때문에 테베 왕국은 역병과 가뭄 등의 환란(患亂)에 수많은 백성들과 가축이 죽어나갔다. 델피신전의 신탁(神託)은 선왕 라이오스를 살해한 자가 테베에 살아 있으니 그자를 찾아내어 제거하라 하였고 그 범인으로 밝혀진 오이디푸스 왕이 추방당하여 장님이 되어 황야를 방황하다 죽는다는 신화에 바탕을 두고 있다.

이 극은 테베의 왕 오이디푸스가 궁전의 정문 앞에서 환란을 다스려 달라는 백성들의 탄원을 듣는 장면으로 시작된다. 그가 테베로 와서 왕이 되기까지의 사건들은 모두 극 바깥의 이야기로 생략되어 있다. 고대그리스 연극들은 그 소재를 신화와 전설에 바탕을 두고 있기 때문에 그 부분들은 아테네시민들은 이미 다 알고 관극한다.

생략된 부분의 이야기는 다음과 같다. 테베의 왕자로 태어난 오이디푸스가 아비를 죽이고 어미를 아내로 삼을 것이라는 기이한 운명을 타고 나서 부모에게서 버려진다. 아이를 죽이러 가던 양치기가 죽이지 못하고 이웃나라 코린토스의 양치기에게 그를 넘겨준다. 오이디푸스라는 이름으로 코린토스의 왕자로 자라난 그는 신탁에서 자신의 운명을 듣고 그 운명을 피하기 위해(아이러니하게도 그것이 오히려 그런 운명을 향하여 가게 하는 것이다.) 코린토스를 떠나 테베로 오는 도중 한 노인을 죽인다. 수수께끼를 풀어 스핑크스를 처치하고 테베의 죽은 라이오스 왕의 왕비이며 사실은 그의 생모이기도 한 이오카스타와 결혼하고 왕위에 오른다. 오이디푸스가 백성들과 만나고 있는 동안 델피 신전으로 보내졌던 처남 크레온이 받아온 신탁은 선왕 라이오스를 죽여서는 안 되는 자가 죽였고, 그자가 지금 테베에 살아 있어 환란의 오염원이므로 그자를 찾아내어 처벌하라는 것이다. 오이디푸스는 살해범을 찾아내어 환란의 원인을 제거하겠다고 백성들에게 공언한다. 조사가 시작되고 예언자 테이레시아스를 불러 살해범이 누구냐고 물어본다. 그러나 테이레시아스는 "당신이 찾고 있는 범인은 바로 오이디푸스 당신이오. 당신의 '오만(hybris)'이 당신을 파멸로 이끌 것이오. 아들의 형이자 아버지요, 딸의 오빠이자 아버지가 되는 오이디푸스여!" 하였다.

오이디푸스는 순수성과 깨끗함을 지니고 있으며 스핑크스의 수수께끼를 푼 공으로 테베의 왕위에 올라 선정을 베푼 왕이라는 칭송을 듣는다. 백성들의 칭송은 스스로 위대한 왕이며 영웅으로 모든 문제를 해결할 수 있는 현자라는 확신을 갖게 한다. 확신은 그를 '오만(휴브리스)'에 빠지게 한다. 그는 자신이 반드시 범인을 찾아내어 신탁을 이행할 것이니 백성들은 안심하라고 오만에 찬 큰 목소리로 외친다. 이오카스타는 사태의 낌새를 알아채고 더 이상 조사하지 말라고 극구 만류하지만, 이미 오만에 눈이 가려진 오이디푸스는 그녀의 손길을 뿌리치고 끝까지 범인을 추적한다. 그러나 결과는 아이러니컬하게도 범인이 자기 자신임이 밝혀진다.

오이디푸스는 운명에 의한 원인이 있기는 하지만, 테베나라의 환란의 원인이 자신에게 있다는 사실도 모르고 지나친 자신감과 오만이라는 성격상의 결함 때문에 비극의 구렁텅이로 떨어지는 것이다. 이 극을 통하여 소포클레스는 인간은 스스로의 한계를 인식하고 오만(휴브리스)를 극복하고 늘 겸손해야 하며, 오이디푸스의 모습에서 볼 수 있는 것처럼 인간은 고통을 통해서만 지혜를 얻을 수 있다는 메시지를 전하고 있다.

고대 그리스인들은 말이나 행동은 적당한 정도에 알맞은 절도(節度)

와 중용(中庸)을 중요시하였다. 그것에 대한 위반을 죄악시하였고 이것을 '휴브리스'라 불렀다. '휴브리스(hybris 또는 hubris)'는 '오만' 또는 '자만'이라는 뜻으로 풀이되지만 인간에게 주어진 삶의 조건을 따르지 않고 인간이 처해 있는 한계를 넘어 신의 영역까지를 침범하려 할 때 인간이 빠지는 삶에 대한 오만한 태도를 뜻하게 되었다. 높은 지위에 오른 권력자의 절제를 잃은 자기도취와 그에 따른 자만으로 자신을 절대적 무오류로 여기고 주변 사람들의 말을 경청하지 않고 지나치게 자신하는 우월적 자세를 일컫는 말이다. 휴브리스에 빠진 자는 오이디푸스의 경우에서 볼 수 있는 것처럼 대부분 무서운 비극적 응보를 받는다.

위에 인용한 것은 『트로일러스와 크레시다』에 나오는 대목이다. 총사령관 아가멤논 왕은 아킬레스가 포로로 잡아온 여인을 가로채 가서 아킬레스의 자존심과 명예에 치명적인 상처를 입힌다. 심한 모욕감을 느낀 그리스 제일의 용장 아킬레스가 크게 분노하여 전투에 나가지 않자 그리스 군은 트로이의 용장 헥터에게 대패하고 많은 그리스 병사들이 죽음을 당한다. 뒤늦게 후회한 아가멤논은 포로와 많은 전리품을 돌려주고 율리시즈, 에이잭스, 네스터 등 장수들과 같이 아킬레스에게 출전해줄 것을 요청하러 갔지만 아킬레스는 오만불손한 태도로 거절한다. 스스로 아킬레스만큼 용맹하다고 생각하는 에이잭스가 아킬레스의 그러한 태도를 비난조로 이야기하자 아가멤논이 오만에 대하여 언급하는 말이다.

아킬레스는 부탁받는 입장이 되고 나서 더욱 도도하고 오만해진 것이다. 자기가 대단하다는 생각 때문에 병적인 오만에 사로잡힌 모습은 마치 '자만심 때문에 병이 난 사자'의 몰골(lion-sick, sick of proud heart: 2막 3장)이다. 아가멤논은 에이잭스를 부추기며 들으라고 오만하여 잠이나 자는 거인보다는 움직이는 난장이를 더 인정한다는 말까지 한다. 외부사태는 거들떠보지 않고 자신의 자만심에 갇혀 그 생각만 계속 반복하는 건방진 사람이라는 뜻이다.

사람은 육체적으로나 정신적으로 아무리 많은 것을 지니고 있어도, 다른 사람과의 반사작용이 없으면 가지고 있는 것을 자랑도 할 수 없고 그 소유를 느낄 수도 없는 법이다. 여러 장수들이 아킬레스를 지나칠 때 일부러 모른 척하여 자기들의 오만한 태도를 보여주면 아킬레스로 하여금 오만이 어떤 것인지를 알게 할 것이다. 다른 사람의 오만이 자신의 오만을 볼 수 있는 거울이 될 수 있기 때문이다. 그러나 오만한 자에게 비위를 맞추어주면 오만이 점점 더 커지는 것을 도울 뿐이다.

오만에는 응보가 따르는 법, 오만한 자는 재앙을 당하기 쉽다. 아킬레스가 전장에 나가지 않는 것을 보다 못한 그의 친구 패트로클러스는 아킬레스의 갑옷을 입고 대신 나갔다가 헥터에게 죽음을 당한다. 아킬레스는 크게 분노하여 전투에 나가 헥터를 죽이고 원수를 갚지만 자신의 오만(휴브리스) 때문에 가장 아끼던 사람을 잃는 응보를 받은 것이다. 아킬레스는 헥터가 갑옷과 투구를 벗고 무방비상태로 잠시 휴식을 취하는 틈을 타 헥터를 공격하는 비열한 장수로 그려진다. 호머의 『일리어드』에서는 헥터가 자신의 용맹만 믿는 휴브리스 때문에 분노한 아킬레스에게 죽음을 당하지만, 셰익스피어의 이 극에서는 헥터는 중세 기사도정신의 전형으로 그려져 있고 그에 비해 아킬레스가 오히려 휴브리스에 빠져 있는 비겁한 영웅으로 그려져 있다. 그것은 오만(휴브리스)에 빠지는 자는 그 인품에 다른 결점도 있다는 것을 보여주고 있다. 오만, 자찬, 남을 멸시하는 태도 등 휴브리스와 관련된 품성들 중 한 가지라도 나타나면 그 사람은 인심을 잃고 쌓아 올린 미덕에 오점을 남기는 결과로 그의 미덕에 대한 찬사는 비난으로 바뀐다.(『헨리 4세 제1부』 3막 1장)

뿐만 아니라 예상하지 못한 행운이 가져다주는 행복을 얻은 사람도 오만해지면 그 응보는 파멸이다. 사람은 과오의 쓰라린 경험을 겪어보지 못하고 미덕만 쌓게 되면 오만해지기 쉽다. 그리고 사람은 오만해지면 단호한 성격으로 변하기 때문에 그의 입은 명령하는 말에는 익숙하지만 남의 호의를 구하는 상냥한 말에는 미숙하다.

오만하거나 자만심이 강한 자는 자화자찬하기를 좋아한다. 칭찬의 대상은 칭찬하는 사람이 가치를 인정할 만큼 귀중한 덕목을 지니고 있으니까 가치와 품위가 유지되는 것이다. 미덕이 태어나기 전에 칭찬부터 하면 태어날 때 이미 그 가치는 떨어진다. "칭찬받을 만한 가치가 있어도 칭찬받는 사람 자신이 칭찬하면 그 가치를 손상시키는"(1막 3장) 것이다. 이런 칭찬의 속성을 도외시하고 자화자찬을 서두르는 것을 볼 때면 산뜻하게 잘 익은 과일이라도 지저분한 쟁반에 담겨 있으면 맛보고 싶은 생각이 나지 않는 것처럼 그의 자화자찬은 추해 보인다. 자하자찬은 오만의 하수인이기 때문이다. 우리는 주변에서 오만한 자를 많이 보지만, "'오만-휴브리스'의 응보는 파멸이라"는 것을 잘 새기고만 있으면 오히려 행운이 다가올 것이다.

인용원문

Ajax:

Why should a man be proud?

How doth pride grow? I know not what pride is.

Agamemnon:

Your mind is the clearer, Ajax, and your virtue the fairer. He that is proud eats up himself. Pride is his own glass, his own trumpet, his own chronicle; and whatever praise itself but in the deed devours the deed in the praise.

Ajax:

I do hate a proud man as I do hate the engend'ring of toads.

(…)

Agamemnon:

Pride hath no other glass

To show itself but pride; for supple knees

Feed arrogance and are the proud man's fees.

[*Troilus and Cressida*, II. iii. 149-153/ III. iii. 47-59]

trumpet proclamation: 선전

34
자비와 정의

자비의 속성은 강요되는 것이 아니다. 그것은 하늘에서 땅위로 내리는 자비로운 비와 같은 것으로 축복이 갑절로 내리는 것이다. 주는 자와 받는 자를 같이 축복하며, 가장 힘 있는 자에게도 최상의 힘이다. 왕관을 쓴 왕에게는 그 왕관보다 더 어울리는 것이고, 왕의 왕홀(王笏)은 현세의 권력을 상징하고, 위력과 존엄의 표지로서 왕에 대한 두려움과 경외로움이 깃들어 있지만, 자비는 왕홀의 위력을 능가하며 왕의 가슴에 자리 잡은 하느님 자신의 속성이다. 자비로운 정의가 완화될 때 지상의 권력은 하느님의 권세에 가장 가까워진다. 그러므로 유태인이여, 정의가 그대의 탄원이지만, 정의만 내세우면 구원받을 사람이 아무도 없다는 것을 생각하시라. 우리는 자비를 구하여 기도도 드리고, 기도 그것은 우리에게 자비의 선업을 쌓도록 가르쳐주고 있는 것이다.

『베니스의 상인』 4막 1장 179-197행

연말이 다가오면 구세군에서는 빈민과 불우한 사람들에게 도움을 주기 위하여 시내 번화가에 '자선냄비'를 설치하여 사람들의 자비심에서 나오는 선의를 모은다. 정복차림을 한 구세군이 입김을 호호 불어가며 딸랑딸랑 울리는 두부종소리는 지나가는 사람들의 발걸음을 끌어당기는 힘을 발휘한다. 그것은 마치 사람들의 마음속에 잠자고 있던 그 무엇을 일깨워주는 경종처럼 마음에 울린다. 마음속의 그 무엇은 바로 자비심이다. 그리 많지 않은 돈이지만 그리 크지 않은 냄비에 기꺼운 마음으로 쾌척하는 광경은 사람들의 마음을 흐뭇하게 해준다. 돈을 넣는 사람에게도 그걸 보는 사람에게도 추운 겨울날씨를 따뜻하게 녹여준다. 그것을 받는 사람들은 더욱 따스함을 느낄 것이다. 이 광경은 불쌍한 이웃을 돌아보는 계기를 마련해주고 냉혹하게만 여겨지던 우리 사회에 가정의 따뜻한 난로처럼 안온한 온기를 느끼게 해준다. 새삼 언급할 필요 없이 자비의 힘은 이렇게 크다.

지하철 안이나 역구내에서 노인이나 심한 장애의 모습을 한 사람이 지나가는 사람들에게 푼전(分錢)을 구걸하는 광경을 가끔 볼 수 있다. 그것 또한 사람들의 마음에 잠복하고 있는 자비를 일깨워 동정심을 유발하는 효과로 적선을 구하고 있는 것일 게다. 그런 광경이 자주 보이다보니 무감각해질 때도 있지만, 우리 마음속의 자비는 그런 그들을 그냥 지나치게 내버려두지 않는다. 우리가 내는 세금으로 그런 어려운 계층들을 보살피도록 하는 법의 정의가 있지만, 눈앞의 측은한 광경은 법의 정의보다는 향기롭고 고결한 자비의 힘이 더 강하게 작용하게 한다. 기꺼이 자비를 베풀지언정 푼전척리를 아껴 아름다운 심성의 고결성에 흠집을 내게 할 수는 없다.

희극 『베니스의 상인』은 베니스의 부유한 상인 앤토니오가 친구 바사니오의 포오셔와의 결혼자금을 마련해주면서 고리대금업자 유태인 샤일록에게 돈을 빌리고 이자 대신 기일 내에 갚지 못하면 심장 가까운 곳의 생살 한 파운드를 베기로 계약한다. 앤토니오의 배가 파선하여 돈을 못 갚게 되자 자기를 유태인이라고 무시해오던 앤토니오에게 앙심을 품고 있던 샤일록은 복수하기 위하여 재판정에서 기어이 생살 한 파운드를 베고자 한다. 위임재판관으로 분장한 포오셔는 계약서대로 살만 베어내고 피는 흘리지 말라는 명 판결을 내림으로써 샤일록을 패배시킨다.

이 극은 인색한 고리대금업자 샤일록이라는 인물로 유명하지만 샤일록을 둘러싼 '자비'에 대한 포오셔의 법정연설은 자비의 위대성을 묘사한 위대한 문장이다. 위의 대사는 젊은 재판관으로 변장한 포오셔가 계약서에 따라 생살 한 파운드를 도려내겠다는 샤일록을 계약서대로 실행하기 전에 자비를 베풀라고 설득하는 대목이다. 자비를 베푸는 것은 축복받을 인간애이고, 정의는 사회를 혼란으로부터 질서를 실현, 유지하는 법의 냉정한 척도이다. 그러나 자비는 정의의 냉혹성을 줄여주는 아름다운 덕성을 지녔다. 자비와 정의는 상반되는 요소이지만, 상호보완적 관계이기도 하다는 것을 강조한다.

그러나 정의를 구현하는 법의 엄격성을 걷어내기만 하고 겉보기만 자비처럼 보이는 것은 진짜 자비가 아니다. "아버지가 애정에 치우친 나머지 회초리를 다만 위협용으로 어린 자식에게 보이기 위해 한 옆에 세워만 두면 그 회초리가 무섭기는커녕 우습게 보이듯이, 우리의 법령도 집행력이 없어지면 폐멸된 거나 마찬가지로 방종한 자들이 법을 코웃음 치게 된다. 모든 예의도 질서도 엉망이 되고 만다."(『법에는 법으로』 1막 3장) 어린자식의 잘못을 보고 행여 매 맞는 고통을 염려하여 작은 자비를 베풀면 그 아이는 버릇이 나빠져 성장한 후 재앙을 맞을 것이다. 당장 대중음식점에 그런 아이 하나만 있어도 그 음식점은 난장판이 되지만 아이의 부모는 잡도리하지 않는 자비를 베풀고 아이의 품성은 더 나빠진다.

구걸 행각하는 이들에게 푼전으로 은혜를 베푸는 것은 그들의 비참한 생활을 연장시킬 뿐이니 자비가 도리어 무자비일 수도 있다지만 그냥 지나칠 수 없는 것 또한 인지상정이리라. 우리 사회에는 아직도 독거노인이나 고아 등 어려운 사람들을 돌아보는 선의의 자원봉사자들이 많다. 아무도 모르게 보상을 바라지 않는 마음으로 베푸는 순수한 자비가 가장 고귀한 것이다. 하버드대학 어느 연구소는 자비를 베풀면 건강에 도움이 된다는 연구결과를 발표한 적이 있다. 자비를 베푸는 일을 함으로써 정신적인 만족감을 느끼게 하고 마음을 치유해주는 놀라운 능력을 가지고 있다고 한다. 이렇게 자비의 마음에서 생기는 건강효과를 테레사 효과(Theresa effect)라고 명명했다 한다.

자비심에서 나오는 사람들의 선행들이 자주 보도된다. "나는 참 돈 좋아합니다. 돈 귀한 줄도 알고, 아까운 줄도 압니다. 그런데 기부하고 나니까 그렇게 기분이 좋을 수가 없어요. 그건 나 혼자만 알 수 있는 기쁨이에요. 기분이 좋으니까 건강도 좋아집디다. 그 후론 집안 분위기가 더 화목해졌어요." 대기업도 아닌 중기업쯤 되는 어느 회사의 사장이 60여 억 원을 대학과 문화기관에 기부하면서 이렇게 말하며 밝게 웃었다는 보도가 있었다. 그렇게 좋아하는 돈, 그렇게 아까운 재산을 기쁜 마음으로 베푼다는 것은 그야말로 순수한 자비일 것이다. 이 사장님의 경우는 바로 테레사 효과의 좋은 본보기이다.

신화에 나오는 정의의 여신은 오른손에는 칼을, 왼손에는 저울을 들고 있는데 그것은 정의는 엄정해야 함을 상징한다. 그녀는 그리고 눈을 가리고 있는데, 정의의 대상의 얼굴을 보지 않는 공평무사함을 나타낸다. 사면이나 특별사면제도는 이러한 정의의 냉정한 속성을 완화하기 위하여 자비를 구체화한 제도적 장치일 것이다. 그런데 이런 사면제도가 남발되거나 오용된다면 법의 정의는 그 칼날이 무디어질 수밖에 없고, 사회에 더 많은 범죄를 유발하는 악순환을 낳는다. 무슨 국경일이 되면 소위 '범털'이라는 은어로 불리는 사회의 지도층 인사들이 집권자의 자비와 은총을 입고 교도소문을 나서는 경우를 너무 자주 본다. 그러니 화이트칼라들이 저지르는 범죄는 근절되지 않는다. 겉보기만 자비처럼 보이는 것은 진짜 자비가 아니다. 사면은 오히려 제2의 재앙을 낳기 때문(『법에는 법으로』 2막 1장)이며 자비처럼 죄를 대담하게 만드는 것은 없기(『아테네의 타이먼』 3막 5장) 때문이다.

이들 화이트칼라범죄에 내려진 관대한 처분을 통치자의 자비라 여길 사람은 없을 것이다. 사면 때문에 사회 일각에서는 은혜와 원한이 착종되는 비정상적인 사태가 벌어진다. 정의가 사람들을 복종시키지 못하면 앞으로는 정의에서 나오는 분별과 도리는 무시된다.(『헛소동』 5막 1장) 자비는 신의 모습을 만들어내지만 잘못 버릇들이면 인간을 망칠 수도 있다.

자비와 정의의 관계는 사소하지 않다. 죄를 권력이나 황금으로 도금하여 정의의 창이 뚫지 못하게 하는 자에게 베푸는 자비는 자비일 수 없다. 자비는 정의에 바탕을 두어야 진정한 자비가 되기 때문이다. 사회의 질서유지를 위한 정의는 중요한 덕목이지만 봉사자들이 베푸는 자비야말로 정의가 이루어내지 못하는 사회의 주름진 곳을 보살펴준다. 사회가 냉혹하다지만 그런 사람들의 숨은 힘 때문에 아직은 훈기가 있다.

때때로 정의와 자비가 상충될 때 어느 쪽을 택하는 것이, 또 양자가 어떻게 보완되어야 할지를 고려해야 사회적 보편성과 타당성이 확보될 수 있다. 자비는 정의를 대신하지 못한다. 그러나 법의 정의는 드러난 사실에만 미치기 때문에 "정의만 내세우면 구원받을 사람이 아무도 없는 것"이다.

인용원문

The quality of mercy is not strain'd;
It droppeth us as the gentle train from heaven
Upon the place beneath. It is twice blest:
It blesseth him that gives and him that takes.
'Tis mightiest in the mightiest; it becomes;
The throned monarch better than his crown;
His sceptre shows the force of temporal power,
The attribute to awe and majesty,
Wherein doth sit the dread and fear of kings;
But mercy is above this sceptred sway,
It is enthroned in the hearts of kings,
It is an attribute to God himself;
And earthly power doth then show likest God's
When mercy seasons justice. Therefore, Jew,
Though justice be thy plea, consider this—
That in the course of justice none of us
Should see salvation; we do pray for mercy,
And that same prayer doth teach us all to render
The deeds of mercy.

[*The Merchant of Venice*: IV. i. 179-197]

strain force: 강요하다 **gentle** merciful: 자비로운
temporal secular: 현세의 **sway** rule: 지배
season temper: 조절하다, 완화시키다

35

민중의 욕망과 민중선동: 브루터스의 경우와 앤토니의 경우

로마시민이여, 동포여, 저의 대의명분을 들어주시고, (…) 현명한 판단을 위해 지혜를 일깨우십시오. (…) 왜 당신은 시저에게 반기를 들었느냐고 묻는다면, 시저를 덜 사랑했기 때문이 아니라, 로마를 더 사랑했기 때문이라고 대답하겠소. 시저가 죽고 여러분들이 자유롭게 사는 것보다 시저가 살고 여러분들이 노예로 죽기를 바라오? 시저가 나를 사랑했기에 그를 위하여 눈물 흘리고, 행운이 있을 때 기뻐하고, 용감했기에 존경하오; 그러나 야심을 품었기에 그를 죽였소. 그의 사랑에는 눈물이, 행운에는 기쁨이, 용기에는 존경이, 그의 야심에는 죽음이오. 여러분 중에 노예 되고 싶을 만큼 비굴한 사람 있소? 있으면 말하시오; 그에게는 내 잘못했소. 로마인 되고 싶지 않을 만큼 야만적인 사람 누구 있소? 있으면 말하시오, 그에게는 내 잘못하였소. 조국을 사랑하지 않을 만큼 파렴치한 사람 누구 있소? 있으면 말하시오, 그에게는 내 잘못하였소.

『줄리어스 시저』 3막 2장 12-34행

공동생활을 하는 인간들이 자기집단을 스스로 통치하는 최상의 합리적인 제도는 아직까지는 민주주의 정치제도로 알려져 있다. 공동생활에는 구성원 간에 이해와 욕망이 상충되기 마련이다. 민주주의 국가는 구성원인 국민의 합의에 의하여 상충되는 이해와 욕망을 절충하고 조절하는 제도와 룰에 의하여 작동되고 안정이 유지된다.

국민들이 자기네의 욕망과 이익을 최대로 보장하는 권리를 확보하기 위하여 지불해야 하는 반대급부는 국민의 의무와 책임의식이다. 국민들의 이익과 욕망을 절충하고 조절하여 합당하게 이루어낼 수 있는 정치권과 정부의 선택이 걸린 선거는 의무적으로 참여해야 하는 중요한 행사이다. 투표를 통하여 공직자를 뽑아야 하는 국민들은 밝은 눈으로 사리사욕에 사로잡히지 않고 공익을 먼저 생각하는 제대로 된 지도자를 골라내야 한다.

국리민복을 위하여 헌신하겠다면서 입후보한 정치지도자들은 자신이 선택받기 위하여 유권자들의 눈을 속이는 갖은 술책을 동원한다. 금권선거 등 탈법이 횡행한다. 입후보자들이 가장 선호하는 방법은 '민중에의 아첨(흔히 포퓰리즘이라는 말로 표현된다)'과 '민중선동' 전술이다. '데마고그(demagogue)'라 불리는 '민중선동자'는 민주주의가 처음 시행되던 희랍시대부터 공화정이 시행되던 로마시대에도 있어왔고 민주주의제도가 시행되는 나라에서는 지금도 기승을 부리고 있다.

민중선동에 관한 한 『줄리어스 시저』에서 시저를 암살한 뒤 로마시민을 상대로 시저의 암살의 정당함을 설파하는 브루터스의 연설과 그 부당함에 대하여 열변하는 앤토니의 연설은 데마고그적 연설의 전형으로 평가된다.

위에 인용한 연설문은 브루터스가 왜 시저를 살해했는지를 로마시민들 앞에서 설명하는 대목이다. 이어 등단한 앤토니의 연설과 더불어 자주 인용되는 명연설문이다. 시민들 사이에 고결하다는 평을 듣는 브루터스는 그러한 자기의 명예를 존중해준다면 시저를 살해한 자신의 대의명분을 들어달라면서 연설을 시작한다. 위의 내용에서 보는 것처럼 그는 시저를 어느 누구보다도 사랑하지만 로마를 더 사랑한다는 대 전제를 바탕에 깔고 로마시민의 자유를 위하여 독재자 시저는 제거되어야 한다는 대의명분으로 시저에 대한 자기의 사랑과 시저의 과오를 차근차근 열거해 가면서 민중의 이성(理性)에 호소하는 연설을 한다. 시민들은 일순, 설득이 되어 브루터스를 연호하며 황제로 추대하자는 만세까지 부르고 열렬히 환호한다.

그러나 이어 시저의 관을 들고 등장한 앤토니는 시저의 죽음을 애도하는 조사(弔辭)를 하겠다면서 등단하지만 실제로는 로마의 시민대중을 반 브루터스 기류로 유도하는 선동연설을 한다. 여러 번 전쟁에 이겨 많은 포로를 잡아왔고 배상금은 모두 국고에 넣었던 시저, 가난한 사람들이 굶주려 울면 같이 울었던 시저—야심은 보다 냉혹한 마음에서 생기는 법이라는 말로 브루터스의 말을 반박하면서—시민들이 본 바와 같이 루퍼컬 축제날 세 번씩이나 왕관을 바쳤으나 거절하던 시저, 이런 시저를 존경받는 브루터스는 야심이 많다는데 그렇게 보이느냐고 묻는다. 시저를 사랑하던 로마시민들이 시저의 죽음을 애도하지 않는 것을 질책하고, 눈물이 있으면 지금 흘리라고 부추긴다. 그렇게 총애하던 브루터스가 자기를 찌르는 것을 보고 위대한 시저는 반역자들의 칼날보다 더 쓰라린 배은망덕에 절망하고 피 흘리며 쓰러졌다고 시민들의 감정의 불길에 기름을 붓는다. 또한 앤토니는 시저가 로마시민들에게 막대한 유산을 남긴 유언장이 있다고 공개한다. 로마시민들의 재산에 대한 욕망에 불을 당기는 것이다. 그들의 재산에 대한 강열한 욕망은 앤토니가 은근히 유언장을 언급하면서 짐짓 공개는 하지 않으려 하자 공개하라고 아우성치는데서 알 수 있다.

로마시민의 이성적 판단에 호소하는 브루터스가 논리적으로 전개한 차분한 연설에 시민들은 일응 설득되는 듯하였다. 그런 브루터스에 뒤이어 등장한 앤토니는 시저가 야심이 많다는 브루터스의 말에 반증을 들어가면서 브루터스는 존경할만한 사람이라고 내내 추켜세우는 방법으로(존경하는 척하면서 깎아내리는 칭찬이 아니라 추켜올리지만 비난으로 알아들을 수 있는) 고결하다는 브루터스에 대한 시민들의 존경심을 희석시킨다. 그는 반역자들의 칼자국이 시저의 몸에 낸 피 묻은 상처를 손가락질로 하나씩 짚어냄으로써 시저의 암살 장면을 생생하게 연상시킨다. 그것은 대중을 아주 효과적으로 예민한 감성으로 유도한다. 시저의 애국 행적과 로마시민을 위하는 충정, 왕관을 세 번씩이나 거절하는 갸륵한 모습(시저의 속마음이 아니라는 것을 앤토니도 알고 있다), 그리고 시민들의 물질적 이익과 직결되는 욕망을 부추기는 유언장 내용의 언급 등은 로마시민들을 크게 흥분시킨다.

앤토니가 연출하는 이런 행태는 오늘날 영상과 언어가 직접 시청자들에게 전달되는 TV등 영상매체가 어떤 의도를 갖고 편파적으로 운영하면 시청 대중들에게 끼치는 영향이 막대하다는 것과 유사하다. 조금 전 브루터스의 이성적 연설에 차분하게 설득되었던 민중, 브루터스를 황제로까지 추앙하던 바로 그 민중은 브루터스와 그 일당을 죽여라, 불사질러라 하고 광분하자 브루터스 일당은 로마에서 도망친다.(『줄리어스 시저』 3막 2장)

브루터스의 연설은 냉정하고 이성적인 논리전개에 어울리는 산문으로 되어있는데 반하여 앤토니의 연설은 감성적이고 열정적인 표현에 맞는 시의 형식으로 되어있다. 민중은 이성에 호소하는 산문적인 브루터스의 연설보다 감성에 호소하는 앤토니의 시적인 연설에 쉽게 감동되고 설득된 것이다. 사람의 감성을 조정하는데 시적 언어가 산문적 언어보다 효과가 크기 때문이다.

불특정다수의 대중이 집합적으로 군집하게 되면 그 속의 개인은 군중 속에 끼어 있는 것만으로도 도취상태(intoxicated)가 된다. "바지와 저고리는 제대로 입어도 분별심은 쉽게 벗어던져 버린"(『헛소동』 5막 1장) 사람들은 군중심리가 형성되고 도취상태의 광기가 번득이는 군중은 집단광기에 사로잡힌 거대한 힘의 덩어리가 된다. 개인은 군중의 가면 뒤에 숨어 판단력과 고유의 능력을 소멸 당한다. 독선과 허상을 화려하게 늘어놓는 지도자가 감성에 어필하는 단순명료한 말 몇 마디만 던지면 군중의 관심과 행동은 그 사람의 손끝에 따라 어느 한쪽으로 집중되거나 치우치는 '쏠림 현상(herd behavior)'으로 나타난다.

분별력이 없어진 거대한 힘이 광기에 사로잡혀 비이성적이고 감정적으로 작동하면 무서운 결과가 초래된다. 앤토니의 연설에 선동되어 극도로 흥분하여 쏠림 현상에 마비된 시민들은 떼를 지어 브루터스 일당을 찾아 로마시내를 휩쓸고 다니며 난동을 부린다. 도중에 만난 시인 신너를 암살음모자의 한명인 신너와 이름이 같다는 이유만으로 그를 몽둥이로 쳐 죽이는 끔찍한 일까지 일어난다.(3막 3장) 거대한 물리적 힘으로 뭉쳐진 군중은 이성으로 분간할 줄 모른다. 그들은 시비를 가리지 않고 그저 눈에 보이는 그대로 선동자의 손끝 하나에 이리저리 쏠릴 뿐이다.(『햄릿』 4막 3장)

개인은 대중 속에 묻히게 되면 이미 실존적 정체성을 잃어버린 인간으로 전락한다. "내(헨리 6세)가 이 새털을 내 얼굴에서 불어 날리면, 바람이 그것을 다시 불어 내게로 온다. 내가 불면 그것은 나의 숨결에 복종하고, 바람이 불 때에는 바람에 복종한다. 너희 민중들도 그와 같이 가벼운 것이다."(『헨리 6세 제3부』 3막 1장)

히틀러를 비롯한 유수한 독재자들이 끊임없이 군중집회를 열었던 것은 민중을 마음대로 휘두를 수 있는 대중조작의 유혹을 떨칠 수 없기 때문이었다. 히틀러의 말처럼 민중은 사소한 거짓보다도 큰 거짓에 더 쉽게 속는 법이다. 지난 번 선거는 입후보자들이 지역감정이라는 인정에 기대어 비합리적인 감성을 자극하고 지역개발을 비롯하여 유권자 대중들의 허황된 이익 기대심을 부추기는 등 국민을 속이는 큼지막한 거짓 공약들이 난무하는 선동의 선거운동으로 일관되었다는 것이 지각 있는 사람들의 개탄스러운 평가이다.

현대는 온라인과 휴대폰에 네티즌이라는 대중이 거대한 새로운 군중으로 형성되어 있어서 일방적인 쏠림현상으로 쉽게 내몰릴 수 있는 토양이 마련되어있다. 온라인에서의 괴담성 소문 때문에 여러 명의 연예인이 이런 선동적 횡포로 스캔들에 시달리다 자살하는 사태가 비일비재한 현상이 되었다.

이러한 친 대중적 토양에서 네티즌들에게 온라인으로 사회적 이슈를 어떤 의도에 맞게 퍼뜨려놓은 다음 오프라인에서 일정한 장소에 모여들게 하면 촛불과 구호피켓 등 선정적인 소도구를 든 불특정다수 집단이 순식간에 형성된다. 2008년 몇 달 동안 수입 미국산 소의 광우병논란으로 온 나라가 촛불시위로 몸살을 앓은 현상은 네티즌들의 가공할 군중동원력이 가능하다는 사실을 실증적으로 보여는 좋은 예이다. 개인은 그 속에 가기만 하면 개인의 의지, 책임감, 판단력, 도덕의식 등에서 벗어나서 흥분, 격분, 광란 등의 증후가 나타난다. 올더스 학슬리는 이를 '집단중독현상(herd-poisoning)'이라 이름 붙였고 개인은 그 희생자가 된다 하였다. 그들은 선동자들이 자기네 뜻에 맞게 선동하는 대로 알콜에 중독된 것처럼 휘둘린다. 앤토니의 선동에 휩쓸린 로마시민들이 시인 신너를 무참하게 쳐 죽이는 일과 유사한 끔찍한 짓도 할 수 있다. 이는 히틀러를 비롯한 독재자들이 즐겨 쓰던 대중조작수법의 한 행태이고 독재자들이 군중집회를 자주 벌이는 이유이다.

이렇게 온라인과 오프라인을 번갈아 가면서 이루어지는 대중선동은 물리적 힘으로 수렴되어 이제는 정치적 변혁에까지 그 힘을 발휘한다. 데마고그의 전형인 앤토니의 고전적 수법은 IT라는 최고의 매스미디어에 의하여 오늘날 우리사회에서 훨씬 고도화되어 여전히 유효하다. IT강국으로 네티즌의 영향력이 막대한 우리나라는 대중선동과 대중조작이 더욱 심각한 사회문제를 야기하기 쉬운 환경이 되었다. 우리는 이러한 사회 환경에서 쏠림현상에 휩쓸리기 쉬운 군중 속에 묻혀 아무런 인간적 가치도 발휘하지 못하는 존재일 수 없다. 우리는 주체적 존재가 되지 못하고 다만 한심한 조작의 대상으로 전락하여 실존적 가치를 발휘하지 못하는 존재일 수 없다. 우리는 존엄한 인간적가치가 훼손되지 않는 고귀한 인격적 존재로 남아야 한다. 그러기 위하여 각 개인은 민중이라는 쏠림 현상에 휩쓸려 집단중독현상에 빠지는 것을 경계하고 진실과 허위를 분별하는 지혜를 길러야 할 것이다. 민주주의 사회의 각 개인은 그 주체적 정체성과 존엄성과 실존을 훼손 받아서는 안 된다. 사회는 그러한 개인들의 총화(總和)의 바탕에 그 토대를 두어야 하는 것 아니겠는가.

인용원문

Romans, countrymen, and lovers, hear me for my cause, (...), and awake your senses, that you may the better judge. (...) If then that friend demand why Brutus rose against Caesar, this is my answer: Not that I loved Caesar less, but that I loved Rome more. Had you rather Caesar were living, and die all slaves, than that Caesar were dead, to live all free men? As Caesar loved me, I weep for him; as he was fortunate, I rejoice at it; as he was valiant, I honour him; but as he was ambitious, I slew him. There is tears, for his love; joy, for his fortune; honour, for his valour; and death for his ambition. Who is here so base that would be a bondman? If any, speak; for him have I offended. Who is here so rude, that would not be a Roman? If any, speak; for him have I offended. Who is here so vile, that will not love his country? If any, speak; for him have offended.

[*Julius Caesar*, III. ii. 13-34]

36

레크리에이션(Recreation)과 리크리에이션(Re-creation)

즐거운 오락이 방해를 받으면 무섭고 쓸쓸한 절망의 친척인 시무룩하고 침울한 우울증이 생겨난다. 그 뒤를 이어 창백한 마음의 소란과 병독을 가진 인생의 적군들이 몰려온다. 식사할 때나 놀 때 또는 활기를 불어넣는 휴식을 취할 때 방해를 받으면 사람이나 짐승이나 다 미치는 것이다.

『실수 연발』 5막 1장 78-84행

지구 온난화의 영향으로 기후가 불규칙할 때도 있지만 아직까지 우리나라는 봄, 여름, 가을, 겨울의 4계절이 뚜렷하다. 우리나라의 1년은 4계절에 맞춰 규칙적으로 반복되는 기후의 변화에 의하여 서서히 변하기 때문에 기후의 변화를 예측할 수 있게 한다. 이런 예측 가능한 날씨는 농사를 주업으로 하는 우리 조상들을 1년을 24절기로 나누어 농사일을 제때에 맞추어 정해놓는 지혜를 발휘하게 하였다. 정해진 절기에 따라 농사일 등 일상생활을 영위해오고 그 절기에 맞추어 세시풍속을 만들어왔다. 봄이면 씨앗뿌리고 여름에는 김매고 가을에는 거둬들이고 겨울에는 내년의 일을 준비하는 등 일을 절기에 맞추어 순차적으로 하였다. 그래서 우리 조상들은 철이나 절기 등 '때'와 '시기'를 매우 중요하게 여겼다. 누구나 이 절기를 아는 것은 상식이었다. 어린이도 일정한 나이가 되면 이 절기를 반드시 알아야 했다. 그것을 모르는 사람은 아이 어른 할 것 없이 '철부지'라 하여 꾸짖었다.

사계절의 때를 맞추어 일해야 하는 것은 우리 조상들의 근면성이 요구되는 절대적 명제였다. 모내기철, 콩 심는 철, 배추씨앗 뿌리는 철, 보리 뿌리는 철 등을 놓치거나 수확의 시기를 놓치면 그 해는 농사를 망쳐 삶은 어려움이 심대하였다. 또한 가뭄 홍수 등의 부정기적으로 닥쳐오는 자연재해는 크나 큰 어려움이었다. 항상 사계절의 변화와 자연재해에 대하여 늘 민감할 수밖에 없었고 그것은 늘 쫓기는 듯한 삶을 이어가게 하였기에 자연히 행동은 빠르고 마음에는 한가로움이 없었다. 항상 일에 눌려 지내기 때문에 부지런할 수밖에 없었다. 근면성은 우리나라를 아주 짧은 기간 내에 장족의 경제발전을 이룩하는 원동력이 되었다.

산업화시대를 거치는 동안 사람들은 뒤돌아볼 사이도 없이 앞만 보고 달려왔다. 참 바쁘게 살아왔고 오늘날도 여전히 우리는 바쁘게 살지 않는가. 컴퓨터, 휴대폰 등의 IT는 이렇게 바삐 사는 우리나라 사람들에게 딱 들어맞는 문명의 이기들이다. 컴퓨터자판기 위의 손가락은 바쁘게 춤추고 발걸음은 빠르지만 그래도 지각은 여전하고 약속시간에는 늘 늦는다. 우리가 톱니바퀴가 맞물려 돌아가듯 여유 없이 살면 스트레스에 시달리게 된다는 것을 알아차릴 정도로 마음에 여유가 없을 지경이다.

이렇게 여유 없이 생활하다보면, "그게 무슨 인생이겠는가/ 가던 길 멈춰 서서 바라볼 시간 없다면// 양이나 암소들처럼 나무 아래 서서/ 한가로이 바라볼 시간 없다면// 숲을 지날 때 다람쥐들이 밤톨 감추는 것 바라볼 시간 없다면// 햇살 눈부신 한낮, 밤하늘처럼/ 별들이 흐르는 강물 바라볼 시간 없다면// 아름다운 여인의 눈길에 돌아서서 그 아리따운 발/ 그 발이 어떻게 가뿐히 걷는지 지켜볼 시간 없다면// 눈에서 비롯해서 입으로 곱게 번지는/ 그녀의 미소를 기다릴 시간 없다면// 참 딱한 인생 아니랴, 근심으로 가득 차/ 멈춰 서서 바라볼 시간이 없다면"(윌리엄 헨리 데이비스, "여유(Leisure)" 전문) 빡빡한 삶에 싱그러움을 주는 시원한 한 줄기 바람이라도 기대하기 어려울 것이다. 눈길과 숨길을 돌릴 수 있는 마음의 여유가 없으면 냉혹한 일상생활에 짓눌려 견디기가 여간 어려운 일이 아니다. 술이라도 거나하게 취한 상태에 빠지거나, 그래서 때로는 하루쯤 공치는 일탈이 없으면, 자기가 좋아하고 즐기는 것에 마음이 쏠려 스스로를 잊어버리는 삶의 환희를 느낄 수 있는 어떤 경지가 없다면, 정신적으로 삶의 풍요로움을 가질 수 없고 육체적으로 삶의 무게를 벗어나기가 힘들 것이다.

인간은 아득한 옛날, 고대로부터 '호모 루덴스(Homo Ludens): 놀이하는 인간'이다. 인간은 삶을 위하여 '노동-일'과 더불어 '놀이-오락' 즉 '레크리에이션'이 필요하다. 일상의 노동-일에만 몰두하는 것은 성취도를 높이는 것이 아니라 수레가 비탈길을 멈춤 없이 굴러가는 것과 같이 위험하기 때문이다. '레크리에이션(recreaton)'이 무엇인가. 본래 '재창조'라는 뜻의 말에서 나온 것 아닌가. '레크리에이션'은 휴식이나 여가를 이용하여 일상의 근로에서 벗어나서 오락이나 연극, 음악, 야외활동 등으로 기쁨이나 즐거움을 창출하여 정신적으로나 육체적으로 새로운 힘을 북돋는 일이며 그러한 '레크리에이션' 활동은 '리크리에이션(re-creation)' 즉 '새로운 창조'를 낳는데 꼭 필요하다는 뜻이다.

위의 인용문은 오락과 여가활동, '레크리에이션'의 중요성을 이야기하고 있다. 여가 활동은 모든 일상의 일에서 완전히 벗어나서 여가 활동 동안의 즐거움과 기쁨만 만끽하도록 하여야 한다. 레크리에이션 활동이 일상사에 대한 잡념을 버리지 못하거나 제대로 이루어지지 않으면 우울증이 생기고 절망에 빠진다. 그러면 스트레스를 받아 병이 생기게 된다는 것은 오늘날 의학자들의 견해와 다를 바가 없다.

이 작품은 로마시대 희극의 전통을 따른 셰익스피어 초기의 익살희극(소극)이다. 시라큐즈의 상인 이지언(Aegeon)의 부인 이밀리어는 쌍둥이를 낳고 같은 시간에 어떤 하층민여인이 낳은 쌍둥이를 자기의 쌍둥이 아들 각각의 하인으로 기른다. 그러다가 어느 날 타고 가던 배가 파선하는 바람에 이지언은 아내와 쌍둥이 아들과 하인 쌍둥이의 각각 한 쌍씩과 헤어진다. 헤어진 두 쌍의 쌍둥이가 에피서스의 거리에서 서로 모른 채 만나서 일어나는 여러 가지 착오에서 비롯되는 순전한 익살극이다. 익살극답게 상대자의 말을 슬쩍 농으로 받아넘기는 말이 연발되고 동작도 활발하다. 마지막에 두 쌍의 쌍둥이 때문에 생긴 모든 착오가 바로 잡히고 부부와 부모형제 가족들이 다시 만나는 것으로 끝난다.

위의 인용대목은 아드리아나가 남편의 쌍둥이 동생을 남편으로 잘못 알고 몰아붙이자 질투심 때문에 남편을 쉴 틈 없이 너무 몰아붙이지 말라고 수녀원장(나중에 이지언의 부인이며 쌍둥이 아들들의 어머니로 밝혀진다)이 충고하는 말이다. 쌍둥이 동생을 자기 남편으로 잘못 알았으니 그 행동이 이상했고 그것 때문에 남편을 몰아붙였으니 그것은 쉴 틈을 주지 않고 일을 시키는 것과 꼭 같은 효과로 나타난다는 것이다.

사람은 적절한 레크리에이션을 취하지 못하면 스트레스를 받고 우울증에 걸리기 쉽다. 스트레스는 암 발생의 지름길이며 건강한 삶에서 경계해야할 제일 큰 적이라는 것이 정설이다. 또한 우울증은 내면적으로 기쁨을 얻지 못하는 데서 생긴다고 한다. 우울증 때문에 죽음의 길로 들어서는 사람들의 경우를 많이 본다.

연약한 인간이기에 적절한 레크리에이션 없이 기계적으로 반복되는 일상의 일은 기쁨을 찾는 의욕을 없애고 삶의 의미를 느끼지 못하게 한다. 사람은 누구나 자기가 원하는 즐거움을 자연스럽게 누릴 권리가 있다. 그래서 오락이나 스포츠 등 여가활동, 레크리에이션은 인간의 정신을 활성화시키고 자유를 신장시키는 활동이다. 자유롭기 때문에 삶을 싱그러운 만족감과 행복감으로 적신다. 그것은 건강한 삶을 창출한다.

오늘날은 레저나 레크리에이션 산업이 많이 발달되어 있어서 그것이 부족하여 우울해지는 경우는 드물 것이다. 대부분의 사람들은 일과 레크리에이션을 적절하게 배분하여 건강한 일상을 영위하는 세련된 삶을 누린다. 일상생활에서의 세련됨은 하루아침에 이루어지는 것이 아니다. 살아오면서 그 방면에 대한 경험과 경험에서 오는 지혜가 발휘될 때 아무 쪽에도 치우치지 않고 일과 여가가 자연스러운 조화를 이루어 레크리에이션(Recreation: 오락)이 리크리에이션(Re-creation: 재창조)로 이끌게 될 것이다.

인용원문

Sweet recreation barred, what doth ensue
But moody and dull melancholy,
Kinsman to grim and comfortless despair,
And at her heels a huge infectious troop
Of pale distemperatures and foes to life?
In food, in sport, and life-preserving rest,
To be disturbed would mad of men or beast.

[*The Comedy of Errors*, V. i. 78-84]

[주]

bar obstacle: 방해하다

ensue happen later: 잇따라 일어나다

moody and dull displeasing and gloomy: 시무룩하고 우울한

distemperature disturbance of mind: 마음의 소란

preserving maintaining: 유지하는

37
낭비의 군더더기

화려한 의식(儀式)을 두 번씩이나 하겠다고 집착하는 것, 이미 훌륭한 (왕의)칭호에 다시 호칭을 하나 더 붙여 장식하는 것, 정제된 순금에 도금하는 것, 백합꽃에 그림물감 칠하는 것, 향기로운 제비꽃에 향수뿌리는 것, 얼음을 미끄럽게 한답시고 대패질하는 것, 무지개에 다른 색깔을 덧붙이는 것, 하늘의 아름다운 태양을 아름답게 꾸민다고 촛불을 켜는 것, 이런 것은 모두 낭비이며 어리석은 과잉 행동입니다.

『존 왕』 4막 2장 9-16행

내가 사는 아파트주변의 산책로는 아주 잘 가꾸어진 길로 산책하기에 매우 쾌적하고 아름다운 길이다. 구청에서 제법 많은 예산을 들여 조성한 노력이 눈에 두드러져 보인다. 개천 길을 따라 잘 가꾸어진 가로수 밑을 남녀노소 할 것 없이 많은 사람들이 한가로이 거니는 모습은 보기에 참 아름답다. 날이 어두워지면 이따금씩 서 있는 가로등들은 운치를 더해주는 조형물로 분위기를 한층 북돋운다.

그런데 연말이 가까워 오는 어느 날 이 아름다운 가로등들을 통째 철거하고 새로운 것으로 교체하는 작업을 하느라 주변을 소란스럽게 하는 것 아닌가. 이미 서 있는 가로등이 낡아서 보기에 흉하거나 불을 밝히는데 무슨 지장이 있는 것 같아 보이지 않는다. 새로 설치하는 가로등이 이전 것보다 더 좋아 보이기는커녕 크기만 하고 투박해 보여 예전 가로등만 못해 보였다. 아직도 쓸만해 보이고 아무렇지도 않은 가로등, 미관상으로도 오히려 더 나은 가로등을 이렇게 교체하는 것이 여간 낭비가 아니라는 아까운 생각이 들었다. 감독하는 공무원에게 물어보니 그 해에 배정된 예산은 그 해에 다 집행해야 된다는 것이다. 쓰지 않고 남기면 다음 해에 예산규모가 삭감되기 때문에 예산확보 차원에서도 당해 연도 예산을 다 써야 한다는 것이다. 이런 예산지침은 예산을 규모 있고 알뜰하게 집행하라는 것이 본래의 취지였을 것이다. 주민의 복지를 위한 공무집행에서 낭비를 줄이기 위한 낭비의 통제가 그 본래의 취지는 훼손되고 통제가 적을 때보다 오히려 낭비를 권장하는 아이러니컬한 결과를 낳는 것 아닌가. 이런 낭비의 왕국이라니!

좋고 아름다운 비단옷에 꽃을 더하면 '금상첨화(錦上添花)'가 된다. 이 말은 이미 좋고 아름다운 것 위에 더 좋고 아름다운 것이 더하여지는 것을 말할 때 비유적으로 쓰인다. 영어로는 '이미 찬란하게 빛나는 것에 광채를 더 보탠다[Adding lustre to what is already brilliant]'

라는 말씀으로 나타낼 수 있을 것이다. 금상첨화의 모습에 매료되어 사람들은 이미 좋은 상태에 있는 것을 더 좋게 한다면서 노력과 시간을 낭비하는 어리석은 짓을 많이 볼 수 있다. 위의 인용문은 이러한 낭비적인 일을 비유적으로 나무라고 있다.

이 인용문은 영국역사극 『존 왕』에 나오는 대목이다. 이 극은 셰익스피어의 영국 역사극중 가장 옛날의 사적을 다룬 역사극이다. 이것은 이기적이며 비열하고도 잔인한 폭군 존 왕(1167-1216)의 말로를 묘사한 비극이다. 정당한 왕위계승자인 아더 왕자는 숙부인 존 왕에 의하여 감금되었다 왕의 잔인무도한 살해의 마수를 피하려고 도망가다가 성벽에서 떨어져 죽는다. 프랑스와의 전쟁에서 승리하지만 존 왕은 독살당하고 그의 왕자 헨리가 왕위를 계승한다는 내용이다.

위의 대목은 프랑스와의 전쟁에서 승리한 존 왕이 정당하지 못하게 왕위에 오른 것을 의식하고 자신의 왕권을 다지고, 백성들에게 위엄을 보이면서, 더 좋은 인상을 주기 위한 명분으로 두 번째 대관식 거행을 언급하자 쓸데없는 짓이라며 그 부당함을 아뢰는 신하 솔즈베리 백작의 말이다.

그 자체로 순도가 정제된 순금을 더 번쩍거리게 하느라고 도금하는 어처구니없는 일. 아름다운 백합꽃을 더 아름답게 하느라고 물감 칠하는 일이라니! 이미 그 자체의 향기가 후각을 만족시키고도 남을 만큼 향기로운 제비꽃에 그만 못한 인공의 향수를 뿌리는 어리석은 일. 손대면 미끄러지는 얼음을 더 미끄럽게 한다고 대패질하는 짓. 더 할 수 없이 아름다운 자연 그대로의 무지개에 다른 색을 덧붙이는 황당한 짓. 아름답고 찬란하게 빛나는 태양 앞에 미약하기 그지없는 촛불 장식을 하느라고 야단법석을 떠는 것. 얼마나 어리석고 헛된 짓인가. 이런 일들은 금상첨화이기는커녕 원래의 아름다운 모습을 훼손시키는 결과를 초래할 뿐이다.

마찬가지로 이미 치러진 의식(儀式)을 다시 벌리는 방식으로 왕의 권위를 재인식시키려는 것은 어리석은 헛수고에 지나지 않으며 백성들도 의혹의 눈초리로 볼 것이다. 그것으로 끝나는 것이 아니다. 옛날부터 내려오는 누구나 다 아는 검소한 의식이 변질, 훼손되고 전통이 손상되는 일이 일어날 것이라고 솔즈베리 백작은 간언한다. 옆에 같이 있던 펨브루크 백작도 "이것은 마치 케케묵은 옛날이야기를 시의적절치 않은 때에 신기한 듯이 되풀이하는 것과 같아서, 듣는 자는 귀찮아할 것"이라고 말하고, 다음과 같이 예를 들어 반대한다. "기술자가 좋은 것보다 더 좋은 것을 만들려고 하면, 그 욕심 때문에 도리어 솜씨가 떨어질 수 있고, 잘못을 선불리 변명하면 그런 변명 때문에 잘못을 더 큰 잘못으로 만드는 결과가 됩니다. 옷의 헤진 곳을 기운 헝겊이 그 헤진 곳을 감추려다가 깁기 전보다 오히려 더 흉하게 하는 것과 같습니다." (28-34행) 더 잘 하고자하는 의욕은 과욕을 부르고 지나친 욕심은 심리적 긴장을 자아낸다. 누구나 긴장하면 어깨에 힘이 들어가 손놀림이 헛돌게 되니 일이 제대로 이루어지지 않는다.

또한 헤진 곳을 서투르게 기워 호도(糊塗)하면 깁기 전보다 흉하게 보이듯이, 저지른 잘못에 대하여 선부른 변명을 늘어놓으면 용서받기는커녕 더 큰 비난에 직면하게 된다. 정통성이 없는 존 왕이 비록 대관식을 두 번씩이나 하고 왕의 칭호에 위엄을 나타내는 호칭을 덧붙인다 해도 백성들은 그 허위에 기만당하지 않는다.

잘못을 솔직히 시인하고 사과할 것은 사과하고 고칠 것은 고치면 될 것을 해명한답시고 자기변명을 늘어놓으면 그 선부른 변명은 오히려 일을 더 꼬이게 만드는 예는 많이 보아온 것이다. 이는 그 시대의 영국의 예가 오늘날의 우리나라에서 특히 적나라하게 많이 목격되는 역사적 사실이다.

가난한 시대에 어린 시절을 보낸 사람들은 어른들로부터 낭비하는 것이 가장 좋지 못한 습성이라는 것을 귀에 못이 박히도록 들으며 자라났다. 낭비벽이 있는 사람은 모든 분야에서 배척받는 것이었다. 밥을 먹을 때는 쌀을 생산하느라 힘들게 일한 농부의 노고를 생각하라면서 밥그릇에 붙은 밥풀하나도 그냥 버리면 낭비라 하셨다. 그분들은 낭비벽 있는 사람은 자기 몫뿐만 아니라 다른 사람의 몫까지 탕진하게 된다 하셨다. 개인에게 낭비는 큰 폐해를 낳는데 하물며 낭비에 대한 의식이 부족한 자가 공직에 있게 되면 여러 사람의 몫을 탕진하는 훨씬 큰 폐해를 낳게 될 것이다.

국회의원을 상징하는 대표적인 장식은 양복 깃에 다는 금(金)배지이다. 이 금배지는 겉으로는 번쩍거리는 금으로 보이지만 실제로는 값이 1만 9천원에서 2만 5천원 정도하는 지름 1.6cm의 자주색 도판에 금색의 무궁화 모양이 도금되어 있는 것이라 한다. 국회에서 나랏일을 보살필 때 얼마나 애국적인 의식을 가지고 임하는지 믿음이 가지 않는다. 금배지의 겉보기처럼 금빛 찬란하게 번쩍거리는 정도의 국사를 이루어내는지 아니면 금빛이 도금에 지나지 않고 실제 값밖에 나가지 않는 일밖에 못하고 나라에 이득은커녕 오히려 큰 폐해를 끼치는 일을 골라하는지 의심스러울 때가 한두 번이 아니기 때문이다. 그들이 하는 일이 혹 국민들의 눈에만 보기 좋은 '화려한 의식(儀式)에만 집착하여 낭비를 일삼고, 순금에 도금하기, 향기로운 제비꽃에 향수뿌리기, 얼음을 매끄럽게 한답시고 대패질하기, 하늘의 아름다운 태양을 아름답게 꾸민다고 소용없는 촛불 켜기' 등 낭비와 주객이 전도된 일을 하느라 영일이 없는 것은 아닌지. 금상첨화라는 말을 명실상부하게 좋은 말로 만들기는 쉬운 일이 아니다. 좋은 것을 더 좋은 것으로 만들려는 사람은 낭비적인 결과까지도 고려해야 할 것이다. 강을 건너게 하기 위하여 놓는 교량을 강의 폭보다 더 길게 하는 것은 어리석은 낭비일 뿐이다.

인용원문

To be possess'd wth double pomp,
To guard a title that was rich before,
To gild refined gold, to paint the lily,
To throw a perfume on the violet,
To smooth the ice, or add another hue
Unto the rainbow, or with taper-light
To seek the beauteous eye of heaven to garnish
Is wasteful and ridiculous excess.

[*King John*, IV. ii. 9-16]

eye of heaven sun: 태양

garnish embellish: 아름답게 꾸미다

38
중상(中傷)의 독한 입김

중상(中傷)은 그 날이 칼날보다 더 날카롭고, 그 혀는 나일 강의 독사보다 더 독한 독을 지녔으며, 그 독한 입김은 빠른 바람을 타고 세상 구석구석에 스며든다. 왕에게도, 왕비에게도, 정치가에게도, 처녀, 주부에게도, 아니 무덤 구석에까지도 이 독사 같은 중상은 스며든다.

『심벨린』 3막 4장 31-37행

친구들이나 지인들의 모임에서 화제가 궁해지면 정치인이나 연예인 등 유명인에 대한 가십(gossip), 즉 남의 입소문 이야기를 즐긴다. 진화생물학자들에 의하면 가십은 대개의 경우 좋은 내용이기 보다는 나쁜 내용이 많은데도 인간사회를 유지시키는데 기여를 해왔다고 한다. 그것은 가십을 통하여 누가 믿을만한지, 누구의 평판이 나쁜지를 알게 되기 때문이다. 다른 사람이 어떻게 행동하는지를 늘 관찰할 수가 없기 때문에 가십에 더 기대게 되고, 다른 사람을 직접 보는 것보다 그에 대한 정보를 듣는 것에 더 적합하도록 진화해서 남의 소문 이야기인 가십이 큰 힘을 발휘한다고 한다. 객관적인 기록보다 주관적인 가십이 보다 진실성이 있다고 생각한다는 것이다.

가십은 좋은 내용보다 나쁜 내용이 많아 처음 보는 사람이라도 그 사람이 제3자에 대해 자신과 똑같이 나쁜 말을 하면 더 친밀하게 여기기 때문이다. 특히 사회적으로 유명하거나 지위가 높은 사람에 대해서는 나쁜 내용의 가십을 주로 전하는 것으로 분석됐다.("'가십'엔 귀 열고, 진실엔 눈감고," 조선일보, B13, 2007. 10. 23.) 결국 사람들은 자기들 모임의 친밀감을 높이기 위하여 정치인이나 연예인 등 유명인사에 대한 나쁜 내용의 가십을 안줏감으로 삼는다. 가십의 이러한 특성은 가십의 대상이 되는 사람을 중상(中傷)의 대상으로 몰고 간다.

터무니없는 말로 남을 헐뜯어 그 사람의 명예를 손상시키는 것이 중상이다. 그러므로 중상의 대상이 되는 사람의 심적 고통은 말할 수 없이 크다. 중상의 대상이 되어 명예가 실추되면 오명은 그 사람을 영원히 올라타 계속 살아남고, 그 사람이 죽어도 무덤 속까지 따라간다.(『실수연발』 3막 2장) 세상 사람들은 중상이라고 생각하지 않고 남의 일을 자기 마음대로 해석하거나 왜곡하여 별 다른 생각 없이 그것을 다른 사람에게 이야기한다. 그러나 그것은 곧 독한 입김으로 변하여 전파된다. 중상의 독한 입김은 전해 듣는 사람들로 하여금 들은 말을 그대로 믿게 하고, 전해들은 사람의 귀에만 머물지 않게 하며, 더 증폭되어 기하급수적으로 퍼져나가게 하는 독소를 지니고 있다.

선거 때가 되면 특히 중상모략이 온 나라에 횡행한다. 역대 대통령 선거 때도 중상모략 하는 소위 네거티브 선거 전략이 판을 쳤지만, 지난 대통령 선거 때(2007년)는 온 나라가 중상모략의 시궁창에 빠진 듯 극심했다. 선거가 끝나고 나면 중상은 모두 허위로 밝혀지는 것도 일관된 모습이다.

인기가수 나 모 씨에 대하여 성기가 잘렸다는 등 온갖 터무니없는 중상과 가십이 한 동안 인터넷을 비롯한 대중매체를 도배할 정도로 센세이셔널 했다. 나 씨가 기자회견장에서 탁자 위에 올라가 곧 바지를 내릴 듯이 허리춤을 잡는 기발한 모습을 보고나서야 가십과 중상은 사라졌다. 왜곡 잘하는 세상은 너무 악해져서 사람들은 미친 중상자의 말을 미친 귀로 믿는다.(「소네트」 140) 중상하는 자도 올바른 정신의 소유자가 아니지만 그 중상을 전하는 자도, 그 말을 듣고 믿는 자도 미쳐 있다는 것이다.

어떤 특정인을 더럽힐 수 있는 중상거리를 만들어내어 퍼뜨리면 얼마나 치명적으로 그 사람을 망가뜨리는지는 굳이 자살한 연예인의 예를 들지 않더라도 너무나 잘 알려져 있는 일이다. 오늘날 같이 신속한 대량전달 매체가 지천으로 널린 세상에서는 심술궂은 말 한마디가 좋아하는 감정에 얼마나 많은 해독을 끼치는지 누구나 다 알고 있다. 사람들은 중상모략에 쉽게 귀를 기울이는 경향이 있고 중상은 호감을 없애는 데 첩경이다. 아무리 훌륭한 미덕이 돋보이는 사람이나 큰 권력을 가진 사람이라도 등 뒤에서 뱉어내는 악의에 찬 세상의 험담과 중상을 받을 때는 그 폐해를 모면할 수가 없다. 그리스신화에서 남의 뒤통수나 치는 비방과 조소와 중상 등의 음침한 일을 하는 신은 모모스(Momos)인데 그가 어둠의 신 에레보스(Erebos)와 밤의 신 닉스(Nyx) 사이에 태어난 신으로 자리매김해져 있는 것은 맡은 역할에 들어맞는다.

한번 중상을 당하면 그것을 벗어나기가 얼마나 어려운지 등 중상의 나쁜 속성은 희극 『심벨린』에 나오는 위의 인용대사에서도 잘 알 수 있다. 고대 영국의 늙은 왕 심벨린은 그의 딸 이머진과 양반 출신의 포스트머스의 결혼을 못마땅하게 여기고 그를 로마로 추방한다. 포스트머스는 그곳에서 알게 된 야키모라는 자의 꼬임에 빠져 철석같이 믿는 아내 이머진의 부정을 걸고 내기를 한다. 야키모의 음모로 이머진의 부정을 믿게 된 그는 하인 피사니오를 시켜 그녀의 살해를 명하지만 피사니오는 이머진을 죽이지 못한다. 로마군과의 전쟁 중 왕궁에서 쫓겨나 숲속에서 이머진을 만난 두 왕자의 도움으로 심벨린 왕이 로마군에게서 구출되고 영국군이 승리를 한다. 포스트머스는 이머진이 죽은 줄 알고 있다가 그녀를 다시 만나 심벨린 왕의 은사를 받고 해피엔딩으로 마무리 된다. 위의 대사는 아내 이머진의 정절을 의심하고 그녀를 죽이라는 포스트머스의 편지를 피사니오가 그녀에게 보여주면서 정숙한 이머진이 중상당하는 것을 보고 그 해악에 대하여 피력하는 피사니오의 말이다.

중상은 그 날이 칼날보다 더 날카롭기 때문에 그 덫에 걸리면 큰 상처를 입는다. 중상하는 혀는 독사보다 더 독한 독을 뿜기 때문에 무서운 해독을 끼치고 독한 입김은 소문의 바람을 타고 온 세상 사람들의 귀에 스며든다. 위로는 왕으로부터 아래로는 여염집 여인네에 이르기까지, 시간적으로는 당사자가 죽어도 무덤까지 스며들어 영원히 그에게 붙어 다니는 지독한 독을 지녔다.

중상은 숨 쉬는 것처럼 밖으로 뱉어낸 사람의 입으로 도로 빨려 들어간다. 남을 시기하여 중상하면 그것은 저주가 된다. 저주는 발설되면 우주를 한 바퀴 돌아 거울에 반사되는 햇빛처럼 되튀어 그 사람에게 도로 돌아온다고 한다. 중상하는 당사자도 중상모략을 당하거나 저주의 굿판에 올려질 수 있는 것이다.(『리처드 3세』 1막 3장)

중상을 당하는 사람은 반드시 큰 상처를 입는 것만은 아니다. 능력 있고 선량한 사람은 그보다 못한 사람에게 시기 받고 중상모략 받기 쉽지만, 그럴수록 그의 능력과 선량함은 더욱 빛나 보일 수 있다. "그대가 선하기 때문에 세상의 중상모략을 받지만 그 중상은 그대의 가치가 더 위대함을 증명하여줄 뿐이다. 나쁜 자벌레는 가장 아름다운 꽃봉오리를 좋아하니까."(「소네트」 70)

중상은 그 속성이 바람과 같아 바람처럼 떠돈다. 바람은 소리는 들려도 형태가 없어 눈으로 볼 수도 없고 손으로 만질 수도 없지만 초목을 흔들어 놓는다. 마찬가지로 보이지 않는 중상은 뚜렷한 근거도 없이 사람을 흔들어 놓는다. 중상은 나쁜 내용 자체나 그 본질보다 사람을 흔들고 상처를 주기 때문에 더 해로운 것이다. 그러므로 칼날 같은 바람의 중상은 잡초 같은 보통사람에게는 작은 상처만 주지만, 이름이 널리 알려진 큰 나무 같은 유명인은 가지나 줄기가 꺾이는 것과 같은 큰 상실감과 좌절감을 안게 한다.

인용원문

'Tis slander
Whose edge is sharper than the sword, whose tongue
Outvenoms all the worms of Nile, whose breath
Rides on the posting winds and doth belie
All corners of the world.
Kings, queens, and states,
Maids, matrons, nay, the secrets of the grave,
This viperous slander enters.

[*Cymbeline*, III. iv. 31-37]

[주]

edge sting: 베기, 날
worm snake: 독사
post convey swiftly: 급히 전하다

39

양심의 가책과 양심선언

나는 양심의 간섭을 받지 않겠다. 양심은 사람을 비겁자로 만든다. 양심의 비난을 받지 않고 도둑질 할 수 없고, 욕설할 때마다 저지하고, 남의 여자와 잠자리를 하려면 이놈이 현장을 잡아낸다. 양심은 사람의 가슴속에서 반란을 일으키는 얼굴 잘 붉히는 수줍은 정신이다. 이놈은 사람에게 방해 투성이거든: 언젠가 우연히 금화가 든 지갑을 주웠는데 이놈이 돌려주라고 하였다. 양심을 지키는 사람은 거지밖에 못돼. 양심은 위험한 것으로 여겨져 어느 마을, 어느 도시에서나 쫓겨나기 마련이다. 잘 살고 싶은 사람은 누구나 자신만 믿고 이 양심이 없이 살려고 애쓴다.

『리처드 3세』 1막 4장 133-142행

사회라는 무대에서 각 개인의 사람됨은 그 사람이 지닌 인격이 겉으로 나타날 때 알 수 있다. 다른 사람들과의 관계에서 그가 맡는 역할이 단순한 연기나 가면이 아니고 양심에서 우러나오는 고유한 인격에 맞게 연출될 때 찬사를 받는다. 인격은 사람으로서의 품격, 사람이 사람으로서의 가치를 갖는 데 필요한 정신적 자격을 일컫는다. 양심은 인격의 근본 바탕일 뿐만 아니라 인격의 결과로 나타난다. 인격 뒤에는 늘 이렇게 양심이라는 존재가 도사리고 있다. 양심을 떠난 인격은 허황된 덕목에 지나지 않는다.

양심은 인간으로 하여금 신의 경지에 다다르게 하는 빛나는 지혜이다. 또한 동물과 구별지어주고 인간 본성의 우수성과 행위의 도덕성을 낳게 하는 지표이다. 인간은 도덕적 행위의 주체로서 선악을 구별하여 나쁜 짓을 하지 않고 바른 행동을 하려는 본성을 지니고 있으며 그 가운데에 양심이 도사리고 있다. 그래서 양심은 정의의 근원이며 사악함을 목격하면 내면에서 소리 내는 신의 음성에 가까운 가장 신성한 품격이다.

이렇게 순결하고 고결한 양심이 더럽혀질 때, 양심에 어긋나는 신념이나 행동이 강제될 때, 우리는 인간으로서의 존엄성과 인격적 존재가치가 훼손됨을 느낄 수밖에 없고 내면에서 닦달하는 신의 소리에 고통 받는다. 행동이나 신념이 도덕적 기준에서 벗어나는 과오를 저질렀을 때 인격을 갖춘 자라면 신의 소리가 내리는 지엄한 양심의 가책은 엄혹하고 꾸짖는 채찍은 신랄하다. 내면적으로 양심의 가책을 견디다가 너무 고통스러워 자살하는 경우도 종종 볼 수 있다. 그러나 『리처드 3세』에서 리처드 왕이 자신의 과거의 죄악에 대하여 양심의 가책이 고개를 드는데 대하여 "양심이란 비겁한 자들이 쓰는 용어에 지나지 않는 것, 원래가 강자를 겁주기 위하여 만들어진 것이다"(5막 3장) 라고 말하는 것에서 볼 수 있듯이 때로는 약자의 무력한 방패막이에 지나지 않는 것으로 치부된다.

양심의 가책을 받는 사람의 수가 줄어들면 법의 존엄성이 무너지고 사회는 도덕적 해이로 몸살을 앓게 된다. 인간은 자신의 죄과는 자신에게 유리하게 감추기 때문에 죄로 여기지 않는다. 그것을 죄라고 생각할 때가 거의 없을 뿐만 아니라 자기의 이익을 위하여 부정한 일을 하면서 양심의 가책으로 갈등을 하더라도 봄에 내리는 약간의 서리쯤으로 가볍게 치부해 버리기 일쑤다. 설사 자기가 하는 일이 옳지 않다는 것을 알고 있더라도 남의 시선 따위는 아예 도외시하기로 작정하고 자신의 이익을 위하여 양심을 저버린다. 그래서 부정으로 부패한 자의 가슴은 철갑을 둘렀어도 천둥벌거숭이처럼 창피한 내면이 드러나지만 양심의 가책을 받기는커녕 뻔뻔한 얼굴을 들고 다닌다.

국민의 혈세를 국민과 나라를 위하여 써야 하는 데도 일부 공직자들은 권력남용일 수밖에 없는 온갖 부조리한 명목을 붙여 국민세금을 개인용도로 빼 쓰는 것을 너무나 자주 목격해왔다. 사람들은 그때마다 분노하지만 그들은 조금도 양심의 가책을 느끼지 못한다. "높은 사람의 권력남용은 그 권력으로부터 양심의 가책이 분리되는 데서 생기"(『줄리어스 시저』 2막 1장)는 것이다.

위에 인용한 대사는 『리처드 3세』의 1막 4장에 나오는 대목이다. 『존 왕』과 『헨리 8세』의 두 사극을 제외하면 셰익스피어의 영국사극의 주제는 랭커스터 가(家)와 요크 가(家) 사이에 30년 동안 벌어진 왕위 쟁탈전인 '장미전쟁(1455-1485)'이라고 볼 수 있다. 리처드 2세의 왕위를 찬탈한 헨리 4세의 아들 헨리 5세는 백년전쟁 중 프랑스에 진격하여 복속시키는 영명한 군왕이었다. 헨리 6세가 등극하지만 백년전쟁은 계속되고 그 와중에 장미전쟁까지 일어나 나라는 혼란에 빠진다. 결국 헨리 6세는 에드워드 4세의 동생인 글로스터 공작(나중에 리처드 3세로 등극)에 의해 런던탑에서 살해되는 것이 『헨리 6세』 1, 2,

3부의 소재가 되는 사실(史實)이다.

『리처드 3세』에서는 『오셀로』의 이아고를 연상케 하는 악인인 흉한 몰골의 글로스터 공작은 잔인한 권모술수의 수법으로 에드워드 4세의 적법한 왕자인 자기 조카와 자기 형제를 제거하고 왕위를 손아귀에 넣고 리처드 3세가 되지만, 재위 2년 만에 랭커스터 가 쪽의 리치먼드에게 비참하게 패배하여(1485) 죽음에 이르는 이야기이다. 피비린내 나는 장미전쟁은 끝나고 리치먼드는 등극하여 헨리 7세가 된다. 그는 에드워드 4세의 딸 엘리자베스와 결혼함으로서 요크 가와 랭커스터가 양가는 화해하고 여기서 엘리자베스 1세까지 계속되는 튜더왕조가 출발한다.

글로스터공작이 왕위를 손아귀에 넣기 위하여 라이벌을 제거해가는 중 자기 형인 클레런스 공작을 암살하라고 두 사람의 자객을 보낸다. 위의 인용대사는 공작의 사주를 받은 두 자객이 런던탑으로 와서 그를 죽이려할 때 '양심의 찌꺼기'가 아직 남아 있다는 자객 2가 하는 말이다. 자객 1이 양심이 어디 있느냐니까 자객 2는 살인을 사주한 글로스터 공작 돈지갑에 있다고 한다. 그 말에 자객 1은 보수를 주려고 돈지갑을 열면 양심은 날아가 버린다고 대꾸하지만 자객2는 그까짓 날아가 버린 양심을 문제시 안 할 거라고 대답하고, 자객 1은 날아간 양심이 돌아오면 어쩔 거냐고 묻자 자객 2가 위에 인용한 대사로 대답한다.

사람의 마음속에 도사리고 있는 양심은 선악을 돌보지 않고 사욕을 채우려 하면 선을 지키라며 신의 목소리 같은 위엄으로 제동을 건다. 양심은 사람을 비겁자로 만들고 양심을 지키는 사람은 거지밖에 못되며 위험투성이로 취급되어 시골은 시골대로 도시는 도시대로 어디에서나 쫓겨나기 쉽단다. 물질적으로 편안하게 잘 살고 싶은 사람은 누구나 눈 딱 감고 이런 양심의 가책과 간섭을 무시해야 한다고 한다.

글로스터 공작의 사악함을 잘 알면서 그에게 매수되어 죄 없는 클레런스 공작을 청부살인 해야 하는 자객 2는 양심의 올곧은 처사를 부각시킴으로써 역설적으로 양심의 가책을 받고 있음을 진술하고 있다. 자객 1이 자기도 양심이 공작을 살해하지 말라고 졸라댄다고 하자 악마를 불러들이고 양심을 믿지 말라, 그놈은 어느새 살그머니 기어 들어와서는 고작해야 한숨이나 짓게 할뿐이라고 누구에게나 양심이 존재한다는 것을 상기시킨다. 자객 1은 자기는 금성철벽같이 억세기 때문에 양심 따위에 쉽게 넘어가지 않는다고 강변한다. 결국 자객 2는 양심 따위는 무시하겠다고 말한 바와는 달리 양심의 가책 때문에 자객 1이 클레런스 공작을 살해하는데 손을 보태지 않고 보수도 받을 생각 없이 어디론가 사라진다. 청부살인의 대가만 생각하는 금성철벽의 사나이 자객 1에게 양심의 가책은 아무런 효과를 발휘할 수가 없었다.

'양심선언'이라는 것이 가끔 매스컴을 장식하는 것을 볼 수 있다. 아직도 '양심'이라는 단어가 제값을 하고 있는 증좌일까. 양심이 야심을 채우는데 조연 역할로 이용당하는 모습을 보인지 오래 되어서일까 양심이라는 덕목 자체에 무게 실림을 느낄 수 없다.

신변의 위협이나 현실적인 불이익을 무릅쓰고 양심의 순결함을 지키기 위하여 권력기관이나 거대한 조직의 비리와 부정을 폭로하는 것이 양심선언일 것이다. 양심선언자는 양심의 가책 때문에 고민하다가 사회의 양심을 믿고 자신의 순결한 양심을 지키려는 몸부림일 것이다. 그러므로 그는 최소한 자신이 순결한 양심을 지니고 있다는 전제가 있어야 한다.

그러나 양심선언이 그 순수성을 잃으면 그것은 이미 양심선언이 아니다. 현실적 불이익은 물론 생명까지도 위협받을 수 있지만 자신의 신념을 지키려는 갸륵한 행위인 양심선언이 만에 일이라도 자신의 입

신양명이나 물질적 보상 등을 예상하고 위험을 투기하는 것이라면 양심이라는 말을 타락시키는 선언이다. 다른 사람의 견해는 아랑곳하지 않고 보편타당하지도 합리적이지도 못한 독선에 집착하는 것에 양심선언이라는 거룩한 이름을 붙일 수 없다. 그것은 사회에 심대한 부정적 영향을 끼친다. 선의의 동기에서건 불순한 동기에서건 간에 양심선언이 자주 보이는 것은 그 사회가 건전하지 못하다는 것을 보여줄 뿐이다. 한없이 초라하고 약해보이는 약자지만 하늘을 우러러 부끄럽지 않은 양심선언이라면 신의 소리에 순응하는 진실 된 양심에 바탕 한 것이라야 명실상부한 양심선언일 것이다.

순결하고 공정한 양심의 자유는 인간의 당연한 기본 권리이다. 거의 대부분의 문명국에서는 그들의 헌법에 개인이 외부의 압력이나 강제를 받지 않고 자기의 양심에 따라 사유하고 행동할 수 있는 자유, '양심의 자유'를 보장하고 있다. 양심의 자유 규정은 '양심의 가책'에서 우리를 해방시켜줄 수 있는 제도적 장치일 것이다. 양심의 가책에서 벗어나지 않기를 바라는 건전한 사람이 많아지고 양심의 자유를 구가하며 양심선언이 없어지는 사회는 맑고 밝은 사회가 될 것이다.

인용원문

I'll not meddle with conscience—it makes a man a coward: a man cannot steal, but it accuseth him; a man cannot swear, but it checks him; a man cannot lie with his neighbour's wife, but it detects him. 'Tis a blushing shamefac'd spirit that mutinies in a man's bosom; it fills a man full of obstacles: it made me once restore a purse of gold that—by chance I found. It beggars any man that keeps it. It is turn'd out of towns and cities for a dangerous thing; and every man that means to live well endeavours to trust to himself and live without it.

[*Richard III*, I. iv. 133-142]

but that—not

40

겸손하는 아첨, 아첨하는 겸손

아첨하는 자는 임금님을 기만합니다. 아첨은 죄악을 불러일으키는 풀무라서, 아첨 대상이 되는 것은 작은 불꽃일 뿐이지만, 풀무질을 하면 열이 올라 더 맹렬하게 타오르기 때문입니다. 유순하고 이치에 맞는 간언은 그러나 필요합니다. 임금도 인간이기 때문에 과오가 있을 수 있으니까요. '감언하는 자'가 평화를 구가하면 그놈은 전하께 아첨을 할 뿐이고 전하의 생명을 위태롭게 하는 것입니다.

『페리클리즈』 1막 2장 38-44행

그(시저)가 그렇게(의사당에 안 나올) 작정을 해도 내가 설복시키리다. 외뿔소는 나무에 속고, 곰은 거울에, 코끼리는 구덩이에, 사자는 올가미에, 사람은 아첨에 속는다는 그런 이야기를 그는 듣기 좋아한다오. 그러나 아첨하는 자를 싫어할 것이라고 말하면 그렇다고 대답하지요. 그것이 진짜 아첨인 줄 모르고. 그 일은 내게 맡기시오. 그의 기분을 잘 맞추어서 의사당으로 모시고 나오리다.

『줄리어스 시저』 2막 1장 204-206행

모 라디오 방송국의 영어 학습 프로그램의 어떤 진행자는 어떻게나 웃음이 헤픈지 청취하노라면 짜증이 날 지경이라고 조카가 불평한다. 평균 30초 만에 한 번씩 웃음이 터져 나오고, 전혀 웃을 상황이 아닌데도 웃음이 터져 나와 황당하단다. 같이 진행하는 원어민의 목소리가 그의 불필요한 웃음소리에 묻혀버려 원어민의 목소리에서 청취력을 익히는 데 방해가 되는가 하면, 웃음에 실린 말은 무슨 말인지 알아듣기가 힘들 때도 있단다. 무엇보다도 청취자들에게 낯 뜨거운 간사스러운 아첨의 웃음소리가 귀를 어지럽힌다고 한다. 그런 짜증스러운 기분이 아니라면 청취자에게 영어습득은 좀 더 편안한 마음속에서 이루어지지 않았을까 하는 생각이 들었단다. 불특정 다수의 대중에게 하는 아첨이 진정한 의미의 아첨일 수 있을까 하는 문제는 차치하고라도 비굴함이 보이는 듯하여 불쾌감을 감출 수 없을 것이다. 조카는 일반 대중을 상대로 하는 방송에서 듣기 간지러운 아첨성 웃음과 발언은 자제해야 한다는 말로 아첨에 대한 촌평을 덧붙인다.

인간은 누구에게나 아첨하는 유전인자가 있다고 한다. 까마득한 옛날부터 인간은 아첨하는 동물이었다. 노자는 천지불인(天地不仁), 자연은 인자하기보다는 잔인하다 하였다. 동물들이 깃들고 먹고 살라고 자연이 초목을 생장되게 하는 것이 아니고 초목은 스스로 생장할 뿐이다. 자연이 인간을 위하여 있는 것이 아니라 자연그대로 존재할 뿐이다. 인자하지 못한 자연에 의지하여 자연 속에서 인간은 살아야 하기 때문에, 각 생물은 자신의 존재 역량에 따라 자기 존재를 유지하려고 노력한다. 자신의 존재를 유지하려는 노력은 '자연적 경향으로서의 욕망'(스피노자, 『윤리학』)이 자연에 적응하려는 인간, 외부의 강한 힘에 적응하려는 인간 노력의 일부가 아첨하는 유전자로 생성되었다고 한다. 강한 것에 적대하지 않고 빌붙어서 생존을 도모하거나 자신의 이익을 챙기기 위하여 붙좇는 일종의 생존법으로 진화되어왔다는 것이다.

아첨은 어느 누구에게 하더라도 비굴함이 드러난다. 아첨은 마약과 같은 중독성을 지니고 있으며, 주변 사람들에게 전염되는 속성이 있다. 변덕스런 아첨꾼은 지나친 존경심이 싫증을 불러오게 되면 앙심을 품게 된다. 아첨꾼은 통치자의 귀를 막아 나쁜 소식을 듣지 못하게 하며, 충성심에서 피난처를 찾는 속성이 있다. 아첨은 거만과 탐욕을 부추기며, 결국 부패로 치달을 수 있는 등 아첨에는 역기능이 있다.(월리스 고스 리기어 지음, 이창신 옮김, 『아첨론』, 이마고, 2008)

위의 첫 번째 대사는 셰익스피어의 후기 작품 『페리클리즈』에 나오는 대사이다. 페리클리즈 왕이 멀리 떠나는 준비를 할 때 왕에게 아첨하는 귀족을 보고 그의 심복신하가 하는 말이다. 이 작품은 타이어의 왕 페리클리즈가 이웃강국 앤타어크의 왕이 그 딸과 근친상간한 것을 알게 되자 그로부터 생명의 위협을 받는다. 그것을 피하기 위하여 페리클리즈는 여러 해 동안 고난과 위험을 겪고 방황하다가 마침내 사랑하는 아내와 딸을 만나 화목한 가정을 회복한다는 줄거리이다. 아첨의 말은 달콤한 거짓말인줄 알면서도 믿어버리기 때문에 아첨 받는 사람은 해를 입게 된다는 말이다.

위의 두 번째 인용문은 『줄리어스 시저』에 나오는 대목이다. 황제의 자리에 오르고자 하는 시저의 야망이 날로 더해가는 것을 두고 볼 수 없다며 일단의 음모자들이 그를 살해하기로 모의하고 시저의 총애를 받는 고결한 브루터스를 가담시킨다. 그들은 시저를 암살하는데 성공하지만 로마시민들의 설득에 실패하고 앤토니와 옥테이비어스 군에게 패배, 자멸하고 브루터스도 자결한다.

위에 인용한 대목은 시저를 암살하기로 한 계획을 실행하는 날 시저가 원로원에 나오지 않으면 어쩌느냐고 걱정을 하자, 음모자의 한 사람인 디시어스가 아첨의 수단을 써서 시저를 원로원에 나오도록 하겠다면서 하는 말이다. 외뿔소가 돌격해오자 사자는 나무에 기대 서 있다가 잠깐 비켜 외뿔소를 속여 나무에 뿔을 박아 꼼짝을 못하게 하고 그런 외뿔소를 잡아 포식했다는 이야기. 또 곰은 거울에 비친 자기 모습에 속아 잡히고, 코끼리는 특별히 고안된 구덩이에 속아 잡히고, 사자는 〈사자와 생쥐〉의 이야기에 나오는 것처럼 간단한 올가미에 속아 잡힌다. 사나운 야수들이 간단한 수단에 속는 것처럼 사람은 계략에서 나온 단순한 아첨에 속아 유인되기 쉽다.

아첨 받는 자가 더욱 가련한 것은 아첨 하는 자를 싫어할 것이라고 은근히 추어주면 그것이 진짜 아첨인 줄 깨닫지 못하고 물색없이 좋아하면서 속절없이 속는다는 것이다. 그렇게 "아첨 받고 좋아하는 사람은 그 사람됨의 값어치가 아첨하는 사람과 비슷하다. 인간의 귀는 충고에는 귀머거리가 되지만, 아첨에는 귀가 틔기 때문이다."(『아테네의 타이먼』 1막 2장) 스피노자가 한 말에도 있듯이 "최고를 꿈꾸지만 최고가 아닌 자부심 강한 사람은 아첨의 말을 잘 믿는다"는 아첨의 속성을 디시어스는 잘 알고 있다. 현명한 사람도 아첨의 말은 믿지 않으면서도 마음은 아첨하는 자에게 사로잡히고 만다. 디시어스는 아첨으로 기분을 잘 맞추어주면 위대한 시저까지도 마음이 사로잡히게 되는 아첨의 힘을 믿는다. 그래서 시저를 원로원으로 유인해 낼 수 있다고 자신하는 것이다.

아첨하는 자의 웃음이나 말에서 그 정체가 탄로 나기 쉽기 때문에 아첨꾼들이 자주 차용하는 것이 겸손의 자세이다. '아첨(阿諂)'의 악덕을 '겸손(謙遜)'의 미덕으로 화장하는 것이다. 그러나 아무리 겸손으로 무장 하더라도 자신의 이익을 위하여 잘 보이려고 기회를 엿보다가 작심하고 아첨을 하면 거짓 겸손임이 드러나고 만다. 사람을 대할 때 젠

체하지 않고 몸을 낮추고 공손한 자세가 보이는 겸손한 사람은 호감을 살 수밖에 없다. 겸손은 그러한 호감에 의존하여 완곡하게 칭찬받기를 바라는 기대에서 나온다. 그러나 겸손은 남을 복종시키기 위하여 겉모습을 그럴듯하게 포장한 오만일수 있고, 자기의 가치를 높이고 상대방의 호감을 얻으려는 아첨으로 표변할 수 있는 전시용 덕목일 수도 있다.

겸손은 욕망이나 야망을 이루기 위하여 자신의 속내를 감추는 수단이 되기도 한다. 겸손이 아첨의 도움을 받아 야망을 이루는 모습은 이 작품의 다음 대목에서 잘 나타나 있다. "겸손한 척하는 것은 야심에 찬 사람이 오르는 사다리이다. 위로 올라가는 자는 얼굴을 위로 향하고 있다. 그러나 일단 제일 높은 단계에 오르게 되면, 그땐 사다리에 등을 돌리고 구름을 바라보고 자기가 올라온 계단을 경멸하게 된다."(『줄리어스 시저』 2막 1장) 이 말은 황제가 되고자 하는 시저의 야심이 노골화되는 것을 보고 브루터스가 하는 대사이다.

시저가 황제가 된다면 사람들을 해칠 수 있는 권력의 남용이 있을 것이고 권력을 믿게 되면 연민의 정은 상실하게 되리라고 걱정한다. 여기서 "겸손한 척하는 것은 야심에 찬 사람이 오르는 사다리"라는 것은 일반시민대중에게 하는 아첨이 황제의 자리에 오르는 수단이라는 뜻이다. 시저가 이미 전쟁에서 승리할 때마다 병사들에게 관대하게 보상을 해주었고 로마시민들에게 성대한 환락의 축제를 벌여주곤 하여 시민들의 환심을 사 둔 것을 가리키는 말이다. 권력의 정점에 오르게 되면 자기가 아첨하였던 시민들을 경멸하고 구름 같은 허영심에 들뜨게 된다. 아첨과 겸손을 가장하여 권력의 칼자루를 쥐게 되면 아첨과 겸손의 대상이었던 사람을 업신여긴다는 것이다.

다른 한편으로 르네상스 시대사람 에라스무스가 아첨은 인간관계에 맛과 향을 더해줄 수 있다고 한 것처럼 악덕으로 치부되는 아첨에도 순기능은 있다. 아첨은 "위로와 같은 편이 되고, 격려하고, 일깨우고, 개선하고, 환심을 사고, 영감을 주고, 진정시키고 놀고, 늘 즐겁기 위해서 하는 것이다."(윌리스 고스 리기어 지음, 이창신 옮김, 『아첨론』, 이마고, 2008) 보상을 기대하는 칭찬이 바로 아첨이며, 아첨은 사회를 문명화하는데 기여한다고 한다.

아첨 받는 사람을 기쁘게 해줄 수 있는 아첨, 아첨인 줄 알지만 아첨으로 느끼지 않고 기분이 나빠지지 않는 아첨, 오히려 기분이 좋아지면서 편해지는 아첨을 할 줄 아는 사람은 아첨에 달통한 '아첨의 대가'라 할 것이다. "달콤한 아첨의 말은 다툼을 누그러뜨리고, 약간의 허풍은 거룩한 위안이 된다"(『실수 연발』 3막 2장)고 하였는데 아내에게 아첨하여 위안을 주면 가정평화가 온다고 어떤 남편에게 충고하는 말이다.('아첨하다'의 영어 'flatter'는 '원활히 하다, 순조롭게 하다(smooth)'라는 뜻의 'flater'가 어원이다.) 허풍과 더불어 아첨은 이렇게 때로는 상황을 호전시키는데 도움이 될 수 있다.

미덕으로 치부되는 겸손도 악용될 수 있다. 겸손은 칭찬을 사양하면서 몸을 낮추는 것 같이 보이지만, 사실은 사양하는 미덕까지 추가하여 더 큰 찬사로 우러름을 받으려는 욕심에서 나올 수 있다. 그래서 지나친 겸손은 진솔한 겸손인지 의심을 받을 수 있다. 겉치레로 하는 겸손의 말은 진솔한 겸손이 실린 존경심이 없는 입에서 나오면 상대방에게 모욕이 된다. 평범한 사람의 겸손은 진실한 마음을 나타내지만 능력깨나 있다는 사람의 겸손은 위선이 될 수 있다. 그 위선은 아첨에 의하여 더욱 커진다는 데서 겸손과 아첨은 서로의 미덕과 악덕을 공유하는 것이다.

인용원문

They do abuse the king that flatter him,
For flattery is the bellows blows up sin;
The thing the which is flattered but a spark,
To which that blast gives heat and stronger glowing;
Whereas reproof, obedient, and in order,
Fits kings as they are men, for they may err.
When Signor Sooth here does proclaim a peace,
He flatters you, makes war upon your life.

[*Pericles*, I. ii. 38-45]

If he Caesar be so resolv'd,
I can o'ersway him; for he loves to hear
That unicorns may be betray'd with trees,
And bears with glasses, elephants with holes,
Lions with toils, and men with flatterers;
But when I tell him he hates flatterers;
He says he does, being then most flattered.
Let me work;
For I can give his humor true bent,
And I will bring him to the Capitol.

[*Julius Caesar*, II. i. 202-211]

o'ersway persuade: 설복시키다 **toil** snare: 올가미
hole pit: 구덩이, 함정
give his humour the true bent turn his disposition in the right direction: 그의 기분을 잘 맞추어주다

41

임금님과 거지: 말하기 나름의 덫

거지가 임금님 옆에 살고 있다면, 임금님이 거지 옆에서 산다고 하겠군. 또 너의 북을 교회 옆에 세워놓으면 교회가 북에 기대 서 있다 하겠군.

(…)요즘 세태를 보아도 그래요! 똑똑한 치들은 잘못 낀 새끼염소 가죽장갑처럼 말을 빨리도 뒤집어요.

(…)

말을 갖고 장난치는 자는 말을 제 맘대로 변질되게 하거든.

(…)

법령도 말을 타락하게 했으니 말은 정말 고약하게 되었어요. 그 이유는? 말을 써야 이유를 댈 수 있을 텐데, 말이 믿을 수 없게 되어버려서 말로 이유를 대고 싶지 않네요.

『십이야』 3막 1장 7-24행

오늘날은 가히 말의 홍수시대라 할 만큼 어떤 사안이 생기면 온갖 말이 분수처럼 사회의 각계각층에서 쏟아져 나온다. 우리사회의 일상은 날마다 말의 바다 속에 빠져서 헤어나지 못하고 허우적거리는 모습이다. 그것은 불특정의 어느 날의 온라인만 열어보아도 당장 알 수 있다. 그러나 우리는 그런 말의 홍수 속에서 오히려 사람들 사이에 의사소통의 어려움을 여러 가지로 겪는다는 것이 아이러니컬하다. 특히 네티즌 사이에 통용되는 언어는 줄임말과 은어와 신조어(新造語)가 많아 일정기간 인터넷에 접속하지 못하면 얼른 알아듣기 어려운 말들이 많아진다. 온라인상의 용어들이 오프라인으로 침투하여 통용되는 일이 많아 의사소통에 걸림돌이 더욱 많아지는 것 같다. '미드'가 '미국드라마'라는 것을 그 세계에 자주 접하지 않으면 어떻게 알 수 있을까?

또한 사회지도자들의 말씀은 그 무게가 중천금일 텐데 가볍기가 한량없다. 최근의 우리나라의 신구 정치지도자들의 가벼운 입은 국민들에게 많은 실망감을 안겨주었다. 모름지기 지도자의 말씀은 조금은 남달라야 하고 늘 준비된 말씀이여야 하며 한 마디도 헛된 것이 섞여서는 안 되는 것 아닌가. 또한 그들의 말실수는 온 나라를 수렁으로 몰아넣을 수도 있다.

우리의 사상, 감정, 의사를 표현, 전달하거나 이해하는 음성기호의 체계가 말(언어)이다. 스위스 출신 구조주의 언어학자 소쉬르(Ferdinand de Saussure: 1857-1913)는 언어의 기호(記號)에는 기표(記表)와 기의(記意)가 있다고 분석했다. 기표는 기호의 형식(Form)이고 기의는 기호가 나타내는 내용(Content)이다. 그리하여 말은 하나의 음성과 하나의 개념이 결합되어야 의사소통이 된다. 대부분의 경우 기표와 기의가 일치하여 의사전달이 되지만 종종 언어의 형식과 내용이 일치하지 않을 때가 있다. "화장술로 곱게 꾸민 창녀의 뺨도 그럴싸하게 꾸민 내 말 뒤에 숨어있는 사실보다 더 추하지 않을 것이다"(『햄릿』 3막1장)라는 말에서 볼 수 있듯이 악마의 본성에다 신심(信心)의 가면으로 사탕발림하는 수작과 같이 기표와 기의가 일치하지 않을 때는 문제가 발생한다. 그 한 가지 예로 부시 미대통령은 대테레전(戰)에 대한 강경정책으로 미국이 국제사회에서 호전적인 국가로 오해받았다고 했지만, 〈더 타임스〉지는 그와의 인터뷰기사에서 "세계를 전쟁으로 끌고 간 매(鷹)가 비둘기의 언어를 말하였다"라는 제목을 달았다. 부시 정책의 본질은 호전적인 매이지만 말은 비둘기처럼 평화를 가장한 언어로 사탕발림하기 때문에 혼란스럽다는 뜻이다.

영국의 소설가 조지 오웰(1903-1950)이 1949년에 발표한 『1984』는 인간의 미래를 암울하게 그리는 대표적인 디스토피아소설이다. (제목의 '1984'년은 소설을 썼던 해인 1948년의 '48년'을 '84년'으로 뒤집어 놓은 미래소설이다.) 절대자 '빅브라더(Big Brother: 대형)'가 지배하는 독재국가를 그린 이 작품을 제대로 이해하려면 이 소설에서 부각되고 있는 '언어'의 문제를 이해해야 한다.

그것은 언어로 인간의 사고를 통제한다는 부분이다. 이는 이 소설에서 사용되는 '신어'(Newspeak)에 잘 나타나 있다. 신어는 구어(Oldspeak)를 대체할 언어로 개발된다. 신어가 전면적으로 사용되고 구어가 사라지게 되면 언어로 인간을 통제할 수 있다는 것이다. 그러기 위하여 한편으로 거짓말을 하면서 또 한편에서 이를 완전히 진실이라고 믿게 하는 '이중사고'라는 정책을 쓴다. 그 예는 정부부처의 명칭에서 잘 나타나 있다.

정부는 4개의 부처로 되어 있는데 각 부처의 명칭과 수행하는 일이 정반대가 되는 '이중사고'의 대표적인 예이다. 전쟁을 관장하는 부처를 전쟁의 반대말인 평화부(Ministry of Peace)라 이름붙이고; 당의 행정에 맞추어 과거의 기록을 허위로 조작하고 당이 저지르는 과오 등의 기록은 모두 없애는 부처는 진실부(Ministry of Truth)라 한다. 굶주림에 허덕이는 노동자들에게 배급량 감소 발표만 능사로 삼는 부처의 이름은 풍요부(Ministry of Plenty)이고; 사상범죄를 포함한 모든 범죄를 관리하고 고문을 담당하며 '당의 인간'으로 사상적 변신이 된 후에 사형을 집행하면서도 국민에 대한 애정을 갖고 있다는, 애정과는 너무나 동떨어지는 부처는 애정부(Ministry of Love)라 부른다. 또한 곳곳에 국가의 덕목으로 "전쟁은 평화", "자유는 예속", "무지는 힘"이라는 등의 슬로건을 내걸고 있는데 이 또한 당이 내세우는 '이중사고'인 것이다.

우리 사회에서 발생하는 어떤 한 가지 사안에 대하여 정치적 견해를 비롯하여 각각 처해 있는 입장과 위치에 따라 전혀 상반되는 언어로 반대되는 해석을 낳는 경우를 많이 본다. 그럴 때는 늘 언어의 유희와 언어의 조작이 수반된다. 언어의 유희와 조작을 통하여 하나의 상황이나 대상을 설파하면서 상반되는 두 가지의 미묘한 이중적 기의를 나타내는 것이다. 위에 인용한 대목도 그러한 언어의 농락과 오용의 가능성을 잘 보여주고 있다.

인용 대사가 나오는 위의 희극은 십이야(十二夜)에 엘리자베스 여왕이 이태리의 거족 오시노 공작을 위한 향연의 여흥으로 상연되었다고 한다. 십이야는 크리스마스로부터 12일 째인 1월6일의 주현절(主顯節) 축제일의 전날 밤을 뜻하는데 이날 밤 큰 주연(酒宴)이 벌어진다.

일리리어의 오시노 공작은 부유한 백작의 상속녀 올리비어를 사랑하는데 그녀는 그의 사랑을 받아들이지 않는다. 마침 난파선으로 쌍둥이 오빠 세바스천을 잃은 바이올라는 남장하고 사모하던 오시노 공작의 내시가 된다. 공작은 올리비어와의 사랑을 성사시키려고 바이올라를 그녀에게 보내는데, 올리비아는 엉뚱하게도 남장한 바이올라에게 반하여 사랑을 고백한다. 나중에 선장의 도움으로 살아난 바이올라의 쌍둥이 오빠 세바스천을 남장한 바이올라로 착각하고 결혼약속을 한다. 등장인물 모두가 한 자리에 모이게 되어 오시노 공작과 바이올라, 올리비어 백작부인과 세바스천이 결혼하는 것으로 끝난다. 쌍둥이가 등장하여 극이 혼란과 익살을 자아내면서 전개되는 것은 『실수연발』에 나타나는 것과 닮아있다.

위의 대사는 오시노 공작의 사랑의 심부름꾼으로 남장한 바이올라가 올리비어의 집을 방문했을 때 작은 북(鼓)을 들고 있는 그 집 광대하인을 보고 북에 기대어 사느냐고 묻는데 광대는 교회에 기대 산다(live by church)고 대답한다. 그녀가 그럼 목사냐고 묻자 광대는 아니라며 자기 사는 집이 교회에 기대있기 때문에 그 집에 사는 자기는 교회에 기대서 사는 것이 된다고 말할 때 바이올라와 광대의 대화가 이렇게 이어진 것이다.

거지와 임금님이 나란히 서 있는 모습을 본다면 그 이색적인 광경에서 사람들의 시선은 임금님에게 그 초점이 맞추어질 것이다. 그 광경을 설명할 때 임금님 옆에 거지가 서 있다고 말하지 거지 옆에 임금님이 서 있다고는 하지 않을 것이 평상적인 시각이다. 그러나 어떤 의도를 가지고 그 장면을 전한다면 거지 옆에 임금님이 서 있었노라고 말할 수 있을 것이다. 그렇게 말해도 틀린 말이거나 거짓말은 아니지 않는가. 말은 이렇게 배열을 달리하면 딴 의미를 갖게 되고 의미 또한 배열을 달리하면 딴 효과를 갖게 된다.

정치권에서 어떤 사안에 대한 성명서가 발표되면 여당과 야당의 대변인이 발표하는 논평은 늘 정반대이다. 집단이나 개인이나 사람은 서 있는 자리에 따라, 처한 입장에 따라 말의 의미와 효과가 다르기 때문이다.

법령에 규정되는 용어의 배열은 특히 중요하다. 법률용어나 문구가 타락하게 되면 사회정의는 무너진다. 말을 가지고 장난치는 사람은 배운 지식을 언어의 남용에 이용하는 지성이 있는 상류층 사람이 주를 이룬다. 그리고 그들은 어떤 상황에서 내뱉은 말을 상황이 바뀌면 지체 없이 바꾼다. 이 시대의 얇은 염소가죽으로 만든 장갑은 벗기 쉽고 안팎을 쉽게 뒤집을 수 있기 때문에 상황을 쉽게 바꿀 수 있음에 대한 비유로 잘 쓰였다. 그들은 뱉은 말의 내용까지도 변질시킨다. 언어의 유희나 말의 농락, 오용과 관련한 이 인용문의 내용은 어느 시대, 어느 사회에서나 유효한 말이다.

말을 신뢰할 수가 없게 되었다고 개탄하는 사람이 많다. 정치는 말로 하는 것이라고 한다. 나라의 지도자는 발화(發話)할 때는 언제나 신중에 신중을 기하고 말을 고르고 가다듬느라 고민한 흔적이 보여야 한다. 진정성과 속이 찬 말은 귓전에서 흩어져 없어지지 않고 다른 말과 접목되어 좋은 열매를 맺게 한다. 훌륭한 지도자는 과묵의 미덕 또한 갖추어야 한다. 하나뿐인 입으로 발화하기 위하여 두 개나 되는 귀로 경청하는 관대함을 지녀야 한다. 이는 비단 정치인에게만 해당되는 말이 아닐 것이다. 누구에게나 유효한 말이다.

하루도 거르지 않고 왜곡되고 변질된 언어가 난무함을 목격한다. 언어의 유희와 희롱이 극에 달한 느낌이다. 북(鼓)이 교회 옆에 있으면 북이 교회에 기대어 서 있다고 말해야지 어찌 교회가 작은 북 옆에 서 있다고 말할 것인가. 그러나 그렇게 우기는 사람들을 상류계층 지성인들에게서 많이 볼 수 있다. "코끼리에게서 발가락 하나가 떨어져 나가면 떨어져 나간 발가락이 코끼리 보고 '저 코끼리는 내 코끼리다'"라고 우기는 꼴을 많이도 목격할 수 있다.

인용원문

So thou mayst say the king lies by a beggar, if a beggar dwell near him; or the church stands by thy tabor, if thy tabor stand by the church.

(...)

To see this age! A sentence is but a cheveril glove to a good wit. How quickly the wrong side may be turn'd outward!

(...) they that dally nicely with words may quickly make them wanton.

(...)

But indeed words are very rascals since bonds disgrac'd them.

Thy reason, man?

I can yield no reason without words, and words are grown so false I am loath to prove reason with them.

[*Twelfth Night*, III. i. 7-24]

cheveril glove chevrette: 얇은 염소가죽장갑: always used allusively as a type of flexibility 쉽게 변할 수 있음을 비유할 때 쓰임

셰익스피어의 작품들

I. 희 극(Comedies)

1. 겨울이야기(The Winter's Tale)
2. 말괄량이 길들이기(The Taming of the Shrew)
3. 법에는 법으로(Measure for Measure)
4. 베니스의 상인(The Merchant of Venice)
5. 베로나의 두 신사(The Two Gentlemen of Verona)
6. 사랑의 헛수고(Love's Labour's Lost)
7. 실수 연발(The Comedy of Errors)
8. 십이야(Twelfth Night: or What You will)
9. 윈저의 명랑한 아낙네들(The Merry Wives of Windsor)*
10. 태풍(The Tempest)*
11. 한여름 밤의 꿈(A Mid-summer Night's Dream)
12. 헛소동(Much Ado About Nothing)
13. 끝이 좋으면 다 좋다(All's Well That Ends Well)
14. 뜻대로 하세요(As You Like It)
15. 심벨린(Cymbeline)

Shakespeare in Essay

II. 비 극(Tragedies)

16. 로미오와 줄리엣(Romeo and Juliet)
17. 리어 왕(King Lear)
18. 맥베스(Macbeth)
19. 아테네의 타이먼(Timon of Athens)
20. 안토니와 클레오파트라(Antony and Cleopatra)
21. 오셀로(Othello)
22. 줄리어스 시저(Julius Caesar)
23. 코리올레이너스(Coriolanus)*
24. 트로일러스와 크레시다(Troilus and Cressida)
25. 타이터스 앤드로니커스(Titus Andronicus)
26. 페리클레스(Pericles, Prince of Tyre)
27. 햄릿(Hamlet)

III. 역사극(Histories)

28. 리처드 2세(Richard II)
29. 리처드 3세(Richard III)
30. 존 왕(King John)
31. 헨리 4세: 제1부(Henry IV, Part 1)
32. 헨리 4세: 제2부(Henry IV, Part 2)
33. 헨리 5세(Henry V)
34. 헨리 6세: 제1부(Henry VI, Part 1)*
35. 헨리 6세: 제2부(Henry VI, Part 2)*
36. 헨리 6세: 제3부(Henry VI, Part 3)
37. 헨리 8세(Henry VIII)*

IV. 장편 서사시(Narrative Poems)

38. 비너스와 아도니스(Venus and Adonis)
39. 루크리스의 강간(The Rape of Lucrece)

V. 기타 시작품

40. 사랑의 탄식(A Lover's Complaint)*
41. 슬픈 사랑의 순례자(The Passionate Pilgrim)
42. 불사조와 산비둘기(The Phoenix and Turtle)*

VI. 소네트 시집(The Sonnets): 154편

소네트 중 2; 12; 19; 52; 55; 70; 129번 소네트만 인용되었다.

[작품명 뒤의 *표는 인용되지 않은 작품들이다]

Shakespeare in Essay